Mais difícil do que chegar ao topo é manter-se nele.
E o São Paulo permaneceu como o melhor
time do mundo em 1993.

Editora	
Publisher	Marco Piovan
Autor	Michael Serra
Projeto gráfico e direção de arte	Dalton Flemming
Mídias sociais	João Piovan
Comercial e Marketing	Iracema Vieira
Revisor	Simone Venske
Assessoria de imprensa	Futpress
Plataforma de financiamento coletivo	Kickante
Pré-impressão, impressão e acabamento	Pancrom

Agradecimentos à diretoria e aos funcionários do São Paulo Futebol Clube em especial aos colaboradores do Departamento de Comunicação, do Departamento de Marketing e do Arquivo Histórico do São Paulo F. C.

www.onzecultural.com.br
@11cultural

Jornais e revistas mencionados neste livro:

AG – *A Gazeta*
AGE – *A Gazeta Esportiva*
DP – *Diário Popular*
FSP – *Folha de S.Paulo*
FT – *Folha da Tarde*
Gazeta Press – *Gazeta Press*
JLM – *Jornal La Mañana*
JT – *Jornal da Tarde*
Lance! – *Lance!*
NP – *Notícias Populares*
OESP – *O Estado de S. Paulo*
Placar – *Placar*
R. Conmebol – *Revista Conmebol*
Revista São Paulo Notícias – *Revista São Paulo Notícias*
TV Globo – *TV Globo*
Uol, Martha Tramontina – *Uol, Martha Tramontina*

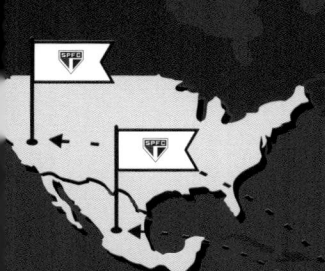

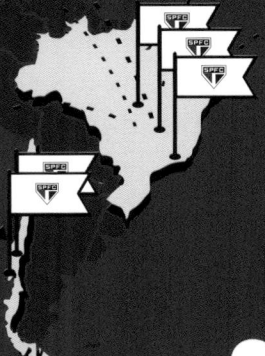

1993
O ANO DE OURO

Palavra do presidente

Se tudo o que vivenciamos em 1992 já havia sido muito especial, fantástico e digno de eterna celebração, a repetição dessa sensação em 1993 foi a coroação de um trabalho único na história do futebol mundial. Um período em que um time conquistou nada mais, nada menos, do que quatro torneios internacionais oficiais: um recorde!

A "Era Telê" foi, de fato, o período mais vitorioso de nossa história. E em se tratando de São Paulo Futebol Clube, essa façanha é ainda mais incrível. O Tricolor que conquistou o mundo já era, há décadas, um dos maiores do Brasil, mesmo sendo o mais jovem entre os grandes do país. O Tricolor, que viveu sua Era de Ouro naquele período mágico, nos anos 1990, já tinha sido o Esquadrão de Aço de Friedenreich; o Rolo Compressor de Leônidas da Silva; a Máquina Tricolor de Darío, Serginho Chulapa e companhia; os Menudos de Cinho, elenco formado por craques como Careca, Müller, Silas; entre tantos outros grandes atletas que defenderam nossas três cores.

Eu, que forjei meu amor incondicional pelo São Paulo ainda criança, durante os árduos dias de construção do Morumbi, e sofri com aquela fatídica perda do título Estadual de 1967, me fortaleci na paixão e na esperança de ver o Tricolor como um grande campeão, como o maior campeão.

E isso, pouco a pouco, passo a passo, como fruto de muito suor e trabalho de inúmeros apaixonados, foi sendo construído com o passar dos anos. Nada acontece por acaso.

Depois de ser concluído, o Morumbi prontamente passou a ser a casa de muitos craques que vestiram nossa camisa, o palco de ídolos inesquecíveis e de grandes triunfos. A partir de 1970, o grito de "É campeão!", antes entalado na garganta, voltou a ser entoado por nós, torcedores orgulhosos de nosso amor pelo São Paulo. Festejei, com toda uma geração de são-paulinos, o início de uma nova era.

As conquistas e vitórias daquela década de resgate do orgulho são-paulino, porém, não iludiram os grandes nomes que guiaram o nosso Tricolor ao longo dos anos. Nossos dirigentes sempre pensaram mais à frente. Com vislumbres de nosso potencial, ousaram mais e mais: novos ídolos, novos patrimônios, novas metodologias e novas

tecnologias. O Tricolor seguiu na ponta e foi o rei da década de 1980.

A coroação de todo esse processo se deu naquele início dos anos 1990. Sob a grande administração de José Eduardo Mesquita Pimenta, o presidente mais vitorioso de nossa longa e gloriosa história, o São Paulo passou por um período de crescimento que levou o nome do clube a ultrapassar os limites de nossas fronteiras. O Tricolor, que sempre será do Morumbi e já era reverenciado por seus três títulos do Campeonato Brasileiro, passou a ser ainda mais conhecido e respeitado internacionalmente. Sob o comando do mestre Telê, nomes como Raí, Zetti, Palhinha, Cerezo e Leonardo levaram as nos-

sas tão amadas três cores ao topo do mundo por duas temporadas consecutivas. Um lugar em que todos querem estar, mas alcançado apenas por nosso São Paulo.

As poucas linhas desta obra, que encerra o ciclo de comemorações pelos 30 anos da Era de Ouro, nos servirão não somente para reverenciar quem pavimentou nosso caminho até aqui, mas também para apontar a melhor trilha a seguir e para nos inspirar eternamente na busca por mais glórias em nosso futuro.

Juntos pelo São Paulo!

Julio Casares
Presidente do São Paulo Futebol Clube

Introdução

O São Paulo Futebol Clube nasceu da união de ex-sócios, jogadores e dirigentes do Club Athletico Paulistano com a Associação Athletica das Palmeiras, em 25 de janeiro de 1930. O novo clube herdou as cores dos antecessores: o vermelho do Paulistano, o preto da A. A. das Palmeiras, e o branco comum a ambos. O legado ficou consagrado para a posteridade sob a forma da camisa número um são-paulina e do inédito escudo em formato de diamante – ou, como diriam décadas depois, um coração de cinco pontas.

Nessa primeira fase de existência, a sede do São Paulo era a Chácara da Floresta, às margens do rio Tietê. O principal ídolo dos torcedores tricolores no período, e expoente máximo da categoria daquela geração primordial de futebolistas brasileiros, era Friedenreich – El Tigre –, o primeiro grande atleta da modalidade no Brasil.

A maior conquista do clube no início de sua existência foi o título de Campeão Paulista de 1931, que perpetuaria no futuro a alcunha de Esquadrão de Aço ao elenco vencedor.

Após desentendimentos políticos-administrativos, o São Paulo foi brevemente descontinuado em 14 de maio de 1935, tendo se restabelecido, para nunca mais deixar de figurar entre os maiores bastiões do esporte nacional, em 16 de dezembro de 1935.

Renascido com os mesmos símbolos e cores, o São Paulo, porém, retornou à lida desprovido de posses – e muito teve que batalhar para retomar o posto de sucesso dos primeiros anos. Toda essa nova jornada teve início a partir de duas pequenas salas alugadas nos porões de um edifício localizado na Praça Carlos Gomes, nº 38, no Centro da capital paulista.

Por não possuir mais um estádio próprio, o Tricolor passou alguns anos como itinerante dos gramados, até se reestruturar. Primeiramente, jogava apenas como visitante, depois, ao custo de muito suor, passou a alugar alguns campos. Foi nessa fase que o clube ganhou um apelido que perdura até os dias de hoje – e que se sobressai quando a vitória parece distante ou impossível, mas é alcançada de maneira inesquecível e heroica –, o "Clube da Fé".

Somente a fé em dias melhores movia aqueles jovens consócios daquela agremiação novata. E a crença inabalável em pouco tempo se mostrou frutífera. Ainda em 1938, o Tricolor incorporou o Estudante Paulista e passou a atuar no estádio da Rua da Mooca, de propriedade da Companhia Antarctica Paulista.

Foto: Placar (reprodução)

Dois anos depois, porém, as camisas tricolores encontrariam um palco mais condizente com as pretensões do clube.

Com a construção do Estádio Municipal, o Pacaembu, em 1940, o São Paulo ganhou maior projeção e uma nova identidade: o Tricolor se tornou o "Clube Mais Querido da Cidade". O *slogan*, ainda utilizado nos documentos oficiais são-paulinos, surgiu na cerimônia de inauguração do mencionado estádio, quando, durante o desfile das delegações, a comitiva que ostentava o nome e as cores da cidade e do estado paulista foi a mais ovacionada por todos os presentes.

Pouco tempo depois, o gramado do Pacaembu viu uma geração de craques tricolores tomar conta do futebol nacional. Nomes como Luizinho, Sastre, Bauer, Mauro Ramos e, claro, Leônidas da Silva, o Diamante Negro, levaram o São Paulo ao posto de Campeão não uma, nem duas vezes, mas em cinco oportunidades em um intervalo de sete anos, na década de 1940. Foi a era do "Rolo Compressor" do Tricolor.

Com um pleno desenvolvimento social, as glórias do São Paulo passaram a não se resumir ao futebol: o Tricolor se tornou potência mundial no atletismo e no boxe, possuindo como grandes expoentes desse trabalho os consagrados Adhemar Ferreira da Silva, Campeão Olímpico e três vezes recordista Mundial do salto triplo com a camisa são-paulina; e Éder Jofre, Tricampeão Mundial, formado na forja de campeões que era a academia tricolor. Aliás, as estrelas douradas que o São Paulo ostenta sobre seu escudo são em homenagem aos recordes mundiais obtidos justamente por Adhemar Ferreira da Silva, em 1952 e 1955.

A essa altura, o clube crescia a passos largos, tão largos que mesmo a aprazível sede do Canindé, que adquirira no início daqueles anos gloriosos, logo ficou pequena, assim como o grandioso Estádio Municipal: "O sonho do são-paulino não cabe no Pacaembu".

O Tricolor, então, investiu pesado na construção de um estádio particular – na verdade, no maior estádio particular do mundo, quando finalizado, afinal, "Se é um sonho, que seja um grande sonho" – e, assim, o Estádio Cícero Pompeu de Toledo, no Morumbi, foi aberto ao público em 2 de outubro de 1960. Contudo, a casa são-paulina foi totalmente concluída apenas em 25 de janeiro de 1970.

Com a casa pronta, o São Paulo pôde, enfim, aliar tanto as conquistas esportivas e o crescimento social, como a expansão da torcida e a formação de elencos de primeira linha, com figuras como Gérson, Pedro Rocha, Oscar, Darío Pereyra, Careca e tantos outros. Além, é claro, de mais uma vez vislumbrar o futuro, pensando e estruturando o conceito de formação de atletas. Vieram, então, os "Menudos do Morumbi" e o Centro de Treinamento Frederico Antônio Germano Menzen, na Barra Funda.

Foi o cenário perfeito para os primeiros títulos nacionais: os Campeonatos Brasileiros de 1977 e 1986. Após solidificar a posição entre os maiores do país nos anos 1980, a década seguinte reservaria ao Tricolor uma nova missão, um novo salto de qualidade, cujo objetivo principal não se encontrava em território nacional.

O início dos anos 1990 foi a era mais vitoriosa da história do São Paulo Futebol Clube, e 1992 – um ano verdadeiramente mágico – é a síntese desse período quando o clube alçou novos patamares e se estabeleceu como uma potência mundial do futebol, período conhecido como a "Era Telê".

O Tricolor, que já era Tricampeão Brasileiro e 17 vezes Campeão Estadual, em junho de 1992 sagrou-se também Campeão Sul-Americano pela primeira vez, derrotando os argentinos do Newell's Old Boys, nos pênaltis. A conquista da Copa Libertadores abriu novos caminhos para os são-paulinos, que rapidamente tomaram também a Europa e o mundo.

Do Morumbi – repleto de torcedores, na maior comemoração já vista em um jogo do esporte – até o embate final na Terra do Sol Nascente, os tricolores superaram no trajeto gigantes do Velho Mundo. Na Espanha, o São Paulo venceu o Troféu Teresa Herrera, o Troféu Ramón de Carranza e o Troféu Cidade de Barcelona, destronando Barcelona e Real Madrid, com goleadas, e o Español.

O mesmo Barcelona, do técnico Cruijff e do craque Stoichkov, não resistiu mais uma vez ao grande time de Zetti, Cafu, Palhinha, Müller, Raí e companhia e viu o São Paulo triunfar no Mundial de Clubes, realizado no Japão, em dezembro: uma vitória de virada, com direito a um golaço em jogada ensaiada de cobrança de falta do capitão são-paulino.

Apesar de tantas conquistas, a temporada ainda não havia acabado e, mesmo de ressaca após a festa pela conquista do maior e mais importante título da história do clube, o São Paulo ainda voltou ao Morumbi para derrubar o rival Palmeiras e sagrar-se, mais uma vez – o 18º título –, Campeão Paulista.

Em 1993, após conquistar praticamente tudo o que era possível no transcorrer do biênio anterior, o Tricolor tinha como meta se manter no topo do mundo, o que poderia ser ainda mais difícil do que o conquistar.

Como o São Paulo se sairia nessa jornada? Os grandes craques do time permaneceriam no elenco? Telê renovaria – verbalmente – mais uma vez? Que novos grandes oponentes se ergueriam contra os Campeões Mundiais? As respostas para essas perguntas se encontram em: *1993: o Ano de Ouro*.

Foto: Placar

SUMÁRIO

12 Linha do tempo

18 Parte 1
Campeonato Paulista, Troféus no Chile e Brasil, Copa do Brasil e
Copa Libertadores da América

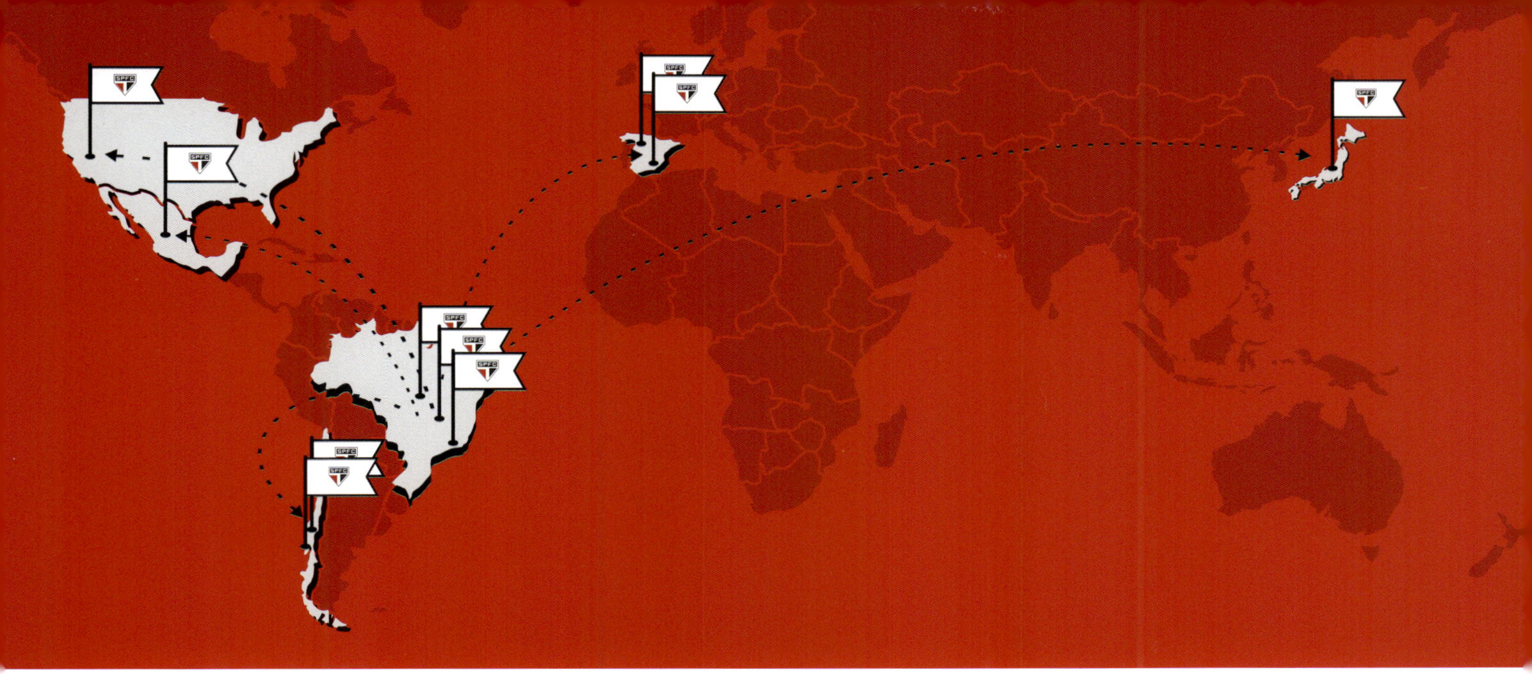

118 Parte 2
Campeonato Paulista, Copa do Brasil, Torneios na Espanha, nos EUA
e no México, Recopa e Supercopa

164 Parte 3
Mundial Interclubes

= Linha do Tempo

1993

25/01: Campeão da Taça São Paulo de Futebol Júnior: São Paulo 4 a 3 Corinthians

27/01: Início do Campeonato Paulista: São Paulo 2 a 0 Ponte Preta

07/02: Goleada no clássico. No Pacaembu, pelo Paulistão: São Paulo 3 a 0 Corinthians, gols de Raí (2x) e Dinho

14/02: Campeão do Torneio Cidade de Santiago, no Chile. São Paulo 3 a 0 Universidad Católica, gols de Palhinha, Ronaldo Luís e Cláudio Moura

Foto: Placar

07/03: Vitória no SanSão. Com gol de Cafu, o Tricolor venceu o Santos por 1 a 0 no Morumbi

27/03: O São Paulo recebe no Morumbi o Sevilla, de Maradona, e vence por 2 a 0, gols de Raí, faturando a Copa Amizade

04/04: Outra vitória no Majestoso. Desta vez, São Paulo 2 a 0 Corinthians, no Morumbi, gols de Válber e André Luiz

13/04: Início da Copa do Brasil: São Paulo 4 a 3 Sergipe

Foto: Arquivo Histórico do São Paulo F.C.

Linha do Tempo

Linha do Tempo

18/04: No Morumbi, o São Paulo vence o Palmeiras por 2 a 0, com gols de Raí e Roberto Carlos, contra

19/05: No primeiro jogo da decisão da Libertadores, um espetáculo: 5 a 1 na Universidad Católica, com direito a gol de cobertura, de Müller, e de peito, de Raí

23/05: Vitória no clássico Majestoso. São Paulo 2 x 0 Corinthians, no Morumbi, com gols de Raí e Palhinha

26/05: Campeão da Copa Libertadores da América de 1993. Em Santiago, Universidad Católica 2 a 0

Foto: Nelson Coelho / Placar

03/06: Goleada histórica no clássico SanSão: 6 a 1 sobre o Santos, no Morumbi, que marcou a despedida de Raí

24/06: São Paulo firmou as bases contratuais com o novo patrocinador, TAM.

25/06: Estreia de Juninho, Guilherme e Rogério Caeni. São Paulo 4 a 1 Tenerife-ESP pelo Troféu Santiago de Compostela

27/06: Campeão do Troféu Santiago de Compostela ao superar o River Plate nos pênaltis, 4 a 3, após empate no tempo normal em 2 a 2.

Foto: Placar

Foto: Arquivo histórico do São Paulo F.C.

Linha do Tempo

10/07: Despedida de Pintado, volante, 1 a 1 Boca Juniors-ARG. Copa de Ouro no Pacaembu

07/08: A diretoria são-paulina, enfim, promoveu o evento de assinatura de contrato com o novo patrocinador principal do time: a TAM

07/08: Campeão da Copa Cidade de Los Angeles, nos Estados Unidos, com vitória por 4 a 3 sobre o América do México, gols de Matosas (2x), Ronaldão e Dinho

09/08: Campeão do Troféu Jalisco, no México, sobre o Guadalajara, após disputa de pênaltis (6 a 5 e 1 a 1 no tempo normal)

29/09: Campeão da Recopa Sul-Americana de 1993, Cruzeiro 0 (2) a (4) 0 São Paulo

24/11: Campeão da Supercopa após dois jogos incríveis e disputa de pênaltis. São Paulo 2 (5) a (3) 2 Flamengo

05/12: Embarque no Aeroporto de Cumbica rumo a Tóquio, para a final do Mundial Interclubes

12/12: Campeão Mundial Interclubes de 1993. Milan 2 a 3 São Paulo. Gols de Palhinha, Cerezo e Müller

Foto: Placar

Foto: Placar

Foto: Nico Esteves / Placar

1993 - Parte 1
Campeonato Paulista, Troféus no Chile e Brasil, Copa do Brasil e Copa Libertadores

- 20 O MELHOR TIME DO MUNDO
- 23 A PREPARAÇÃO PARA SE MANTER NO TOPO DO MUNDO
- 25 AGENDA CHEIA: O PREÇO DO SUCESSO
- 27 UMA SAFRA DE OURO PARA O FUTURO
- 29 VAI COMEÇAR A ROTINA DE JOGOS
- 33 O RETORNO DE TELÊ E UM ATROPELO NO MAJESTOSO
- 36 PERCALÇOS NO INTERIOR E TROFÉU NO EXTERIOR
- 40 A RETOMADA NO PAULISTÃO E OS PRIMEIROS CHOQUES COM A FPF
- 43 GOLEADA E VITÓRIAS SEGUIDAS: SUBINDO NA TABELA
- 47 O PRIMEIRO DUELO NO TRIBUNAL
- 49 CHOQUE-REI É CHOQUE-REI
- 53 É JOGO PELO TRICOLOR E PELA SELEÇÃO
- 56 PALAVRA DE ORDEM: PREPARAÇÃO FÍSICA
- 58 A VISITA DE MARADONA

61	O ACIRRADO CASO TELÊ VS. FARAH
66	DIA SIM, DIA NÃO, TEM TRICOLOR EM CAMPO
68	O INÍCIO DA JORNADA AO TOPO DA AMÉRICA
72	GOLEADA PARA DEIXAR CLARO: SEM REVANCHE
76	VITÓRIA NO TRIBUNAL E NO CHOQUE-REI
80	UM EMBATE RIO-SÃO PAULO E UM AFASTAMENTO PREVENTIVO
86	COMENDADOR NO COMANDO E VAGA NA SEMIFINAL
91	O DESFECHO DO EXPRESSINHO E DA PRIMEIRA FASE DO PAULISTÃO
95	COM CHUVA E PRESSÃO, A LUTA PELA FINAL NO PARAGUAI
100	A CONQUISTA DA SEGUNDA COPA LIBERTADORES
104	O FUTEBOL ARTE COMO AUGE DA ERA TELÊ
108	SEGUE A LUTA NO PAULISTÃO
110	BICAMPEÃO DA AMÉRICA

Raí e Telê começaram 1993 sendo premiados: homenagens justas.

> [...] no dia 1º de janeiro, o jornal uruguaio *El País* promoveu a tradicional eleição dos melhores da América e escolheu Raí como o melhor jogador do continente, assim como elegeu Telê Santana o melhor treinador destas terras.

O MELHOR TIME DO MUNDO

Nada melhor do que começar um ano como Campeão do Mundo. Em 1993 foi assim e, logo de cara, o novo ano chegou com notícias boas: no dia 1º de janeiro, o jornal uruguaio *El País* promoveu a tradicional eleição dos melhores da América e escolheu Raí como o melhor jogador do continente, assim como elegeu Telê Santana o melhor treinador destas terras.

A votação contou com a participação de 150 jornalistas. Destes, 57 escolheram o craque são-paulino como o grande atleta de 1992, e 31 foram os votos para o mestre Telê.

Outro são-paulino, com votação destacada no evento, foi o lateral-direito Cafu, que recebeu 18 indicações, terminando como o quinto melhor jogador da América do Sul, atrás apenas de Raí e dos argentinos Goycochea, goleiro do Olimpia (26 votos); Gamboa, zagueiro do Newell's Old Boys; e Alberto Acosta, atacante do River Plate (20 votos).

A Seleção da América, de acordo com o diário uruguaio, foi a seguinte: Goycochea, Cafu, Gamboa, Cáceres e Júnior, Saldaña, Boiadeiro, Marcico, Raí, Renato Gaúcho e Acosta.[1]

Curiosamente, o *El País* também escolheu os melhores europeus da temporada finda: o holandês Van Basten, do Milan, colheu os mesmos 57 votos de Raí e conquistou o posto de maior jogador do velho continente, seguido do goleiro dinamarquês Schmeichel (26 votos), do zagueiro Maldini, também do Milan, e do atacante búlgaro Stoichkov, do superado Barcelona (os dois com 25 votos cada).

A Seleção Europeia escolhida contava com Schmeichel, Tassotti, Baresi, Kohler e Maldini, Hassler, Rijkaard e Laudrup, Van Basten, Bergkamp e

[1] NP, 2/1;

Stoichkov. O combinado mundial, com as maiores votações por posição, foi formado por Schmeichel, Cafu, Baresi, Gamboa e Maldini, Rijkaard, Raí e Bergkamp, Van Basten, Acosta e Stoichkov.[2]

O Barcelona também ficou atrás do Tricolor entre os treinadores: o melhor europeu escolhido, Johan Cruyff, recebeu apenas 22 votos, nove indicações a menos que Telê Santana.[3] A crítica do lado de lá do Atlântico também se rendera ao técnico são-paulino: "Telê Santana é um dos principais responsáveis pelo futebol que voltou a ser o mais bonito do planeta, onde se encontram os jogadores mais geniais do mundo", afirmou o periódico francês *L'Équipe*.[4]

Ou seja, o São Paulo iniciaria a temporada com o melhor jogador da América e o melhor treinador do mundo. Quanto ao jogador, porém, isso tinha data de validade. Como fora acordado com o Raí, em meados de 1992, o capitão tricolor estava com viagem marcada para a França, onde defenderia o Paris Saint-Germain (PSG) a partir de julho. Tendo, inclusive, assinado o contrato na capital francesa no dia 13 de janeiro.[5]

A próxima partida próxima do camisa 10 já inspirava os futuros colegas de PSG, como o jovem David Ginola: "Ele tem muita classe, se o Paris pretende transformar-se no primeiro clube francês, agora, com Raí, nossas possibilidades serão maiores, além do espetáculo ganhar muito".

De todo modo, o craque era do São Paulo e, até ali, era insubstituível e titular absoluto. Seis meses depois, a história seria outra e o clube precisaria correr atrás para repor, em alto nível, essa posição.

Quanto ao técnico Telê Santana, era aquilo de sempre: a cada seis meses o clube tinha que renegociar o acerto verbal que possuía com o treinador. "O Telê se identifica muito com o clube e não creio que deixe o Morumbi. Ele mesmo costuma dizer que, em condições semelhantes, prefere o São Paulo", comentou o diretor Kalef Francisco, que ainda preparava a proposta de "renovação" para o treinador, sondado por árabes, Real Madrid e Benfica, para 1993.[6]

Certamente contente com o desempenho do time e com o resultado em Tóquio, Telê não criou dificuldades para essa renovação, e já no dia 2 de janeiro estava decidido a continuar no Tricolor,[7] fechando o "contrato", válido mais uma vez por apenas seis meses – até o final do Campeonato Paulista de 1993 –, no dia 5.[8]

"Apresentamos a proposta, ele olhou os cálculos e concordou em seguida", comentou o diretor Márcio Aranha sobre os valores sempre expressos em dólares, na casa dos 45 mil e com bonificações em caso de títulos.[9]

Feliz por um lado, o profissional, e triste por outro, o familiar. Telê se mostrou surpreso e chateado com a notícia de que a sobrinha Marília, filha do irmão Jorivê Santana (falecido), havia lhe pedido para tirar uma foto com ela, sem saber que seria para um ensaio de fotos íntimas publicado em uma revista especializada, com o agravante de a sobrinha, inclusive, usar símbolos e materiais do São Paulo.[10]

> "Telê Santana é um dos principais responsáveis pelo futebol que voltou a ser o mais bonito do planeta, onde se encontram os jogadores mais geniais do mundo", afirmou o periódico francês *L'Équipe*.

[2] AGE, 3/2;
[3] FT, 2/1;
[4] JT, 5/1;
[5] JT, 1/1; GE, 14/1.
[6] OESP, 2/1;
[7] GE, 3/1;
[8] DP, 6/1;
[9] JT e AGE, 6/1;
[10] FT, 13/1.

> O Estádio do Morumbi receberia um grande evento musical – o *Hollywood Rock* – antes da abertura da temporada de futebol. "Aquilo foi construído para jogar futebol e não para ouvir música." A ranzinzice do técnico era motivada pela preocupação constante que tinha com o gramado.
> O goleiro Zetti, por outro lado, via com bons olhos o espetáculo, afinal, ele era fã de Nirvana e Red Hot Chilli Peppers [...].

Posta esta questão de lado, uma triste notícia surpreendeu Telê e a comunidade são-paulina: na madrugada do dia 14 de janeiro, Edivaldo, que defendera o Tricolor entre 1987 e 1989 e fora Campeão Paulista nestes anos pelo clube, falecera em um acidente de carro no quilômetro 120 da Rodovia Castelo Branco, sentido capital, próximo de Boituva. O Fiat Tempra 1992 (placa EDI-0011) do jogador colidiu contra um caminhão carregado de toras de madeira e foi completamente destruído.

O atleta retornava do município de Cesário Lange, onde havia visitado, justamente, o ex-colega de equipe, no Lange, e provavelmente acabou dormindo na direção do veículo. Edivaldo tinha 30 anos de idade e foi sepultado em Ipatinga, Minas Gerais. O falecimento do jogador reacendeu o trauma ocorrido em julho de 1992, com a morte do então goleiro reserva Alexandre, em outro acidente automobilístico em rodovia no interior paulista.

"É uma coisa lamentável. Ele esteve com a gente no Japão, quando o São Paulo ganhou o Mundial. Era uma pessoa muito alegre. Perdi um amigo", lamentou Telê, em Carandaí (MG), relembrando a visita do atleta, que seguiria a carreira no Oriente, defendendo o Panasonic Gamba, de Osaka.[11]

Acossado pela imprensa por causa dos recentes acontecimentos, mesmo em seu retiro em Minas Gerais, o técnico são-paulino ficou irritado ao tomar conhecimento de que o Estádio do Morumbi receberia um grande evento musical – o Hollywood Rock – antes da abertura da temporada de futebol. "Aquilo foi construído para jogar futebol e não para ouvir música." A ranzinzice do técnico era motivada pela preocupação constante que tinha com o gramado, já que a data de estreia do São Paulo contra a Ponte Preta, em casa, pelo Campeonato Paulista, estava próxima. "Uma vez, depois de um *show* desses, o gramado teve de ser trocado. Se no dia 27 o campo estiver com problemas, eu vou reclamar. Acho que esses eventos deveriam ter um lugar próprio para acontecer. Ou então que cantassem na arquibancada", retrucou, por fim.[12]

O goleiro Zetti, por outro lado, via com bons olhos o espetáculo, afinal, ele era fã de Nirvana e Red Hot Chilli Peppers, bandas que se apresentariam no estádio: "Já aconteceram outros *shows* no Morumbi em que o gramado foi protegido. As equipes de produção de eventos musicais no Brasil evoluíram muito. Eles vão tomar todo o cuidado para que o gramado não seja prejudicado".[13]

O Hollywood Rock Festival de 1993 foi a terceira edição do evento realizada no estádio são-paulino, que o recebeu também nos anos de 1988 e 1990. Tratava-se de um grande espetáculo de conjuntos musicais nacionais e internacionais.

Naquele ano, seriam três dias de apresentações, na sexta-feira, sábado e domingo. No dia 15 de janeiro, com 74 mil pessoas presentes, as atrações foram as bandas DeFalla, Biquini Cavadão, Alice in Chains e Red Hot Chili Peppers; no dia 16, 50 mil fãs conferiram os *shows* de L7, Engenheiros do Hawaii, Dr. Sin e Nirvana; por fim, no dia 17, o público de 35 mil entusiastas de um estilo mais al-

[11, 12 e 13] FT, 15/1.

ternativo ao rock e ao grunge dos dias anteriores curtiram as *performances* de Midnight Blues Band, Maxi Priest e Simply Red.

O momento mais inusitado e marcante em todo o festival foi, curiosamente, o pior deles: "o pior *show* do Nirvana" na história. O grupo de grunge de Seattle (Estados Unidos), composto por Kurt Cobain, Dave Grohl e Krist Novoselic, não estava nos seus melhores dias e, para descontar a frustração, "tocou" qualquer coisa (vários *covers*) e destruiu alto-falantes do palco, além de guitarras Fender Stratocaster e Telecaster, como parte do espetáculo, esvaziado muito antes de encerrado. Krist tentou se eximir da culpa com a desculpa de que havia sido "um *show* de desconstrução da imagem do grupo", quando na realidade é que estavam mesmo muito "drogados".[14]

Ronaldão tomando sol na praia de Camburi, litoral norte de São Paulo, onde passou o Ano Novo, acompanhado de Raí, Zetti e suas respectivas esposas (NP, 4/1).

Mas, voltando ao futebol... No dia 19 de janeiro, ainda sem ter voltado em definitivo ao batente, o técnico, com o preparador físico Moraci Sant'Anna, definiu as metas esportivas e a programação da pré-temporada para o elenco. A data de retorno às atividades dos jogadores estava marcada apenas para o dia 21, fato que havia agradado aos atletas, que tiveram um mês de folga.[15]

A PREPARAÇÃO PARA SE MANTER NO TOPO DO MUNDO

O que dominava a cabeça de Telê e preocupava a direção do clube era a renovação de contratos. Apesar dos valores obtidos com a negociação de Raí com o futebol europeu e das premiações por participação e conquistas de torneios internacionais, o fluxo de caixa não estava sob total controle. Muito valorizados pelas conquistas de 1992, os jogadores tricolores demandariam valores que certamente pesariam no bolso do Tricolor, que já estava obrigado a adquirir, em definitivo, os passes do meia Palhinha e do lateral-esquerdo Ronaldo Luís por cerca de 430 mil dólares com o América-MG. Marcos Adriano, do Operário de Campo Grande, também foi contratado de vez.[16]

Müller garantiu seu vínculo com o clube por seis meses e Cafu até o fim do ano, ambos seguindo o conselho do técnico Telê Santana para que não aceitassem propostas de qualquer time pequeno da Europa, como outros atletas são-paulinos já haviam feito, afinal, no Tricolor, eles sempre estariam valorizados e teriam maiores chances de permanecer na Seleção Brasileira.[17]

[14] FSP, 18/1; UOL, Marina Tramontina, 16/1/2013;
[15] NP, 4/1;
[16] JT, 1/1; AGE, 8/1;
[17] FT e DP, 4/1;

> [...] o presidente, José Eduardo Mesquita Pimenta, tentava renegociar o contrato de patrocínio com a IBF, para a temporada de 1993. A questão se mostrava primordial, ainda mais porque a empresa havia deixado de pagar cerca de 100 mil dólares da cota de patrocínio e 25 mil dólares referentes ao salário de Raí e de parte do de Telê nos últimos três meses, totalizando algo em torno de 597 mil dólares.

[18] DP, 5/1;
[19] DP, 6/1; FSP, 11/1;
[20] DP e AGE, 19/1;
[21] AGE, 27/1;
[22] JT e OESP, 12/1; DP, 13/1; AGE, 27/1;
[23] FT, 11/1; OESP, 12/1.

Em termos de reforços, o São Paulo abertamente reconheceu que estava negociando com apenas dois grandes nomes: o zagueiro Ricardo Rocha, do Real Madrid, e Almir, atacante do Santos. Mas a diretoria afirmava que eles só viriam caso o clube não precisasse gastar muito, ou nada. "O Ricardo Rocha só vem para o São Paulo se for de graça. Ele nos interessa, mas para ficar por um ano. É um jogador de 30 anos, que será dono do passe, cujo preço é muito alto", comentou o diretor Márcio Aranha.[18]

Almir ficara sem contrato com o Santos no começo do ano, mas o empresário do atleta, Juan Figer, fez jogo duro e tentou emplacá-lo em outras agremiações, como o Flamengo.

"Se Almir e Ricardo Rocha vierem, tudo bem, caso contrário continuaremos com o mesmo elenco", afirmou Telê ao *Jornal da Tarde*, do dia 6 de janeiro. Telê, de fato, não deixou nenhuma lista de pedidos, estando satisfeito com o elenco. Assim, o clube não só desistiu dos dois atletas, como também "perdeu o centroavante Ronaldo, revelação do São Cristóvão, do Rio, que foi contratado pelo Cruzeiro".[19]

Contratações pontuais, claro, ocorreram: no dia 18 de janeiro, Gilberto, destaque do Sport no Brasileirão de 1992 (premiado com a Bola de Prata da revista *Placar*), fechou com o clube para assumir o posto de goleiro reserva ao custo de 250 mil dólares em sete parcelas.[20]

Por causa desses arranjos, o presidente são-paulino, José Eduardo Mesquita Pimenta, tentava renegociar o contrato de patrocínio com a Indústria Brasileira de Formulários, a IBF, para a temporada de 1993, apesar dos termos em vigor valerem até agosto de 1995. O termo original, assinado em junho de 1991, destinava cerca de um milhão de dólares por ano aos cofres do São Paulo, sempre reajustados mensalmente com um acréscimo de 83 mil dólares.[21]

A questão se mostrava primordial, ainda mais porque a empresa estava com montantes atrasados – havia deixado de pagar cerca de 100 mil dólares da cota de patrocínio e 25 mil dólares referentes ao salário de Raí e de parte do de Telê nos últimos três meses, totalizando algo em torno de 597 mil dólares – e passava por uma crise financeira (que se agravaria e a levaria à falência, nos anos 2000; o grupo do qual fazia parte contava também com a TV Jovem Pan, TV Manchete, DCI, Shopping News e Visão).[22]

Pimenta chegaria a conversar com a gigante de eletrônicos japonesa, Panasonic, para substituir a IBF no manto tricolor, como também instalar um novo placar eletrônico e placas de publicidade. O compromisso envolveria até mesmo a disputa de jogos no Japão, onde a empresa estava por inaugurar um estádio.[23]

Outra empresa sondada foi a Philips do Brasil. A ideia inicial – prospectada ainda em 1992, quando dirigentes tricolores encontraram colegas do PSV, da Holanda, durante a realização do Troféu Ramón de Carranza, em Cádiz – era a de implementar um novo sistema de iluminação no Morumbi, mas os entendimentos poderiam evoluir, também, para outros ativos.[24]

A IBF, por outro lado, comprometera-se a saldar a dívida assumida com o Tricolor até fevereiro. Para o São Paulo, era imprescindível que o combinado fosse cumprido. A folha de pagamento do Departamento de Futebol Profissional, ao fim de 1992, chegava à marca de 340 mil dólares mensais. Desse montante, os principais valores eram referentes aos salários de Telê Santana (40 mil dólares), Raí (25 mil dólares), Müller e Cerezo (20 mil dólares). Para efeito de comparação, o custo mensal com o técnico são-paulino cobria todo o gasto da Portuguesa com o elenco em dezembro de 1992.

Além do patrocínio da IBF, o São Paulo tinha como fonte de receita publicitária acordos com a Penalty, fornecedora de material esportivo, a Gatorade, empresa de bebidas energéticas, e a exploração de propaganda estática no Estádio do Morumbi. Essa unidade de negócios, aliás, também incrementava a renda do clube com contratos comerciais com Brahma, Gelato e Ancar, por meio de taxas sobre as vendas de produtos alimentícios no local. De modo excepcional, em 1993, também com a locação da praça esportiva para a realização do Hollywood Rock: o aluguel do campo pelos três dias de evento rendeu ao Tricolor a quantia de 85 mil dólares.[25]

De toda maneira, esse rearranjo financeiro que o São Paulo procurava acontecia em paralelo ao que se desenrolava do outro lado do muro do CT da Barra Funda: a parceria Palmeiras/Parmalat, que, claro, influenciaria o destino comercial do Tricolor naquela ocasião. A multinacional italiana havia investido mais de quatro milhões de dólares com as contratações de Antônio Carlos, Roberto Carlos, Edílson, Zinho, Jean Carlos e Maurílio, desde 1992.[26]

AGENDA CHEIA: O PREÇO DO SUCESSO

Precisando aumentar a entrada de dinheiro, a diretoria aceitou a oferta de 50 mil dólares (cerca de 750 milhões de cruzeiros) do Santa Cruz para a realização de um amistoso em Recife para a abertura da temporada, no dia 24 de janeiro, no meio do período de preparação física dos jogadores, que já seria curto, de apenas sete dias! Fato que injuriou Telê e Moraci Sant'Anna.

"Se o prazo de sete dias até a estreia no Paulistão já era pouco para preparar a equipe, imagine agora com esse amistoso no meio. A amistoso acontece contra a nossa vontade", murmurou Telê.[27]

O técnico, aliás, reclamou de toda a estrutura do calendário do futebol brasileiro em 1993, principalmente por jogos do Campeonato Paulista (fase semifinal e final), marcados em datas concorrentes com as partidas da Seleção, que disputaria a Copa América no Equador: "Se estivermos na fase final com mais de dois atletas relacionados para a Seleção, podemos simplesmente não jogar. A lei nos assegura esse direito", avisou.[28]

Além disso, na verdade, pouco se sabia quais seriam todas as competições

> Como Campeão Sul-Americano de 1992, o São Paulo tinha lugar assegurado também na fase eliminatória da Copa Libertadores, assim como lugar cativo na Supercopa da Libertadores, na Recopa Sul-Americana e na Copa Interamericana.

[24] AGE e OESP, 29/1;
[25] AGE, 27/1;
[26] JT, 22/1; AGE, 27/1;
[27] NP, 22/1; DP, 22/1;
[28] DP, 12/1.

em que o Tricolor tomaria parte. O Campeonato Paulista e o Campeonato Brasileiro eram, por assim dizer, obrigação.

Como Campeão Sul-Americano de 1992, o São Paulo tinha lugar assegurado também na fase eliminatória da Copa Libertadores, assim como lugar cativo na Supercopa da Libertadores (torneio que envolvia apenas Campeões da Copa Libertadores), na Recopa Sul-Americana (contra o Campeão da Supercopa da Libertadores a ser realizada em jogo único no Japão ou em dois jogos, a decidir) e na Copa Interamericana (contra o vencedor da América do Norte e Caribe, no caso, o América do México, em jogos lá e cá, em setembro e outubro).

Além disso, como Campeão Estadual do ano anterior, os são-paulinos estavam qualificados para a incipiente Copa do Brasil – competição que haviam desistido de participar em 1992. Mas a lista de torneios não parava por aí. Houve conversas em Assunção, no Paraguai, com a Confederação Sul-Americana de Futebol, a Conmebol, para a realização de um novo certame continental: a Copa de Ouro, envolvendo os Campeões da Copa Libertadores (São Paulo), da Supercopa da Libertadores (Cruzeiro), da Copa Conmebol (Atlético Mineiro) e da Copa Master da Conmebol (Boca Juniors).

"Vai ser o principal torneio da América do Sul", afirmara empolgado, a certa altura, o presidente da Conmebol, Nicolás Leoz. A ideia de mais um torneio internacional, a ser disputado em sede única, na cidade de Belo Horizonte (como cogitado inicialmente), enfureceu José Eduardo Farah, presidente da Federação Paulista de Futebol (FPF), que prometeu conversar com Mesquita Pimenta para fazê-lo desistir da ideia de se aventurar nesse novo torneio.[29]

O que desagradava Farah não era a ideia de mais uma competição e, sim, ela não estar sob sua alçada, pois o dirigente planejava com a Federação de Futebol do Estado do Rio de Janeiro (FERJ) o retorno do finado, mas tradicional, Torneio Rio-São Paulo, a ser disputado pelos quatro grandes clubes de cada estado em agosto daquele ano.

E, fora as competições oficiais, havia ainda os torneios amistosos no exterior, vitais para as finanças tricolores. O São Paulo não podia abrir mão dessas viagens e era necessário apertar ainda mais o calendário para comportá-las. Para fevereiro, a direção são-paulina já havia acertado a participação no Troféu Cidade de Santiago, no Chile. Na Espanha, o clube já tinha praticamente tudo combinado para a disputa dos Troféus Colombino, Ramón de Carranza, Teresa Herrera e Joan Gamper, em agosto (para desgosto de Farah). Neste último, aliás, era prevista a "revanche" contra o Barcelona.

De tanto que o Tricolor era requerido internacionalmente, chegou-se a se cogitar que o time júnior vestisse a camisa da Seleção Brasileira – pois não havia jogadores disponíveis – em uma competição promovida pelo empresário Fernando Torcal, na Espanha ou na Comunidade de Estados Independentes (CEI).[30]

Em resumo: Campeonato Brasileiro, Campeonato Paulista, Copa de Ouro,

> Em resumo: Campeonato Brasileiro, Campeonato Paulista, Copa de Ouro, Copa do Brasil, Copa Interamericana, Copa Libertadores, Recopa Sul-Americana, Supercopa da Libertadores, Torneio Rio-São Paulo, Troféu Cidade de Santiago, Troféu Colombino, Troféu Joan Gamper, Troféu Ramón de Carranza, Troféu Teresa Herrera e... quem sabe, em dezembro, o Mundial de Clubes. Ou seja: uma insanidade!

[29] AGE, 11/1;
[30] OESP, 14/1.

Foto: O Estado de S. Paulo

Telê e 25 jogadores do elenco são-paulino no começo da temporada. Para aguentar todas as competições do ano, seria necessário mais.

Copa do Brasil, Copa Interamericana, Copa Libertadores, Recopa Sul-Americana, Supercopa da Libertadores, Torneio Rio-São Paulo, Troféu Cidade de Santiago, Troféu Colombino, Troféu Joan Gamper, Troféu Ramón de Carranza, Troféu Teresa Herrera e... quem sabe, em dezembro, o Mundial de Clubes. Ou seja: uma insanidade!

Dessa maneira, não foi de se estranhar que uma das primeiras decisões da direção e da comissão técnica são-paulina, na reapresentação do elenco, no dia 21 de janeiro, tenha sido a de montar, efetivamente, duas equipes para o decorrer do ano. E a ideia desse projeto seria reforçada graças ao desempenho do Tricolorzinho na Copa São Paulo de Juniores, que se desenrolava naquele momento.

UMA SAFRA DE OURO PARA O FUTURO

A Copinha, como atualmente é carinhosamente conhecida, estava sob nova gestão, a cargo da FPF (antes, denominava-se Taça São Paulo e era organizada pela Prefeitura Municipal de São Paulo), e na edição de 1993 contou até mesmo com equipes estrangeiras na disputa (Boca Juniors, da Argentina, e Peñarol, do Uruguai).

O São Paulo, depois de um início claudicante – classificou-se no Grupo B apenas no sorteio, realizado pelo árbitro Claudemir de Andrade, ainda no gramado, após empate tríplice com Bahia e América de São José do Rio Preto –, superou o rival Palmeiras, o Matsubara e o Comercial, na segunda fase, e o Vitória, na semifinal do torneio.[31]

O time era dirigido pelo técnico Márcio Araújo, que substituiu Oscar quando este se transferiu para o Al-Hilal, da Arábia Saudita. Dentro de campo, tinha como destaques os atacantes Jamelli e Catê (este já com experiência no time profissional e que voltou aos Juniores para reforçar o time no meio da campanha), o

Dessa maneira, não foi de se estranhar que uma das primeiras decisões da direção e da comissão técnica são-paulina, na reapresentação do elenco, no dia 21 de janeiro, tenha sido a de montar, efetivamente, duas equipes para o decorrer do ano. E a ideia desse projeto seria reforçada graças ao desempenho do Tricolorzinho na Copa São Paulo de Juniores, que se desenrolava naquele momento.

[31] OESP e FSP, 13/1.

1993 - Parte 1: Campeonato Paulista, Troféus no Chile e Brasil, Copa do Brasil e Copa Libertadores

Foto: Jornal da Tarde

Jamelli surgiu como grande promessa: três gols na decisão da Copinha!

> Com transmissão de quatro TVs abertas, São Paulo e Corinthians decidiram o título da Copa São Paulo de Juniores no Pacaembu, no dia 25 de janeiro. [...] Com mais de 65 mil pessoas no estádio, o jogo foi emocionante do começo ao fim.

lateral-esquerdo André Luiz, o volante Mona e, principalmente, o ponta Toninho e o goleiro Rogério Ceni.

Rogério Ceni, de 19 anos, 1,93m de altura e 78 quilos. Goleiro, havia sofrido apenas dois gols (um de pênalti) em sete jogos, até a final. "É um jovem muito sério, de grande futuro", explicou Valdir Joaquim de Moraes, preparador de goleiros do Tricolor.

Paranaense de Pato Branco, Rogério havia sido Campeão profissional no Mato Grosso, pelo Sinop, em 1990, mesmo sendo um atleta amador. "Entrei em uma fria quando o titular se machucou, mas deu tudo certo e vim para o São Paulo, onde me sinto muito bem", comentou para A *Gazeta Esportiva*.[32]

Com transmissão de quatro TVs abertas (Cultura, Manchete, Gazeta e Bandeirantes), São Paulo e Corinthians decidiram o título da Copa São Paulo de Juniores no Pacaembu, no dia 25 de janeiro. O Tricolor vinha do Vice-Campeonato da competição em 1992, quando foi derrotado pelo Vasco da Gama, nos pênaltis (o clube também havia sido o segundo colocado em 1981). Ou seja, buscava o primeiro título no torneio!

Com mais de 65 mil pessoas no estádio, o jogo foi emocionante do começo ao fim. Não tardou e o São Paulo abriu o placar com Jamelli, aos 16 minutos, após cruzamento de Pavão e um lindo voleio, golaço. Aos 30 minutos, Robertinho aplicou uma caneta no marcador e bateu cruzado para o gol, o adversário não cortou e Catê aproveitou para mandar para as redes. Pouco depois, os corintianos descontaram, com Marques, e o placar da primeira etapa foi 2 a 1 para o Tricolor.[33]

Com tudo a perder, o rival partiu para o ataque no segundo tempo e empatou o jogo aos seis minutos, novamente com Marques. Sob pressão, os são-paulinos valiam-se do contra-ataque. Em um deles, Catê marcou, mas o árbitro anulou, alegando que Robertinho foi derrubado na área. O corintiano André foi expulso por reclamação. Na cobrança do pênalti, Jamelli recolocou o São Paulo à frente do escore.

Mesmo com um a menos, o Corinthians empatou a disputa mais uma vez, aos 34 minutos, com Caio, depois de uma saída do gol malsucedida de Rogério. O embate só não foi para a prorrogação porque o defensor Gino bateu terrivelmente um tiro de meta, diretamente nos pés de Catê, que driblou o oponente e passou para Jamelli concluir para o gol, que seria o do título! São Paulo 4 a 3!

Autor de três gols na decisão e ex-atleta do rival, Jamelli não escondeu a felicidade com a atuação e a surpresa com o primeiro tento do encontro, o mais bonito deles: "Fui ao encontro da bola e, quando percebi que estava sozinho, resolvi chutar com toda a força. Puxa, nunca pensei que ela entraria daquela maneira!".[34]

Com o primeiro troféu da Copinha em mãos, os jogadores fizeram questão de homenagear o grande colega, perdido no ano anterior: "Esse título é do Ale-

[32] AGE, 21/01;
[33] DP, 26/1; AGE, 26/1, diz 50 mil;
[34] JT, 26/1.

Os Juniores comemoram a conquista da Taça São Paulo, no Pacaembu.

Os juniores comemoram a conquista da Taça São Paulo, no Pacaembu: grande cenário para uma equipe que só é pequena na idade de seus jogadores.

xandre", comentou o ponta Toninho, relembrando a triste fatalidade ocorrida com o goleiro.[35]

VAI COMEÇAR A ROTINA DE JOGOS

Todavia, voltando ao elenco profissional... Dias antes, a reapresentação do time no Centro de Treinamento da Barra Funda foi tranquila. No entanto, desde o primeiro momento, contou com uma alta carga de trabalho, em dois períodos; afinal, em poucos dias, o Tricolor já estaria em campo.

As análises da comissão técnica indicavam, porém, que talvez não teriam tanto com o que se preocupar. Moraci Sant'Anna verificou que houve uma melhora no condicionamento físico dos atletas em relação ao mesmo período de 1992. "Eles terminaram o ano tão em forma que os 30 dias de férias não foram suficientes para levá-los de volta à estaca zero", comentou.[36]

Os testes realizados com os atletas na bicicleta ergométrica para avaliar os índices de potência e resistência anaeróbicas registraram, inclusive, marcas superiores aos obtidos em junho de 1992, no meio da temporada!

Os índices de potência do último ano foram os seguintes: 14,37 watts/quilograma em janeiro de 1992; 15,40 em abril; 15,77 em junho; 17,37 em agosto; 19,35 em novembro; e 16,20 em janeiro de 1993. Já as marcas de resistência obtidas foram: 11,33 W/kg em janeiro de 1992; 12,03 em abril; 12,83 em junho; 14,20 em agosto; 15,61 em novembro; e 12,10 em janeiro de 1993.[37]

Após as atividades, Telê Santana embarcou para Roma, na Itália, onde aproveitaria mais algum tempo de férias em companhia do amigo Carlos Caboclo em viagens pela Europa, e receberia uma homenagem do jornal português *A Bola*, o Troféu Gandula, como o melhor técnico do mundo, no dia 1º de fevereiro.[38]

Como só retornaria ao Brasil no dia 2 de fevereiro, o time são-paulino seria comandando, à beira do gramado, pelo preparador de goleiros Valdir Joaquim

> Com o primeiro troféu da Copinha em mãos, os jogadores fizeram questão de homenagear o grande colega, perdido no ano anterior: "Esse título é do Alexandre", comentou o ponta Toninho.

[35] DP, 26/1;
[36 e 37] DP, 21/1;
[38] JT, 6/1; AGE, 11/1; DP, 12/1 e 21/1.

de Moraes, escolhido diretamente por Telê para a função nas três primeiras partidas do Tricolor na temporada.

Para o amistoso do dia 24 de janeiro, domingo, o Santa Cruz disponibilizou uma carga de 80 mil ingressos. O time local, portanto, contava com casa cheia!

Já no São Paulo, a comissão ainda tinha o que falar sobre o aceite desse jogo: "O prazo de dez dias para treinamentos no futebol brasileiro já é um tempo ridículo. Não há a mínima condição de se fazer esse amistoso no Recife", afirmou Moraci Sant'Anna. E continuou: "Não vou mudar nada na minha programação. Para mim, a partida contra o Santa Cruz não existe. Os treinos continuam em dois períodos até segunda-feira. Treinaremos normalmente no domingo pela manhã, no Recife, como faríamos aqui, e vamos encarar o amistoso como um coletivo".[39]

Mas, não havia nada a se fazer: "Precisamos de dinheiro para honrar os contratos, inclusive do próprio Moraci", afirmou o diretor Márcio Aranha, pondo fim ao assunto.[40]

O time são-paulino tinha outros problemas: Cerezo tratava uma contusão na coxa. Zetti, Vítor, Ronaldão e Adílson (praticamente todo o sistema defensivo), ainda que em discussões com a diretoria, não haviam renovado o contrato com o clube. A política salarial do clube, de acordo com o diretor Kalef, era a de promover um ganho real de 20%. Os atletas, contudo, pediam mais. Deles, somente o goleiro foi a campo contra o Santa Cruz, pois ainda tinha o acerto anterior, em vigência por pouco tempo.[41]

Assim, o conjunto escalado por Valdir de Moraes para o primeiro embate da temporada foi o seguinte: Zetti; Válber, Lula, Gilmar e Ronaldo Luís; Pintado, Dinho e Raí; Cafu, Palhinha e Müller.

No jogo, o São Paulo começou perdendo, com um gol logo aos três minutos. Mas, ainda no primeiro tempo, os tricolores do Sudeste já haviam revertido, com gols de Cafu e Dinho. O Santa, de pênalti, porém, empatou novamente o marcador. Perto dos acréscimos, Müller pôs o time de branco à frente e Raí, na etapa final, marcou o último tento da partida: vitória por 4 a 2.

Também tomaram parte no confronto Macedo, Cláudio Moura, Elivélton, Vaguinho, Carlos Alberto, Marcos Adriano e o goleiro Gilberto, estreante. A decepção da partida ficou por conta do comparecimento do público: apenas 6.689 torcedores, número nada perto do pretendido pela diretoria do Santa Cruz. A renda não foi divulgada.

Por sua vez, os tricolores deixaram a capital pernambucana felizes com a recepção que tiveram: "A torcida nos recebeu como se fôssemos a Seleção Brasileira. Os próprios torcedores do Santa Cruz aplaudiam nossos gols e gritavam nossos nomes no estádio. Nós nos sentimos ídolos deles", comentou Raí.[42]

Se o primeiro jogo do ano foi encarado mais como um treino, a "estreia de verdade" seria no Morumbi, às 20h30 do dia 27 de janeiro, uma quarta-feira, contra a Ponte Preta, em jogo válido pelo Paulistão.

Após as atividades, Telê Santana embarcou para Roma, na Itália, onde aproveitaria mais algum tempo de férias em companhia do amigo Carlos Caboclo em viagens pela Europa, e receberia uma homenagem do jornal português *A Bola*, o Troféu Gandula, como o melhor técnico do mundo, no dia 1º de fevereiro.

[39] DP, 22/1;
[40] JT, 22/1;
[41] DP, 1/2;
[42] JT, 27/1.

Foto: Arquivo Histórico do São Paulo F.C.

Anilton, Cerezo, Válber, Cláudio Moura, Adílson, Suélio, Elivélton, Cafu, Catê, Sérgio Baresi, Vítor, Robertinho, Marcos Adriano, Vaguinho e Palhinha;
Patrícia Bertolucci, José Araújo, Gilmar, Pintado, Nelson, Dinho, Lula, André Luiz, Gilberto, Zetti, Rogério Ceni, Raí, Ronaldão, Carlos Alberto, Müller, Ronaldo Luís, Jamelli e Altair Ramos;
Sídnei Negrão, Héldio de Freitas, Marco Antônio Bezerra, Hélio Santos, Constantino Cury, Mesquita Pimenta, Casal de Rey, Telê Santana, Valdir de Moraes, Moraci Sant'Anna e Turíbio de Barros.

O Campeonato Paulista de 1993 seria, novamente, disputado em dois grupos: A (Verde), com 16 clubes, e B (Amarelo), com 14 times. O então Campeão São Paulo figuraria no primeiro, ao lado de Palmeiras, Corinthians, Portuguesa, Santos, Guarani, Ituano, Bragantino, Noroeste, Juventus, Mogi Mirim, Ponte Preta, Rio Branco, União São João, Marília e XV de Piracicaba. Na outra chave estavam: Inter de Limeira, Santo André, Sãocarlense, Botafogo, Olímpia, Novorizontino, Ferroviária, América, São José, Araçatuba, XV de Jaú, Catanduvense, Taquaritinga e São Caetano.

Classificar-se-iam os seis melhores colocados do grupo A (com o primeiro lugar ganhando um ponto de bonificação) e os dois primeiros do grupo B para a segunda fase, a ser realizada novamente em duas chaves de quatro times, em turno e returno, avançando às finais as equipes Campeãs de cada lado. Não haveria rebaixamento para a divisão intermediária – como era chamada a segunda divisão, na época.

O São Paulo estrearia na competição no dia 23 ou 24 de janeiro, mas a partida contra o Santos foi adiada por causa do amistoso no Recife.

Para o confronto contra a Ponte, a situação contratual dos defensores não se alterou. Por isso, Valdir de Moraes, que apenas realizara um treinamento coletivo com o elenco regresso do Recife, não tinha muito o que fazer a não ser escalar, no lugar daqueles, Gilberto, no gol; Válber na lateral direita; Lula e Gilmar na dupla de zaga. No ataque, Macedo criava caso: com Cafu, Palhinha e Müller disponíveis, havia lugar para o jogador na linha titular e, assim, ele preferia nem ser escalado para o banco de reservas. "Assim não dá. Acho que eu tinha que ser o titular, mas já que não serei aproveitado, prefiro esperar o retorno do professor Telê para conversar com ele e pedir para deixar o clube".[43]

[43] AGE, 27/1.

Coube a Valdir de Moraes a responsabilidade de comandar o Tricolor no começo da temporada.

Foto: Arquivo Histórico do São Paulo F.C.

> **Surgiu um boato de que Telê assumiria o comando técnico do time da Lazio, na Itália, no segundo semestre, por um salário de 100 mil dólares mensais. O certo era que Telê assistiu à partida entre Milan e Internazionale, em Milão, e depois à de Lazio e Torino, em Roma e, nessa ocasião, o encontro pode ter sido apenas casual e pelo fato de o técnico ser uma figura ilustre do futebol, muito assediada.**

Valdir deu de ombros para a situação com o atacante: "Fomos Campeões do Mundo jogando assim, seria uma incoerência mudar agora". Com a insistência dos repórteres, concluiu: "Eu sou louco de mexer no time Campeão Mundial?". No fim, Macedo acabaria multado pelo diretor Kalef Francisco.[44]

E, provando que o lugar dele era realmente no ataque, e como titular, Cafu marcou os dois gols da vitória são-paulina sobre a Ponte Preta do técnico Vanderlei Luxemburgo, em um Morumbi que não chegou a ter quatro mil espectadores, mesmo com a tradicional disponibilidade de ônibus gratuitos da CMTC para o público – algo decepcionante para o primeiro jogo em casa após a conquista do Mundial.

As baixas após a primeira rodada foram Müller, que levou o cartão vermelho depois de desentendimento com o lateral Valmir (uma aparente troca de socos, em que ambos foram expulsos), e foi substituído por Elivélton, em fase muito questionada; e Ronaldo Luís, substituído por Marcos Adriano, aos 35 do primeiro tempo, por uma entrada pesada e desleal de Marcelo Prates, por trás. "Se o São Paulo quer a liberdade de desfilar seus craques, que leve o time para o sambódromo", disse o volante adversário, sem remorso.[45]

Após a partida surgiu um boato de que Telê assumiria o comando técnico do time da Lazio, na Itália, no segundo semestre, por um salário de 100 mil dólares mensais. Caboclo, amigo do treinador, disse que tudo não havia passado de uma confusão alimentada pelo presidente do Flamengo, Luís Augusto Veloso, que topou com a dupla e com os dirigentes do time italiano, inclusive com o presidente Sergio Cragnotti, em um hotel – uma mera coincidência.

[44] OESP, 27/1; AGE, 29/1;
[45] AGE, 29/1.

"A única reunião que tivemos aqui foi na polícia. Fomos roubados por trombadinhas durante uma visita ao Coliseu. Eles levaram mil e oitocentos dólares em cheques de viagem, que já foram restituídos pelo Banco do Brasil", pontuou Caboclo. "O Telê nem percebeu que fui assaltado. Depois, ainda ficou tirando uma com a minha cara porque carrego dinheiro no bolso e ele não."[46]

Se era verdade ou não, não é possível afirmar. O certo era que Telê assistiu à partida entre Milan e Internazionale, em Milão, e depois à de Lazio e Torino, em Roma e, nessa ocasião, o encontro pode ter sido apenas casual e pelo fato de o técnico ser uma figura ilustre do futebol, muito assediada.[47]

Para o segundo jogo do Tricolor no Paulistão, no dia 30 de janeiro, contra a Portuguesa, no Canindé, Valdir de Moraes mandou ao campo exatamente o mesmo time da estreia. Do outro lado, o adversário também era comandado de modo interino por Pedro Santilli (o argentino José Poy fora demitido na rodada anterior).

A primeira metade do jogo foi bem fraca, ainda que tenha sido nela que o Tricolor tenha encontrado o gol, com Raí, aos 27 minutos, após boa jogada de Palhinha. Na etapa final, a Lusa correu atrás do prejuízo e fez com que os são-paulinos abusassem dos contra-ataques e das chances desperdiçadas: foram, no mínimo, cinco oportunidades claras de gol em um intervalo de poucos minutos, duas delas com Palhinha, por preciosismo. "Quando o Raí erra, ninguém fala nada. Mas quando sou eu, todo mundo xinga", desabafou o atacante, após cobranças dos torcedores e de si mesmo: "Depois de perder tanto gol, me deu até vergonha de ficar em campo".[48]

No fim, a Portuguesa encontrou o gol de empate, aos 25 minutos, e a trave e o goleiro Gilberto salvaram o Tricolor da derrota. Tudo ficou no 1 a 1. Foi o primeiro ponto perdido pelo time no Estadual.

Tendo assumido a "bucha", Valdir de Moraes despediu-se do posto de escalador do time aliviado por passar o bastão de volta a quem o detinha por direito: "Quem sou eu perto de Telê, o melhor treinador do mundo da atualidade? Mas vou entregar um São Paulo invicto a ele", argumentou.[49]

O RETORNO DE TELÊ E UM ATROPELO NO MAJESTOSO

Nem a volta de Telê (regresso da Europa desde o dia 3 de fevereiro), entretanto, serviu para acelerar a questão da renovação de contrato de toda a linha defensiva são-paulina. Apenas Vítor acabaria assinando um novo acordo, às vésperas da partida seguinte, por interferência do técnico e após rusgas do jogador com a diretoria, que avisou ao atleta que, sem vínculo profissional, ele deveria deixar o alojamento do CT da Barra Funda e voltar ao das categorias de base, no Morumbi.

"Tudo o que o Telê me diz é para o meu próprio bem. Se ele me dá broncas, me chama a atenção, é porque gosta de mim. Ele não me trata como um mole-

[46] DP e FT, 29/1;
[47] AGE, 29/1; DP e OESP, 28/1;
[48] DP, 31/2; JT, 1/2;
[49] OESP, 1/2;
[50] AGE, 3/2.

1993 - Parte 1: Campeonato Paulista, Troféus no Chile e Brasil, Copa do Brasil e Copa Libertadores

> Com o time titular armado para um coletivo contra os reservas, o resultado foi um espetáculo de jogo-treino: 3 a 3, após um "vira, virou". "O comentário geral era de que o time reserva, se disputasse o Paulistão, poderia chegar à final contra os titulares do Tricolor", afirmou o jornal *Diário Popular*, do dia 7 de janeiro.

que, e sim como um profissional que ainda tem muito o que aprender", alfinetou o lateral.[50]

Seguindo como estava – como o titular Müller sentiu a coxa e Elivélton foi muito criticado, Cláudio Moura foi a opção para a posição, já que teve um bom 1992, quando emprestado ao XV de Piracicaba –, o Tricolor encarou o carrossel caipira do técnico Vadão, o Mogi Mirim, fora de casa.

Foi um grande jogo, mesmo sob muita chuva: o São Paulo começou à frente, com Raí, mas Marcão empatou. Lula colocou os visitantes novamente à frente, e Polaco, de falta, mais uma vez deixou tudo igual – e tudo isso aconteceu no segundo tempo. O Tricolor poderia ter saído com a vitória, visto o número de oportunidades criadas, e a sensação que ficou foi a de que Müller fez falta no ataque. Bola para frente.

A FPF havia marcado os clássicos São Paulo x Corinthians e Palmeiras x Santos para o mesmo domingo, dia 7 de fevereiro, e criara um problema que não precisaria ter existido. Todos os envolvidos desejavam boas rendas, as maiores possíveis, para obterem os quinhões que lhes eram devidos. Logo, o melhor lugar para os confrontos era o Morumbi, e seria descabido um ser preliminar do outro. Uma das partidas teria que ser no sábado à noite ou realizada em outro lugar.

O São Paulo havia acabado de jogar na quinta-feira e veementemente se posicionou contra a atuar tão prontamente. O primordial para a direção e comissão técnica era o intervalo entre os jogos, ainda mais antes de um Majestoso. Assim, o clube aceitou transferir o embate para o Estádio do Pacaembu, enquanto Santos e Palmeiras aconteceria no Morumbi (a Vila Belmiro estava reservada para um *show* da Daniela Mercury), ambos no mesmo dia – algo impensável atualmente.[50]

"O clube disputa partidas seguidas no exterior, pede adiamento de jogos no Campeonato Paulista e não aceita antecipar a partida com o Corinthians para sábado sob alegação de que jogaria 48 horas após o compromisso em Mogi Mirim", alfinetou Eduardo José Farah.[51]

Enquanto os cardeais definiam essa questão, Telê preparava o time para o clássico. Ele contaria com os retornos de Cerezo, que ficou no banco contra o Mogi e se recuperou da hipertrofia muscular na coxa; de Müller, apto após lesão; e de Vítor, regularizado.

Dessa maneira, o time titular armado para um coletivo contra os reservas, um dia antes da contenda contra o rival, foi: Gilberto; Vítor, Lula, Válber e Ronaldo Luís; Pintado, Cerezo e Raí; Cafu, Palhinha e Müller. Os suplentes foram com Marcos; Gilmar, Adílson, Ronaldão e Marcos Adriano; Dinho, Vaguinho e Carlos Alberto; Macedo, Cláudio Moura e Elivélton.

O resultado foi um espetáculo de jogo-treino: 3 a 3, após um "vira, virou". "O comentário geral era de que o time reserva, se disputasse o Paulistão, poderia chegar à final contra os titulares do Tricolor", afirmou o jornal *Diário Popular*, do dia 7 de janeiro.

[50] DP, 9/2;
[51] OESP, 10/2.

Ao contrário da maioria dos clássicos, a expectativa para este era de disparidade. Enquanto o São Paulo era o Campeão do Mundo e dispunha de craques que recebiam mais de 20 mil dólares por mês (362 milhões de cruzeiros), a base do time corintiano havia sido recentemente promovida do time Vice-Campeão da Copinha, em média, 276 dólares (5 milhões de cruzeiros).[52]

E, com o mesmo time do coletivo da véspera, os são-paulinos mostraram que realmente não havia como ser diferente. Primeiramente, na preliminar, o time aspirante despachou o adversário com uma vitória por 3 a 1, sem deixar chances para "revanche" pela Copa São Paulo.

Depois, as mais de 21 mil pessoas presentes no Pacaembu viram uma variação de bola do time principal. O "passeio" para cima do rival, em detrimento de uma maior objetividade e de um placar mais largo, chateou o técnico Telê: "Teve jogador que não se comportou bem, brincando e desrespeitando o adversário. Isso eu não admito".[53]

A manchete do *Diário Popular* de 8 de janeiro resume o que foi a disputa, apesar da inversão dos sujeitos: "Corinthians treme em campo e São Paulo ganha na moleza". O Datafolha também atestou a imensa superioridade: 17 finalizações contra oito do adversário; 420 passes corretos contra 200; nove escanteios contra um; 27 faltas sofridas contra 14; e 31 minutos de posse de bola contra 21 do time rival.[54]

No primeiro tempo, quase que inteiramente dominado pelos tricolores, o São Paulo fez o jogo em cima do inexperiente zagueiro Baré, que não resistiu e cometeu pênalti em Ronaldo Luís, aos 14 minutos. Raí bateu e abriu o marcador. Pouco depois, na única chance do time branco e preto, Lula salvou após Fabinho driblar o goleiro Gilberto.

Na etapa seguinte, o Corinthians bem que tentou, mas o Tricolor seguiu na ofensiva e, com menos de dez minutos, Palhinha passou a bola na área para Raí, que foi derrubado pelo goleiro Ronaldo. Revoltado com a marcação de novo pênalti, o arqueiro reclamou demais e foi expulso. E, como Nelsinho Baptista já havia feito duas substituições, o ponta Paulo Sérgio teve que assumir a posição na meta. Raí, acossado por uma invasão de torcedor rival pouco antes, não tomou conhecimento e ampliou, aos 13 minutos do segundo tempo: 2 a 0.

Com a ampla vantagem – no placar, no número de jogadores de linha e no de goleiros de verdade –, o São Paulo poderia ter aplicado uma goleada histórica, mas viu seus atletas não levarem tão a sério o restante da partida e o guarda-redes de primeira viagem fazer algumas boas defesas.

Nesse meio tempo, quase como uma comédia pastelão, ocorreram outras duas invasões ao gramado por parte de corintianos revoltados com qualquer coisa, provavelmente com o próprio time. Aos 34 minutos, o time do Parque São Jorge até teve um pênalti marcado, mas Kel chutou na trave e a bola foi para fora. Foi só aos 40 minutos que Dinho (que rendera Cafu no decorrer da peleja),

> Primeiramente, na preliminar, o time aspirante despachou o adversário com uma vitória por 3 a 1, sem deixar chances para "revanche" pela Copa São Paulo. Depois, o "passeio" para cima do rival, em detrimento de uma maior objetividade e de um placar mais largo, chateou o técnico Telê: "Teve jogador que não se comportou bem, brincando e desrespeitando o adversário. Isso eu não admito".

[52] DP, 7/2;
[53] NP, 8/2;
[54] FSP, 8/2.

> "Fazer o quê? É a nossa rotina", resignou-se Raí, enquanto comia o que podia em uma lanchonete no aeroporto: um saudável *cheeseburger* com refrigerante. Entre um gole e outro, ressaltou: "As condições de jogo acabam não sendo as ideais, mas gosto de jogar torneios no exterior. Infelizmente, o calendário brasileiro está acima do nosso limite".

de falta, acertou um tiro indefensável para o inexperiente Paulo Sérgio e deu os números finais ao jogo: São Paulo 3 a 0!

Os são-paulinos deixaram o Pacaembu um tanto felizes pela vitória, um pouco chateados pelo placar e muito preocupados com o desespero da torcida alheia, que gritava "Ê, ê, ê, são-paulino vai morrer" na saída das arquibancadas.[55]

Telê, no vestiário, não se conformou: "Jogador meu tem que buscar o gol. E muitos deles se acomodaram. Futebol é coisa séria e não importa se o adversário está sem goleiro ou perdendo de dez". E emendou: "Nós tivemos pena do Corinthians, mas, se fosse o contrário, com certeza eles não teriam pena de nós".[56]

Sobrou também para a polícia: "O futebol está uma palhaçada. O cara invade o campo e a polícia fica assistindo. A vida do jogador está em perigo ali. E se um torcedor desequilibrado entrar com uma faca para matar um atleta, como é que fica?", reclamou o treinador.[57]

Por sua vez, os jogadores se eximiram um pouco da expectativa de um placar maior, afirmando que o relaxamento era natural e que não houve displicência. Cafu, no fim, brincou: "Eu não sabia que o Paulo Sérgio jogava tão bem no gol".[58]

O único que fora poupado das críticas foi o veterano Cerezo, que fizera a primeira partida do ano, sem deixar transparecer esse fato. Dominou o meio de campo e distribuiu passes quase perfeitos (63 passes corretos, de 73) – ele recebeu nota dez do *Diário Popular*.[59]

Uma análise trinta anos após o decorrer desse jogo leva a crer que, possivelmente, os atletas são-paulinos tenham pegado leve na metade final do segundo tempo a fim de evitar algum incidente de violência ou até mesmo alguma catástrofe decorrente da falta de segurança explícita, haja vista as invasões ao campo do estádio do Pacaembu que ocorreram naquele dia.

No aspecto esportivo, com a vitória, o São Paulo alcançou a marca de 14 jogos de invencibilidade – o que, para o time de Telê, não era um fato excepcional (a mesma marca havia sido obtida em 1992, entre junho e agosto daquele ano). A última derrota tricolor fora contra o Palmeiras, ainda na segunda fase do Paulistão retrasado.

PERCALÇOS NO INTERIOR E TROFÉU NO EXTERIOR

No jogo seguinte, porém, a marca caiu. No dia 10 de fevereiro, o São Paulo viajou a Araras (sem Müller, com gastrite) e, mesmo desenvolvendo um melhor futebol, controlando o jogo e criando oportunidades, perdeu por 1 a 0 para o União São João, graças à noite inspirada do goleiro Luiz Henrique e ao gol de Alexandre, em um lance cuja bola ainda acertou a trave antes de entrar, além de um pênalti não marcado em Palhinha, logo após.[60]

Aquela seria uma semana corrida e mal houve tempo de Telê acertar qualquer coisa. O time regressou de ônibus para capital na madrugada. No caminho, um

[55] AGE, 8/2;
[56] FSP e AGE, 8/2;
[57] AGE e DP, 8/2;
[58] DP, 8/2;
[59] FSP, 8/2;
[60] OESP e JT, 11/2.

pneu furou e a comitiva chegou ao Centro de Treinamento da Barra Funda às três horas da madrugada. Às sete, a delegação já se encontrava em Cumbica e embarcava no VARIG para o Chile, onde o clube participaria do Troféu Cidade de Santiago, que contaria também com as participações de Universidade de Chile, Universidade Católica e Dynamo de Moscou.[61]

"Fazer o quê? É a nossa rotina", resignou-se Raí, enquanto comia o que podia em uma lanchonete no aeroporto: um saudável *cheeseburger* com refrigerante. Entre um gole e outro, ressaltou: "As condições de jogo acabam não sendo as ideais, mas gosto de jogar torneios no exterior. Infelizmente, o calendário brasileiro está acima do nosso limite".[62]

Cafu flagrado em um momento de cansaço pela manhã.

O zagueiro Válber, contudo, não estava tão relaxado. Ele havia esquecido a carteira de identidade e tinha apenas um xerox do RG em mãos. Apreensivo por, talvez, ter que ser deixado para trás, questionava os colegas: "Será que vai dar?". No fim, deu. Alguém fez vista grossa.[63]

O grupo que deixou o Brasil era formado por Gilberto, Vítor, Gilmar, Válber, Pintado, Ronaldo Luís, Cafu, Cerezo, Palhinha, Raí, Cláudio Moura, Marcos, Marcos Adriano, Sérgio Baresi, Dinho, Macedo, Elivélton e Vaguinho.

Já Müller e Lula, com estiramento, ficaram no CT para tratamento, assim como os atletas sem contrato: Ronaldão e Adílson. Zetti, que fazia parte dessa turma, enfim renovou o vínculo com o clube no dia 11 de fevereiro e só não viajou porque a esposa estava grávida, prestes a dar à luz. O fim das negociações foi um alívio para Zetti e para o Tricolor. Enquanto ambos não se entendiam, correram boatos de que o atleta poderia ser trocado por Ronaldo, do Corinthians, ou Velloso, do Palmeiras.[64]

No Chile, os jogadores passaram por um pequeno susto, pouco antes do primeiro compromisso: um abalo sísmico. "Foi uma coisa rápida, algo de dois ou três segundos, mas foi o suficiente para assustar", confirmou o presidente Mesquita Pimenta.[65]

Durante a estadia no Hotel Sheraton San Cristóbal, a comitiva são-paulina também recebeu a visita do ex-goleiro Roberto Rojas, ainda suspenso e praticamente fora do meio futebolístico por causa da simulação de ferimento que realizou durante uma partida da Seleção do Chile contra o Brasil, no Maracanã, em 1989. Era uma visita para reencontrar amigos, mas também um pedido de ajuda para a redução da pena.[66]

[61, 62 e 63] DP, 12/2;
[64] FT, 12/2;
[65] FSP, 14/2;
[66] OESP, 16/2.

Foto: Arquivo Histórico do São Paulo F.C.

O time que conquistou o troféu da "Copa Ciudad de Santiago".

> "Classe magistral: São Paulo nos ofereceu outra noite de carnaval", foi a manchete do jornal *Las Últimas Noticias*. E Telê concordara, "porque se privilegiou o bom futebol".

O torneio amistoso Troféu Cidade de Santiago teve sua abertura na noite de sexta-feira, no dia 12 de fevereiro, com o jogo da Universidad de Chile contra o São Paulo, no Estádio Nacional. Cerca de 22 mil pessoas compareceram ao jogo e viram o time local abusar do jogo duro e da violência e, nem assim, conseguir evitar uma derrota frente ao visitantes, superiores tecnicamente.

O Tricolor marcou o primeiro gol logo aos cinco minutos, com Raí. O meia balançou as redes novamente no segundo tempo, pouco após o reinício da partida, aos seis. Placar final: 2 a 0. Com o resultado, o clube se classificara para a decisão do troféu, embora estivesse preocupado com as situações de Cerezo e Palhinha, que deixaram o campo sentido dores por pancadas sofridas (foram substituídos por Dinho e Vaguinho, no decorrer da disputa).

No outro confronto da chave, a Universidad Católica superou o Dynamo de Moscou nos pênaltis, por 6 a 5, após o empate por 1 a 1 no tempo normal, e avançou para a decisão do torneio contra o São Paulo. O jogo seria já no domingo, dia 14.

Com Gilberto; Vítor, Válber, Gilmar e Ronaldo Luís; Pintado, Cerezo, Cafu e Raí; Palhinha e Cláudio Moura, o São Paulo do mestre Telê deu mais uma aula aos universitários e venceu a final por 3 a 0, com todos os gols marcados no primeiro tempo (Palhinha, aos 10 minutos; Ronaldo Luís, aos 18; e Cláudio Moura, aos 39), deixando a etapa final para dar espaço aos reservas Marcos Adriano, Dinho, Macedo e Elivélton.

"Classe magistral: São Paulo nos ofereceu outra noite de carnaval", foi a manchete do jornal *Las Últimas Noticias*. E Telê concordara, "porque se privilegiou o bom futebol".[67]

Na partida de terceiro e quarto lugares, a Universidad de Chile venceu o Dynamo de Moscou por 2 a 1. Encerrada a excursão, o Tricolor voltou para casa com mais um troféu no bagageiro e 120 mil dólares pela participação no torneio internacional.[68]

[67] FSP e OESP, 16/2;
[68] FSP, 14/2.

Raí, Cafu e o técnico Telê Santana, porém, não pegaram o mesmo voo de regresso que os demais companheiros: seguiram via LAN Chile para Montevidéu, onde participaram da premiação oficial do jornal *El País* como integrantes da seleção dos melhores da América. Rei da América, Raí agradeceu o prêmio: "É uma grande honra para mim ser eleito entre tantos bons jogadores e mais ainda quando tantos jornalistas estiveram envolvidos".[69] O São Paulo também foi premiado: eleito o melhor time do continente. O presidente Mesquita Pimenta recebeu a placa em nome do clube.

A rotina de aeroportos e viagens, porém, não havia acabado: Raí e Cafu viajaram para Buenos Aires, na Argentina, onde se encontraram com Zetti e Müller; todos haviam sido convocados pelo técnico Parreira para defender a Seleção Brasileira em amistoso contra a Argentina no Monumental de Núñez, no dia 18 de fevereiro. Dos quatro, apenas Raí e Cafu foram titulares. Müller substituíra Careca e Zetti não entrou em campo. O jogo terminou empatado em 1 a 1, com gol marcado por Luiz Henrique, do Mônaco.

Já no Brasil, Telê teve que domar os ânimos do atacante Elivélton, que bradava aos quatro ventos por um lugar no time, descontente com a perda da posição para Cláudio Moura, em uma ponta, e, na outra, para o lateral-direito Cafu – que havia acabado de ser eleito o melhor da América! O técnico justificou: "Ele não tem progredido e está ficando para trás. As coisas acontecem rápido no futebol. Quem está sem contrato, procure acertar. Quem não está produzindo bem, procure melhorar. Senão, vai ser atropelado por essa garotada que está subindo".[70]

Cafu, alvo indireto da indignação do atacante, minimizou a questão: "Não existe essa história. Ninguém desanima na hora de passar no caixa e pegar o cheque. Quem estiver assim, peça para ir embora... Ele quer ganhar a posição na base do nome. Aqui, joga quem está melhor".[71] No fim, Elivélton resignou-se: "Ele [Telê] sabe o que faz".[72]

O primeiro jogo do Tricolor após o passeio no Chile foi em Campinas, contra o Guarani, no sábado, dia 20 de fevereiro, e o time parecia destinado a obter mais uma vitória: começou à frente, com um gol de Palhinha aos cinco minutos, e depois desempatou o jogo a seu favor com Cafu – um golaço, de primeira, na entrada da área, aos três do segundo tempo. Porém, nos últimos momentos do encontro, o time da casa empatou a partida e conseguiu a virada com Edu Lima, e um gol de pênalti aos 45 minutos.

A reestreia de Zetti, após dias ausente sem contrato, não foi feliz: ele cometera a penalidade que deu a vitória ao time campineiro.

Telê deixou transparecer o descontentamento: "Não estou gostando nem um pouco dessas firulas na frente do gol. Futebol é para ser jogado com respeito. Quem quiser brincar, que mude de profissão". Bravo, o técnico nem cogitou dispensar os atletas no "feriado" de Carnaval. "Não quero nem ouvir falar nessa história de Carnaval."[73]

> Raí, Cafu e o técnico Telê Santana, porém, não pegaram o mesmo voo de regresso que os demais companheiros: seguiram via LAN Chile para Montevidéu, onde participaram da premiação oficial do jornal *El País* como integrantes da seleção dos melhores da América.

[69] FT, 17/2;
[70 e 71] FT, 19/2;
[72] DP, 19/2;
[73] FT, 22/2.

1993 - Parte 1: Campeonato Paulista, Troféus no Chile e Brasil, Copa do Brasil e Copa Libertadores

> "Dizer que o torcedor paga ingresso e por isso tem o direito de vaiar, é pura invenção. Eu sei quando o time deve ser cobrado. Não preciso que ninguém fale para mim o que tenho que fazer." A reação de Telê admirou até os jogadores, que passaram a chamar aquela ocasião de "Noite do Espanto".

Ainda assim, alguns atletas são-paulinos, como Palhinha, Cafu e Lula, compareceram ao baile do clube social no Morumbi, no domingo, pois Telê, no fim das contas, ainda foi bonzinho e deixou a segunda-feira livre: a reapresentação só foi marcada para a terça-feira. Mas a bronca de Telê ficou para a quarta-feira seguinte: o técnico também deu uma esticadinha na folga, em Petrópolis, no Rio de Janeiro.[74]

Nesse Carnaval, aliás, Raí participou de uma peça publicitária da Companhia Antarctica Paulista, criada por Nizan Guanaes, da agência DM9, em que ele atuava como um astro do futebol, uma paixão nacional, como a cerveja, a feijoada, o Carnaval e o axé, de propagandas anteriores da mesma série.

A ação causou reação de rivais, que questionaram o fato de a figura de Raí ser considerada uma paixão nacional. O ex-são-paulino e então zagueiro do Palmeiras, Antônio Carlos, afirmou que "o Raí está mais para uma paixão são-paulina do que para uma unanimidade". Já Evair, jogador do mesmo adversário, retrucou: "Paixão nacional para mim são a Xuxa e outras mulheres bonitas". Edmundo, também daquela equipe, foi na mesma linha: "O Raí é importante e tem personalidade, mas não sei se ele chega a ser uma paixão nacional". Já o lateral Roberto Carlos, tentando parecer engraçado, mas demonstrando preconceito, perguntou: "Será que ele vai dançar igual a Daniela Mercury".[75]

A RETOMADA NO PAULISTÃO E OS PRIMEIROS CHOQUES COM A FPF

Após a curta pausa, os jogadores, talvez revigorados, tomaram a derrota frente ao Guarani como lição: a partir do confronto contra o Ituano, no dia 25 de fevereiro, emplacariam uma série de cinco vitórias consecutivas. Um ponto importante para essa reação, certamente, foi a renovação do zagueiro Campeão do Mundo, Ronaldão. Ausente do time por quase dois meses, ele passou a formar a dupla de zaga com Válber.

Na verdade, o defensor, nesse período fora dos gramados, esteve em negociação de transferência para o Rayo Vallecano, da Espanha. O acerto não foi para frente, porém, devido à alta cobrança são-paulina pelo passe do atleta: 650 mil dólares livres. Na época, o Corinthians também havia manifestado interesse nele.[76]

"Só assinei para este ano porque fiquei satisfeito com os números que o clube me ofereceu. Se não fosse assim, eu não me importaria de ficar mais seis meses sem jogar", afirmou Ronaldão.[77]

De toda maneira, a recuperação no Campeonato Paulista era crucial. Antes de enfrentar o Ituano, o Tricolor se encontrava na 12ª colocação, entre 16 participantes, com seis pontos conquistados (duas vitórias, dois empates, duas derrotas). Era verdade que o time tinha até três jogos a menos que os primeiros colocados, mas melhorar era preciso. E, para isso, nada melhor do que uma série de

[74] DP, 22/2; AGE e OESP, 24/2;
[75] AGE, 21/2;
[76] AGE e FT, 19/2;
[77] DP, 25/02.

cinco partidas consecutivas a ser disputada no Morumbi.

Assim, no dia 25 de fevereiro, o São Paulo venceu o Ituano por 1 a 0, com um gol de pênalti cobrado por Raí, após falta sofrida por Ronaldo Luís. O resultado e a atuação não agradaram os pouco mais de quatro mil torcedores presentes, que vaiaram o time. Telê se enervou contra eles, considerando-os ingratos: "Os torcedores não podem vir aqui só para ficar vaiando o time. Eles estão muito mal-acostumados e precisam saber que tem dia em que as coisas não dão certo. É nessa hora que o time mais precisa deles", disse o técnico, que durante os apupos gesticulou contra a arquibancada.[78]

"Dizer que o torcedor paga ingresso e por isso tem o direito de vaiar, é pura invenção. Eu sei quando o time deve ser cobrado. Não preciso que ninguém fale para mim o que tenho que fazer."[79]

A reação de Telê admirou até os jogadores, que passaram a chamar aquela ocasião de "Noite do Espanto". Válber, que dias antes levara uma reprimenda do técnico por atraso e teve um arranca-rabo com um segurança do clube, contemporizou: "O professor só tratou de nos ajudar e, enquanto a torcida vaiava, ele pedia calma... Mas, a partir do jogo com o Bragantino, vamos mostrar quem somos".[80]

Três dias depois, os tricolores cumpriram a palavra e derrubaram o Bragantino por 2 a 0, com tentos marcados por Palhinha e Raí, novamente de pênalti (sofrido por Müller), e ambos no segundo tempo. Sem Ronaldo Luís, contundido, o jogo marcou a estreia do lateral-esquerdo André Luiz, Campeão da Copinha.

Mas o principal detalhe da partida foi que Telê Santana fora expulso pelo árbitro José Aparecido de Oliveira, ainda aos 25 minutos da etapa inicial, para delírio da torcida, que o aplaudiu, ao som de "Telê, Telê, Telê".[81]

Tudo porque, à beira do campo, o técnico são-paulino reclamava da falta de cartões amarelos para as duras faltas cometidas pelo adversário e marcadas pelo juiz. O árbitro teria, então, mandado Telê calar a boca. Este, por sua vez, retrucou: "Não sou seu filho para você me mandar calar a boca". E foi expulso.

Ainda permaneceu por algum tempo nas escadas para o vestiário até ser retirado pela polícia a mando de José Aparecido. "Só saio daqui algemado", mas saiu sem o ser.[82]

"Ele tem a mania de me seguir. Já me tirou um campeonato em 1990, na final contra o Corinthians. No ano seguinte, voltou a me prejudicar contra o Bragantino, em Bragança", afirmou Telê sobre a perseguição do árbitro. "Foi tudo premeditado." No fim, também elogiou muito o comportamento da torcida: "É assim que gosto de ver".[83]

Coube à experiência de Cerezo conduzir o time à vitória. "Expliquei para o time que pior do que estava, não poderia ficar. Pedi tranquilidade e tinha certeza de que iríamos encontrar nosso futebol."[84]

Na súmula, o árbitro José Aparecido nada escreveu de grave sobre a 18ª expulsão de Telê em jogos do Campeonato Paulista em toda a carreira e, por isso, o

> Contra o Bragantino, o jogo marcou a estreia do lateral-esquerdo André Luiz, Campeão da Copinha. Mas o principal detalhe da partida foi que Telê Santana fora expulso pelo árbitro José Aparecido de Oliveira, para delírio da torcida, que o aplaudiu, ao som de "Telê, Telê, Telê". O árbitro teria, mandado Telê calar a boca. Este, por sua vez, retrucou: "Não sou seu filho para você me mandar calar a boca". E foi expulso.

[78] DP, 26/2; AGE, 28/2;
[79] FSP, 28/2;
[80] OESP, 28/2;
[81] AGE, 2/3;
[82] JT e AGE, 1/3;
[83] JT, DP e AGE, 1/3;
[84] FT, 1/3.

Ainda sem o condicionamento físico perfeito, o Tricolor tentava poupar os atletas que mais sofriam desgaste.

> "Jogar tantos jogos em poucos dias, não há cristão que aguente", resumiu Telê. O desgaste físico era uma preocupação contínua da cúpula são-paulina, mas, além disso, os dirigentes e a comissão técnica tinham em mente as condições dos adversários: o medo era o *doping*.

São Paulo goleia Juventus no Morumbi

Para o gasto
Cerezo jogou o suficiente para segurar o meio-de-campo do Juventus: foi substituído no segundo tempo

Foto: Reprodução / O Estado de S. Paulo

técnico não foi suspenso de imediato do comando do time no jogo contra o Juventus, no dia 2 de março, embora ainda viesse a passar por um julgamento no Tribunal de Justiça Desportiva (TJD), em data futura.[85]

Após tantas críticas, a equipe fez uma partida inquestionável, sem riscos – embora também sem muitos esforços –, que resultou em goleada: 5 a 1. Os autores foram Raí, de pênalti, aos 14 minutos; Müller, aos 34; e Palhinha, aos 42 do primeiro tempo. No período final, Raí balançou as redes novamente, aos 9; e Cafu fechou o placar, aos 11. Só 3.412 pessoas acompanharam o jogo, que teve mais cara de treino *in loco*.

"É contra os clubes pequenos que ensaiamos os gols que faremos contra os grandes", profetizou Pintado após a peleja. Raí, que fez dois, alcançara a vice-artilharia do torneio, estando a dois do líder Evair. Poderia ter feito mais naquela noite, mas o time passou a se poupar para a rodada seguinte, contra o Noroeste, dali a dois dias.[86]

"Jogar tantos jogos em poucos dias, não há cristão que aguente", resumiu Telê. O desgaste físico era uma preocupação contínua da cúpula são-paulina, mas, além disso, os dirigentes e a comissão técnica tinham em mente as condições dos adversários: o medo era o *doping*.[87]

Em 1992, o São Paulo arcou com os custos de exames *antidoping* para todos os jogos do clube no Campeonato Paulista (quatro por partida, dois jogadores de cada time). Não foi barato, a segurança e tranquilidade que a prática moralizadora trouxe custou a bagatela de 25 milhões de cruzeiros.

[85] DP, 2/3;
[86] FSP, 3/3;
[87] DP, 3/3.

Em 1993, a FPF vetou o empreendimento individual, alegando que isso poderia favorecer só um clube – pelo visto, o único interessado na lisura do processo ou em condições financeiras para tal, na cabeça do presidente Farah. Por outro lado, a Federação nada fez para que tais exames fossem realizados em todas as partidas. Adotou, apenas, o sorteio de um embate (entre oito) por rodada para a prova.

"Isso é um absurdo! Querem penalizar quem anda direito e exigem que se cumpra a lei. Não vejo um único motivo sério ou válido para não aprovar a medida. O exame é um benefício para o futebol", dizia categoricamente Telê Santana.[88]

O diretor Márcio Aranha compartilhava da indignação do treinador: "Quem não deve, não teme. Toda a preparação que damos a nossos atletas pode ser igualada ou superada por quem se dopa".[89]

A desculpa de Farah era para lá de esfarrapada: como não houve caso de *doping* registrado em 1992, nos exames pagos pelo Tricolor, podiam agora dispensar os testes em 1993. "Acreditamos e confiamos nos jogadores do Estado", pontuou o presidente da FPF, repassando a "culpa" da decisão para a Comissão Antidopagem da FPF e para uma possível falta de capacidade técnica da USP de analisar todas as amostras.[90]

"A USP tem totais condições de realizar os exames e nós pagamos tudo. Agora, vem a Federação e quer sortear. Aceitamos o sorteio para os outros, mas, para nós, queremos em todos os jogos", enfatizou o diretor Fernando Casal de Rey. O dito foi confirmado pelo próprio Laboratório de Análises Toxicológicas do Departamento de Farmácia e Bioquímica da Universidade de São Paulo, que pedia, apenas, a colaboração da FPF com o destacamento de funcionários para a coleta e transporte das amostras, que, testadas, saíam ao custo de 100 dólares cada.[91]

GOLEADA E VITÓRIAS SEGUIDAS: SUBINDO NA TABELA

Sem muito mais a fazer do que lamentar, o São Paulo entrou em campo novamente, 48 horas após a última partida e, como se não tivessem sentido peso algum nas pernas, os tricolores golearam, impiedosamente, o Noroeste por 6 a 1.

O Tricolor foi escalado com Cafu na lateral direita (posição que não ocupava desde a vitória sobre a Portuguesa por 3 a 1, no Pacaembu, pelo returno da segunda fase do Paulistão de 1992), por causa da suspensão de Vítor, por acúmulo de cartões amarelos; e com Elivélton no ataque. Cerezo, contundido, deu lugar a Dinho.

Desde o primeiro minuto, o time se portou de maneira ofensiva. O Noroeste, em crise, com jogadores dispensados havia pouco, tinha montado um ferrolho na tentativa de parar o ataque são-paulino. Em pouco tempo, porém, viu que a tática de nada adiantaria. Aos 14 minutos, Pintado, quase da intermediária, arriscou um chute: a bola saiu fraca e rasteira até resvalar em alguém mais à frente e enganar o goleiro Sílvio Roberto: 1 a 0.

> **Em 1992, o São Paulo arcou com os custos de exames *antidoping* para todos os jogos do clube no Campeonato Paulista. Em 1993, a FPF vetou o empreendimento individual, alegando que isso poderia favorecer só um clube. "Isso é um absurdo! Querem penalizar quem anda direito e exigem que se cumpra a lei. O exame é um benefício para o futebol."**
>
> Telê Santana

[88] JT, 4/3;
[89] JT, 4/3; FSP, 4/3;
[90] FSP e OESP, 4/3;
[91] AGE, 4/3; OESP, 10/3.

> **Após a quarta vitória consecutiva e às vésperas do clássico contra o Santos, a TV Globo, em reportagem de Roberto Thomé para o *Globo Esporte*, veiculou uma matéria acusando o São Paulo de dever valores de premiação para jogadores, tanto de "bicho" da atual temporada quanto pela conquista do Mundial de 1992, assim como parte das "luvas" da contratação de Cerezo. Ao menos, isto, nas palavras de Zetti e Pintado.**

Foi o primeiro gol do ex-lateral-direito e agora volante pelo Tricolor. "Já cheguei a perder o sono pensando em fazer gol", comentou após a partida. Frustrou-se unicamente, contudo, com o baixo público no estádio para presenciar aquele feito (pouco mais de duas mil pessoas). "Sou novinho. Vou fazer outros e com o Morumbi lotado", afirmou Pintado, esperançoso.[92]

Ali, Pintado nem poderia imaginar, mas o desejo dele nunca veio a ocorrer. Ele marcou apenas mais um gol pelo São Paulo, embora, este, tenha acontecido com uma grande coincidência em relação ao primeiro. Esta história fica, porém, para alguns parágrafos mais à frente.

No minuto seguinte ao gol são-paulino, o Noroeste encontrou um gol de falta, com Chiquinho, e empatou a partida, o que só veio a dar mais energia aos tricolores. Aos 28 minutos, Cafu avançou pela direita e bateu forte duas vezes para o gol: na segunda, após o rebote, desempatou o jogo. Aos 30, Válber foi até a ponta direita e encontrou na área Palhinha, que se antecipou e tocou a bola para as redes, junto à trave direita: 3 a 1.

Endiabrados, os mandantes ampliaram mais uma vez segundos depois: Raí passou para Müller, na esquerda, na entrada da área. O atacante chutou cruzado, sem chances para o goleiro. Com 4 a 1 no marcador, o Tricolor cadenciou o jogo na segunda etapa e só voltou a marcar aos 31 minutos, depois de cruzamento pela esquerda e antecipação de Raí, de carrinho.

Curiosamente, dias antes do confronto contra o Noroeste, a imprensa noticiava que Raí estava perto de chegar a 90 gols pelo São Paulo, com 87 gols exatamente. Era uma contagem esquizofrênica, na verdade, pois desconsiderava gols em vários amistosos, enquanto considerava em outros (como os jogos dos torneios na Espanha, em agosto de 1992). Na realidade, o gol marcado contra o Noroeste foi o 100º da carreira do craque pelo clube, de modo geral – embora ali, no pós-jogo, ninguém soubesse disso.[93]

O último tento da noite foi de Vaguinho, aproveitando rebote cedido pelo arqueiro do Noroeste: 6 a 1, outra bela goleada do São Paulo no Paulistão.

Após a quarta vitória consecutiva e às vésperas do clássico contra o Santos, a TV Globo, em reportagem de Roberto Thomé para o *Globo Esporte*, veiculou uma matéria acusando o São Paulo de dever valores de premiação para jogadores, tanto de "bicho" da atual temporada quanto pela conquista do Mundial de 1992, assim como parte das "luvas" da contratação de Cerezo. Ao menos, isto, nas palavras de Zetti e Pintado.

A direção do clube foi pega de surpresa. "Não sei o que ocorreu. Os jogadores estão completamente equivocados", afirmou Márcio Aranha, que garantiu que não havia atraso algum e, indo mais a fundo, explicou os acordos: "Cada titular ganhou 20 mil dólares de 'bicho' por cada título (de dezembro). No total, o clube desembolsou 440 mil dólares com os prêmios. Os jogadores preferiram receber o dinheiro em 1993, para só declarar os rendimentos em 1994. O 'bicho' do Pau-

[92] FSP, 5/3;
[93] AGE, 4/3.

lista foi dividido entre janeiro e março e está em dia. O do Mundial, em quatro meses, até abril, e também está em dia."[94]

Márcio Aranha concluiu: "Ou os jogadores estão mal-informados, ou não entenderam o acordo. Se quiserem, nós quitamos tudo agora e acabamos com essa história. Não falta dinheiro no caixa. No fim de dezembro, o clube recebeu 2,68 milhões de dólares do Paris Saint-Germain pelo passe do Raí".

Horas depois, Zetti e Pintado procuraram a imprensa e desmentiram a reportagem, dizendo que não havia atraso. Pintado foi além: "Eu disse que as gratificações não tinham saído ainda porque o clube tinha feito o parcelamento, mas só colocaram no ar a primeira parte da frase". O goleiro, na mesma linha, deixou claro: "Só pegaram um trecho da entrevista. Ela não foi na íntegra, pois não disse que tinha alguma coisa atrasada, só falei que o pagamento era parcelado".[95]

Cerezo, após passar a tarde treinando finalizações, também afirmou que o clube não lhe devia nada e que as luvas do contrato seriam, como combinado, pagas até o fim do ano. E o atacante Müller fez questão de dizer que nem os bichos estavam atrasados: "É mentira... O São Paulo sempre cumpriu seus compromissos e isso é matéria paga, coisa encomendada para conturbar o ambiente", acusou sem delicadeza.[96]

A conversa e a indignação chegou até a comissão técnica. Moraci, apregoando que tudo estava em dia e em perfeitas condições, deu um exemplo: "O doutor Turíbio Leite de Barros Neto (fisiologista) participará do Congresso Mundial de Medicina nos Estados Unidos, em maio, e tem a autorização para comprar qualquer aparelho novo que lá surgir". [97]

Por fim, para pontuar o estranho caso criado pela imprensa antes de um jogo importante, Telê retrucou: "Se eles não estão recebendo, como é que aparecem cada dia com um carro novo".[98]

De toda maneira, o importante era o San-São de domingo, dia 7 de março, no Morumbi. A partida seria o embate dos dois melhores ataques do Paulistão: o São Paulo, com 24 gols, e o Santos, com 23. A diferença entre ambos os times era que, enquanto o time praiano liderava a competição, o Tricolor possuía, por sua vez, a melhor defesa, com apenas nove vazamentos. O técnico atribuía esse sucesso à "participação total". Nas palavras de Telê: "O futebol de hoje não admite mais atacante que não volta para ajudar. Quando estamos sem a bola, todos combatem e marcam".[99]

Foram colocados à venda 63 mil ingressos para o clássico, dos quais 39.965 foram adquiridos pelos torcedores, que se valeram também do esquema de transporte gratuito acertado entre a CMTC e a FPF.

A partida começou parelha, mas devagar. Só aos 28 minutos o Tricolor teve uma boa oportunidade, defendida pelo goleiro Maurício após uma bomba de Raí. Aos 36, foi a vez do Santos assustar, com Axel, de longe, mas Zetti fez a parte dele. No segundo tempo, a história mudou e, logo de cara, Palhinha encheu o pé,

Horas depois, Zetti e Pintado procuraram a imprensa e desmentiram a reportagem, dizendo que não havia atraso. Pintado foi além: "Eu disse que as gratificações não tinham saído ainda porque o clube tinha feito o parcelamento, mas só colocaram no ar a primeira parte da frase". O goleiro, na mesma linha, deixou claro: "Só pegaram um trecho da entrevista. Ela não foi na íntegra, pois não disse que tinha alguma coisa atrasada, só falei que o pagamento era parcelado".

[94] FSP, 6/3;
[95] OESP e DP, 7/3;
[96] FSP e OESP, 6/3; DP, 7/3;
[97] DP, 7/3;
[98] NP, 7/3;
[99] FSP, 7/3.

Após golear Juventus e Noroeste, a vitória no clássico veio para atestar a sequência positiva.

> **Cafu recebeu pela direita, cortou para o meio se livrando do marcador, e, de fora da área, arrematou forte e certeiro, O golaço espantou o próprio autor, que reconhecia o fato de que chutes de longa distância nunca foram o seu forte, ainda que estivesse se dedicando a melhorar nesse aspecto: "O Telê vive orientando a gente, mostrando sempre a maneira correta de pegar na bola".**

Foto: Reprodução / O Estado de S. Paulo

Caminho certo
Cafu aponta para o gol e é alegremente perseguido pelos companheiros: vitória contra o Santos

mas o arqueiro santista operou um novo milagre.

Aos 11 minutos, porém, não houve jeito de evitar o gol são-paulino: Cafu recebeu pela direita, cortou para o meio se livrando do marcador e, de fora da área, arrematou forte e certeiro, contando com um efeito da esquerda para a direita que levou a bola ao ângulo esquerdo do guarda-redes! Um a zero, que seria o placar final do confronto. Deu para o gasto.

Na comemoração, Cafu correu em direção ao banco de reservas e festejou com Elivélton, ponta que havia perdido espaço no time justamente para ele. "Eu sou compadre de casamento dele. Se ele entrasse e marcasse, faria o mesmo". Para provar de vez que o clima entre os dois era o melhor possível – superando aquele choque de visões do início da temporada –, o ex-lateral confessou que estavam morando juntos: "Aluguei um quartinho para ele", comentou, gargalhando, Cafu. É que Elivélton, recém-casado, ainda procurava uma casa nova para morar.[100]

Já o golaço espantou o próprio autor, que reconhecia o fato de que chutes de longa distância nunca foram o seu forte, ainda que estivesse se dedicando a melhorar nesse aspecto: "O Telê vive orientando a gente, mostrando sempre a maneira correta de pegar na bola". Ele, com carinho, imitava as costumeiras broncas que levava do treinador: "Cafu, você me mata de vergonha. É treinado por mim e não sabe cruzar direito".[101]

Para o técnico são-paulino, nem a vitória serviu para acalmá-lo em relação aos acontecimentos da véspera. Sem esquecer a tentativa de desestabilização plantada por sabe-se lá quem, Telê ironizou: "Fico bobo com tanta gente queren-

[100] FSP, 8/3;
[101] NP e FSP, 8/3.

do saber se recebemos nosso dinheiro. O dinheiro é nosso. Se estiver devendo, o São Paulo vai pagar. Por que vocês não se preocupam com o dinheiro de vocês?", falou o técnico à *Folha de S.Paulo*, em 8 de março.

O diretor Kalef João Francisco também não esquecera o caso, vendo, na situação, influência de um outro clube rival: "Foi uma notícia plantada... A confusão interessa para alguém, menos para o São Paulo. Nunca tivemos problemas e, coincidentemente, agora... Acho que fizeram isso por causa do anunciante forte, de um outro time, que está desesperado para ser Campeão". Sem insinuar nada mais além do dito em relação à Parmalat, finalizou: "O Palmeiras pode ser o time dos sonhos, mas o São Paulo é o time da realidade".[102]

De toda forma, com a vitória, aliás, com as cinco vitórias seguidas, o São Paulo saltou da 12ª colocação para a terceira, com 16 pontos em 11 jogos, apenas dois pontos atrás do Palmeiras, com o mesmo número de jogos, e um atrás do Santos, este com um jogo a mais realizado.

O PRIMEIRO DUELO NO TRIBUNAL

Na segunda-feira, dia 8 de março, Telê compareceu ao julgamento da sua expulsão na partida contra o Bragantino, mesmo que não tivesse sido convocado ao TJD, e saiu de lá bem chateado, abalado. "Estou frustrado. Fui tratado como um bandido. Desde o ano passado eles estavam tentando me condenar e agora conseguiram. De agora em diante, se eu perceber que um juiz estiver tentando prejudicar meu time, simplesmente me levanto e abandono o campo. E digo mais: se tivesse sido suspenso por um dia sequer, encerraria minha carreira ali, na sala do tribunal."[103]

Telê fora julgado por um trio de "juízes" vinculados a clubes rivais. Antônio Jurado Luque e Bento da Cunha eram conselheiros do Corinthians, e Antônio Laurenti, do Palmeiras. Todos decidiram pela condenação do treinador no artigo 337 do CBDF, por atitude inconveniente. A suspensão, que seria de 20 a 60 dias, foi convertida em multa de 270 Ufir. "Mas como ele é o treinador mais bem pago do país, devo multiplicar por três, ou seja, terá de pagar 810 Ufir", rejubilou-se Luque.

A Unidade Fiscal de Referência (Ufir) era um fator de correção do valor dos impostos criado para um período de inflação muito elevada e acelerada, que entrou em vigor em 1992, existindo até 2000. Os 810 Ufir, em março de 1993, eram equivalentes a 10,347 milhões de cruzeiros.

O clube ainda recorreria da sentença, mas Pimenta, ao saber da decisão, contornou brincando: "Do jeito que é pão-duro, não vão conseguir levar nada. Quem vai pagar será o São Paulo".[104]

Inconsolável, Telê repetia: "Sempre respeitei a lei, ganhei até o troféu Belfort Duarte" (premiação concedida pela Confederação Brasileira de Desportos - CBD)

> Na segunda-feira, dia 8 de março, Telê compareceu ao julgamento da sua expulsão na partida contra o Bragantino e saiu de lá bem chateado, abalado. "Estou frustrado. Fui tratado como um bandido. De agora em diante, se eu perceber que um juiz estiver tentando prejudicar meu time, simplesmente me levanto e abandono o campo. E digo mais: se tivesse sido suspenso por um dia sequer, encerraria minha carreira ali, na sala do tribunal."

[102] DP e AGE, 8/3;
[103] e [104] JT, 9/6.

a todos os jogadores que encerrassem a carreira sem nunca ter sido expulso de um jogo). Na realidade, havia muito tempo que Telê se encontrava em algum tipo crise existencial por conta da situação do futebol brasileiro, especialmente por causa da arbitragem.

Aos amigos e conhecidos, passou a ser comum ouvir do treinador frases como "Eu me sinto frustrado, chateado, aborrecido" ou "Estou no final da vida, já conheci tudo no futebol" e ainda "Eu costumo pensar na morte", como também "Quero aproveitar a vida". Ele estava genuinamente desgostoso com o esporte e apenas o bom futebol do São Paulo ainda o motivava.[105]

Apesar dos pesares, terça-feira, dia 9 de março, tinha jogo. Nessa rotina de jogos a cada 48 horas, não havia muito tempo nem para ponderar a vida. Assim, encerrada a série de cinco jogos no Morumbi, o São Paulo partiu para Americana, onde enfrentou o Rio Branco. O Tricolor, embalado no Paulista, buscava encerrar um curto, mas incômodo tabu: o não vencer no interior do estado desde outubro de 1992, quando batera o Sãocarlense, em São Carlos, por 2 a 0. De lá para cá, o time acumulou empates contra Ponte Preta e Mogi Mirim, e derrotas para Bragantino, Ituano, União São João e Guarani.

Todavia, não foi dessa vez que o São Paulo voltou a vencer em domínios bandeirantes fora da capital. O time foi derrotado, por 1 a 0, apesar de ter controlado – como sempre – toda a partida e ter desperdiçado muitas oportunidades. De modo geral, os tricolores justificaram o resultado pela falta que Palhinha, suspenso pelo terceiro cartão amarelo, e Cerezo, poupado por lesão, fizeram. Como também o fato de o zagueiro Ronaldão se contundir (sendo substituído por Gilmar) pouco antes do gol de Edmar para os donos da casa, aos 29 minutos do segundo tempo. Nem mesmo a expulsão do rio-branquense e ex-são-paulino Eraldo contribuiu para uma mudança no placar.

Outras 48 horas se passaram e, no dia 11 de março, o Tricolor deixou o Hotel Fazenda São João, em São Pedro, e rumou à Piracicaba para medir forças com o XV de Novembro local. O ritmo insano de partidas servia ao menos para tirar o foco do confronto que realmente importava: contra o Palmeiras, dali a três dias, no Morumbi.

A expectativa em torno do primeiro Choque-Rei após a decisão do Paulistão de 1992 crescia a cada dia, a ponto de, até mesmo, criar problemas para a Confederação Brasileira de Futebol (CBF). A maior Federação do futebol nacional disputaria uma partida contra a Polônia no dia 17 de março, pouco depois do clássico, e os dirigentes dos dois clubes não queriam ser prejudicados no andamento do Campeonato Estadual por desfalques gerados pela Seleção.

Dessa maneira, em uma reunião conjunta entre os presidentes da CBF, do São Paulo e do Palmeiras, realizada no dia 9 de março, na sede da Federação Paulista, ficou decidido que ambos os clubes teriam o mesmo número de convocados pelo técnico Carlos Alberto Parreira, mas esse número não seria aquele

[105] FSP, 2/3; OESP, 9/3.

pretendido pelos clubes (dois) e sim quantos o treinador da Seleção quisesse.

Então, como em fevereiro e novembro de 1992, a CBF convocou sete jogadores do Tricolor para a Seleção: Zetti, Cafu, Válber, Ronaldão, Raí, Palhinha e Müller. Como contraponto, também foram chamados sete atletas do Palmeiras: Antônio Carlos, Roberto Carlos, César Sampaio, Zinho, Edílson, Edmundo e Evair.

E, por causa dessa expressiva quantidade de jogadores selecionados, a estreia do São Paulo na Copa do Brasil, contra o Sergipe, prevista originalmente para o dia 16 de março foi adiada para 6 de abril, e, do mesmo modo, o confronto contra o Marília, pelo Paulistão, foi transferido do dia 18 para o 19.

Mas, de volta à Piracicaba, o São Paulo aproveitou a ótima fase do ponta-direita e venceu o XV por 3 a 1, pondo fim ao dito tabu caipira. Sem Raí, possivelmente poupado para o jogo posterior, o Tricolor abriu o placar e ampliou a vantagem com Cafu na etapa inicial, aos 23 minutos, com outra pancada fulminante após passe de Müller, e aos 37 minutos, graças ao cruzamento de André Luiz para cabeceio certeiro. O time da casa descontou no minuto seguinte, com Dicão, e quase empatou no segundo tempo, em uma falha de Vítor, que Gilmar salvou de cabeça, em cima da linha. Com a expulsão de Jorge Batata, aos 12, porém, os locais arrefeceram o ímpeto e, aos 34 minutos, Palhinha matou o jogo e fechou o escore.

Nas entrevistas pós-jogo, o destaque Cafu era a autoconfiança em pessoa: "Que venha o Palmeiras, agora. Não me assusto com eles". Já Telê, ainda revoltado com a não marcação de um pênalti de Almir sobre o ponta, não entrou na onda de falar sobre a próxima partida: "O que acho do clássico? Nada. É outro jogo".[106]

CHOQUE-REI É CHOQUE-REI

Com a vitória, o São Paulo assumiu a segunda posição na classificação do Paulistão, com 18 pontos, atrás apenas do adversário do próximo embate, o Palmeiras, detentor de 20 pontos.

O clima para o Choque-Rei no Morumbi, no dia 14 de março, era quase de final antecipada. O *Diário Popular* o nomeou como "o jogo do ano", já *A Gazeta Esportiva*, que passara os dias anteriores chamando o confronto de "Campeão x Dream Team", comparou os elencos e avaliou os setores de cada time – defesa, meio-campo e ataque. O Tricolor recebeu notas 7,5, 8, e 8, respectivamente, e o rival, 7,5, 7,5 e 8,5, ou seja, deu empate.[107]

A partida marcaria o reencontro do zagueiro Antônio Carlos com o Tricolor. Campeão da Copa Libertadores pelo clube, o atleta deixou o time na tentativa de se dar bem no futebol europeu – mesmo que para isso precisasse arriscar a sorte no pequeno Albacete, da Espanha. Não deu certo. Facilmente desistiu do so-

> O clima para o Choque-Rei no Morumbi, no dia 14 de março, era quase de final antecipada. O *Diário Popular* o nomeou como "o jogo do ano", já *A Gazeta Esportiva*, que passara os dias anteriores chamando o confronto de "Campeão X Dream Team", comparou os elencos e avaliou os setores de cada time – defesa, meio-campo e ataque.

[106] FSP e DP, 12/3;
[107] AGE, 12/3.

Foto: Gazeta Press

> **Com a bola rolando, todos os prognósticos se justificaram: tanto aqueles que definiam a disputa como o melhor jogo do ano, como os que entendiam que ambas as equipes eram equivalentes em termos de qualidade técnica. De tão certo que estavam, o zero a zero ao final não surpreendeu nem desagradou os 96.340 torcedores presentes.**

nho e aceitou a proposta da Parmalat para regressar ao Brasil. "O Palmeiras me deu mais valor que o São Paulo", justificou. Apesar disso, enfatizava que nutria muitas amizades no antigo time, como a de Müller: "Ele me disse: 'Não joga pela direita da defesa, que eu vou estar lá'... Quando jogávamos juntos, às vezes, ele brincava demais".[108]

Na véspera, Telê marcou um treinamento no Morumbi – coisa que não ocorria havia mais de três meses – e, apesar da mudança de rotina, desconversava: "É um jogo como outro qualquer". O técnico, todavia, tinha problemas para resolver. Sem a dupla de Ronaldos – o grande e o Luís –, contundida, o São Paulo iria a campo com Gilmar, formando dupla de zaga com Válber, e o jovem André Luiz na lateral esquerda.[109]

Foram colocados à venda 104.501 ingressos em postos distribuídos no Morumbi, no Parque Antarctica e na sede da Federação, na Avenida Brigadeiro Luís Antônio, nº 917. Os preços variavam de 20 mil cruzeiros, nas gerais do setor inferior, a 100 mil cruzeiros, nas numeradas superiores. O tíquete de arquibancada saía ao custo de 50 mil cruzeiros. E o esquema de transporte público da CMTC seguiu valendo, com os tricolores na ida embarcando na Avenida Tiradentes e, na volta, indo até o Viaduto do Chá, enquanto os palmeirenses partiriam do Vale do Anhangabaú e retornariam para a Avenida Prestes Maia.[110]

Com a bola rolando, todos os prognósticos se justificaram: tanto aqueles que definiam a disputa como o melhor jogo do ano, como os que entendiam que am-

[108 e 109] FSP, 14/3;
[110] AGE, 12/3; NP, 14/3.

bas as equipes eram equivalentes em termos de qualidade técnica. De tão certo que estavam, o zero a zero ao final não surpreendeu nem desagradou os 96.340 torcedores presentes (que geraram uma renda bruta de Cr$ 5.164.380.000,00, equivalente a 21,3 milhões de dólares).[111]

As melhores chances do primeiro tempo pertenceram ao Palmeiras: aos 33 minutos, Edílson bateu forte e Zetti espalmou para fora. Pouco depois, escanteio cobrado e Evair cabeceou para Pintado salvar em cima da linha. No segundo tempo, o Tricolor dominou: aos 28, Palhinha tabelou com Müller na entrada da área e saiu livre, mas o goleiro Sérgio se antecipou e defendeu. Aos 39, Raí serviu a bola a Müller perfeitamente, cara a cara com arqueiro, mas o atacante chutou para fora.

Talvez a sorte são-paulina fosse melhor se o time tivesse contado com a participação do artilheiro do campeonato (desconsiderando gols de pênaltis): Cafu. Todos no clube já sabiam que o ponta não estaria em campo naquele domingo à tarde no Morumbi: o jogador fora picado por um inseto, provavelmente uma aranha-marrom, do gênero Loxosceles, no hotel em São Pedro, dias antes, e desenvolvera uma forte reação alérgica, com acúmulo de pus e febre.[112]

"Na sexta-feira, quando ele mostrou o seu braço inchado e inflamado, era óbvio que não enfrentaria o Palmeiras", contou Palhinha. A informação, porém, foi guardada a sete chaves e escondida com pleno sucesso. Somente quando o time desembarcou no estádio, uma hora e meia antes do jogo, é que setoristas e adversários, atordoados, perceberam o subterfúgio.[113]

Sem o melhor jogador do São Paulo nas últimas partidas, Telê preferiu voltar ao velho 4-4-2 e reforçou o meio de campo com Dinho, ao lado de Pintado e Toninho Cerezo, cabendo a Raí, quase sempre, transformar o esquema em um 4-3-3, triangulando com Müller e Palhinha (que revezava com Cerezo), à frente. "O Cafu estava desequilibrando as partidas para o nosso time. Tentei fazer a sua função tática, ajudando o meio de campo e atacando pela direita, mas não tenho a sua velocidade e muito menos o seu fôlego", reconheceu Cerezo.[114]

No outro vestiário, o clima dos jogadores após os 90 minutos demonstrou que, para eles, o importante era não perder, como de fato ocorreu. "Empatamos com o Campeão do Mundo, isso é muito bom", reconheceu Evair. Apenas o zagueiro Antônio Carlos ficou inconformado com o resultado. Para ele, aquilo era uma espécie de revanche.[115]

Certo descontentamento apresentou também o técnico Telê, embora tivesse valorizado o aspecto técnico da partida. "Que ninguém ouse vaiar um jogo assim tão bom", comentou antes de criticar, claro, a arbitragem: "Mas quero mostrar o quanto o São Paulo está sendo prejudicado nesse campeonato. Em toda bola na área, os nossos jogadores são segurados ou empurrados. Hoje, contra o Palmeiras, houve pelo menos dois pênaltis que o juiz não teve coragem de apitar. É uma vergonha".[116]

> No outro vestiário, o clima dos jogadores após os 90 minutos demonstrou que, para eles, o importante era não perder, como de fato ocorreu. "Empatamos com o Campeão do Mundo, isso é muito bom", reconheceu Evair. Apenas o zagueiro Antônio Carlos ficou inconformado com o resultado. Para ele, aquilo era uma espécie de revanche.

[111] FT, 15/3;
[112] FSP, 15/3; AGE, 25/3;
[113, 114, 115 e 116] JT, 15/3.

Costumeiramente mais contido, até pela função política e mediadora que o cargo lhe impunha, o presidente Mesquita Pimenta fez coro com o treinador e não poupou críticas ao árbitro Dionísio Roberto Domingos: "Os juízes estão preocupados em ficar bem com o time dessa multinacional. O São Paulo tem muito o que reclamar da partida de hoje. O árbitro não quis marcar dois pênaltis claros contra o Palmeiras".

O diretor Fernando Casal de Rey foi além, mais exaltado: "O Zinho, o Evair e o César Sampaio apitaram essa partida. Assim não é possível! O São Paulo tinha todas as condições de ganhar da Parmalat e o juiz não deixou!". Casal de Rey, quando questionado sobre o motivo de chamar o oponente pelo nome do patrocinador, remendou: "É simples: porque o time é de uma indústria alimentícia. Os jogadores pertencem à multinacional italiana. O Palmeiras só empresta a camisa verde".[117]

Talvez o motivo para que a diretoria são-paulina estivesse de pavio curto tenha sido o fato de que teriam visto o gerente da Parmalat, José Carlos Brunoro, jantando com Gustavo Caetano, diretor da Comissão de Arbitragem da FPF, na Churrascaria Rodeio, na Rua Haddock Lobo.[118]

Ao tomar conhecimento dessa "história", Caetano, em vez de desmenti-la, partiu para o ataque e afirmou que o time são-paulino não tinha de que reclamar, pois seria um dos mais violentos do campeonato. Os números, entretanto, esfarelavam a parca tentativa de defesa do dirigente. No próprio jogo contra o Palmeiras, o São Paulo sofreu mais faltas do que cometeu (19 a 29), como também recebeu menos cartões amarelos (um contra três), conforme estatística do Datafolha. E, de modo geral, conforme apontado pelo preparador físico Altair Ramos, o Tricolor, em todo o campeonato, cometera 264 faltas, ao passo que sofrera 275, em 14 partidas.[119]

Telê, sem paciência, chegaria a desafiar Gustavo Caetano para um encontro público: "Gostaria de ter uma conversa cara a cara com ele. Um debate sobre as arbitragens. Pode ser na sede da *Gazeta*, no dia e horário que ele quiser". Sem comedimentos, impingiu a Caetano um total desconhecimento da área da qual era responsável. "O que esse Gustavo deveria saber é que falta faz parte do jogo. O que não fazemos é falta desclassificante... Vai ver o certo é mandar bater como tanta gente faz... Depois do jogo, eu disse que precisava ter umas câmeras para mostrar os agarrões do Palmeiras, nem precisou. A *Folha* e a *Gazeta* provaram que o César Sampaio agarrou o Raí. Ele diz que não viu a foto. Não interessa. São essas coisas que eu quero falar na cara dele."[120]

Gustavo não aceitaria o convite.[121]

Raí, que recebeu o terceiro cartão amarelo nesse jogo e seria suspenso da partida seguinte, controlou o fervor no sangue, mesmo tendo um gol anulado por falta cometida sobre o goleiro Sérgio, e preferiu apenas apontar as infrações de César Sampaio e Roberto Carlos que passaram impunes pelos homens de preto: "O volante me segurou pela camisa quando estava pronto para fazer um gol

> Mesquita Pimenta fez coro com o treinador e não poupou críticas ao árbitro Dionísio Roberto Domingos: "Os juízes estão preocupados em ficar bem com o time dessa multinacional. O São Paulo tem muito o que reclamar da partida de hoje. O árbitro não quis marcar dois pênaltis claros contra o Palmeiras".

[117] JT, 15/3;
[118] AGE, 15/3;
[119] FSP, 15/3; JT, 18/3;
[120] AGE, 18/3;
[121] AGE, 19/3.

de cabeça. Ele quase rasgou meu uniforme e o juiz fez que não percebeu".[122]

"O outro pênalti foi mais escandaloso. Estava sozinho diante do goleiro, era só encostar a cabeça na bola, quando o Roberto Carlos me empurrou. Não acreditei que o pênalti não foi marcado. Normalmente não comento arbitragem, mas não poderia ficar quieto hoje", terminou o camisa 10, respaldado, no que tange a não ter o costume de questionar a arbitragem, pela autoria deste livro, que tem acesso a todos os jornais da época.[123]

Algum tempo depois, o árbitro Dionísio Roberto Domingos foi forçado a reconhecer um dos erros: "Quando vi a foto do César Sampaio puxando a camisa do Raí publicada no jornal fiquei muito surpreso, pois realmente eu não cheguei a ver aquele lance. Também não me lembro de o Raí ter reclamado o pênalti".

O atleta palmeirense, haja vista a fotografia do jornal *A Gazeta Esportiva*, também não pôde escapar à responsabilidade: "Quando ele ia pegar impulsão para subir de cabeça, eu puxei a blusa dele. Aí ele não conseguiu subir direito e a bola bateu de raspão em sua cabeça", reconheceu César Sampaio.[124]

De todo jeito, com o empate, chegava ao fim a maratona de sete jogos em quinze dias, iniciada ainda no fim de fevereiro. Agora, o Tricolor teria quatro dias para o próximo confronto, contra o Marília, na data de 19 de março.

É JOGO PELO TRICOLOR E PELA SELEÇÃO

O São Paulo teria alguma folga, mas os jogadores do clube não. No dia 16 de março, os sete convocados são-paulinos se apresentaram à Seleção Brasileira, que enfrentaria a Polônia no dia seguinte, no Estádio Santa Cruz, em Ribeirão Preto.

Cafu, ainda afligido por uma alergia – exames do hospital Albert Einstein apontaram para uma infecção oportunista e séria causada por *Staphylococcus aureus* –, foi cortado da equipe brasileira para seguir o tratamento com antibióticos. Para o lugar dele, fora chamado outro tricolor, o lateral-direito Vítor. Zetti, Válber, Ronaldão (mesmo sem estar 100% recuperado), Palhinha, Müller e Raí completaram o grupo. O camisa 10 do São Paulo, aliás, era o mais celebrado entre a população local por ser originário da cidade e ter iniciado a carreira futebolística em Ribeirão Preto.[125]

"É muito bom ser recebido com tanto carinho pelo povo de Ribeirão. Difícil é imaginar que há 12 anos eu estava aqui, no Estádio Santa Cruz, vibrando com a Seleção, como torcedor, e agora volto como capitão desta mesma Seleção", afirmou Raí, que teria a companhia do pai, Raimundo (que se encontrava adoentado), da mãe, Guimar, e do irmão companheiro de profissão, Sócrates: "Ver meu irmão jogar vai ser um tesão", resumiu o ex-jogador do selecionado nacional.[126]

Escalado com Zetti no gol; Válber na defesa, Raí no meio e Müller no ataque (no decorrer do jogo, Vítor entrou no lugar de Luís Carlos Winck e Palhinha na vaga de Neto), o Brasil apenas empatou com a Polônia, 2 a 2, depois de sair atrás

> Talvez o motivo tenha sido o fato de que teriam visto o gerente da Parmalat, José Carlos Brunoro, jantando com Gustavo Caetano, diretor da Comissão de Arbitragem da FPF, na Churrascaria Rodeio. Telê chegaria a desafiar Gustavo Caetano para um encontro público: "Gostaria de ter uma conversa cara a cara com ele. Um debate sobre as arbitragens. Pode ser na sede da *Gazeta*, no dia e horário que ele quiser".

[122 e 123] JT, 15/3;
[124] AGE, 18/4;
[125] OESP, 21/3;
[126] NP, 17/3; AGE, 18/3.

no marcador, empatar graças a um gol contra do adversário, virar o jogo com o gol de Müller e deixar a vitória escapar na metade do segundo tempo.

O escrete nacional, após um futebol pragmático e decepcionante, deixou o gramado ao som de vaias da torcida ribeirão-pretana e, principalmente, aos gritos de "Telê, Telê, Telê". Parreira, questionado, apenas afirmara que aquilo não importava. "Não vou comentar as manifestações da torcida."[127]

Naquela mesma quarta-feira, o São Paulo divulgou um acordo para que o clube recebesse o Sevilla, no Morumbi, em um amistoso no dia 27 de março. O time espanhol, do craque argentino Maradona, pagaria para enfrentar o Campeão do Mundo na casa dele – algo inédito na história.[128]

O acerto foi positivo para os dois clubes: o São Paulo receberia 60 mil dólares limpos do Sevilla (cerca de 1,4 bilhão de cruzeiros) e teria o direito de negociar as cotas de televisão do jogo para o território nacional. Já o time espanhol não ganharia nada com isso.

Pode parecer estranho, mas era isso mesmo. Acontece que, ao contratar o craque da Seleção Argentina, ficou acertado que Maradona teria os direitos de transmissão de oito jogos amistosos na temporada 1992/1993 e que estes seriam negociados por meio da empresa do jogador, a Diarma, com a rede Telecinco para o solo europeu e portenho, conforme o que foi dito pelo gerente de futebol do Sevilla, Manuel Vizcaíno.[129]

Maradona já havia negociado amistosos contra o Bayern de Munique, a Lazio e o Boca Juniors (em Córdoba e Buenos Aires). O jogo contra o Tricolor era o quinto da série e ainda estava em negociação com o River Plate para os faltantes. Dessa maneira, era garantida a presença do craque no Morumbi.[130]

Ainda que contando com o aval da Federação Paulista, no que tange à interferência de datas do Campeonato Paulista, Telê Santana, que esteve ausente acompanhando o funeral da sogra no Rio de Janeiro, repudiou o amistoso em meio à competição, lembrando um conto infantil: *A galinha dos ovos de ouro*. "No primeiro dia, ela põe um ovo de ouro. No segundo dia, obrigam-na a botar dois; depois, três. Mas a galinha acaba morta, mais tarde, depois de tanto esforço. É isso o que vai ocorrer aqui se não me ouvirem."[131]

Prestes a iniciar uma nova maratona de jogos, com a contusão de Ronaldão e com as possíveis convocações de zagueiros para a Seleção Brasileira, os corações (ou os bolsos) dos diretores tricolores foram abertos e, por fim, após quase três meses de impasse, o contrato com o defensor Campeão do Mundo, Adílson, foi renovado. Ele esteve por ser negociado com a Portuguesa, mas a transação não deu certo.

Outra movimentação de bastidores foi a transferência de Macedo para o Cádiz, da Espanha, por empréstimo até 30 de junho, ao valor de 80 mil dólares (cerca de 2 bilhões de cruzeiros) e passe fixado em 1,5 milhão de dólares (37,5 bilhões de cruzeiros).[132]

> O São Paulo divulgou um acordo para que o clube recebesse o Sevilla, no Morumbi, em um amistoso no dia 27 de março. O time espanhol, do craque argentino Maradona, pagaria para enfrentar o Campeão do Mundo na casa dele – algo inédito na história.

[127] FSP, 18/3;
[128] FT, 19/3;
[129] DP, 16/3; FT, 17/3 e 19/3; JT, 24/3;
[130] JT, 24/3;
[131] AGE, 16/3 e 19/3; DP, 18/3.

O desgaste físico também levou o Tricolor a desembolsar passagens de avião para a delegação chegar à Marília, quase no extremo oeste do Estado de São Paulo, poupando os cansados atletas de uma exaustiva viagem de ônibus de seis horas de duração. Aliás, duas: a volta também seria pelo ar. "Esses detalhes de time de primeira linha sempre ajudam, pois teremos um tempo a mais para observar com atenção os atletas que estão em fase de recuperação", afirmou satisfeito o técnico tricolor.[133]

No estádio Bento de Abreu Sampaio Vidal, a crítica condição fisiológica dos tricolores se fez notar nos minutos finais do jogo contra o Marília: o São Paulo abriu 2 a 0 no placar, com gols de Elivélton, aos 41 do primeiro tempo, e André Luiz, aos 28 da segunda etapa, mas, faltando três minutos para o fim do confronto, Guilherme descontou e, segundos depois, Vlademir empatou o duelo: 2 a 2. Um ponto perdido para a falta de pernas.

Terminara, então, o primeiro turno do Paulistão, com o Palmeiras na liderança, com 22 pontos, o Santos no segundo lugar, com 21, e o Tricolor logo atrás, com 20 pontos. O São Paulo, porém, dividia com os rivais alviverdes o melhor ataque e a melhor defesa da competição até ali, com 30 gols marcados e 13 sofridos.

E, mesmo com este desempenho e com todos os "senões", incluindo a falta de treinamento, ao ser derrotado pelo XV de Piracicaba do técnico Rubens Minelli (com um jogador a menos desde os 20 minutos do segundo tempo) por 2 a 0, no Canindé, no dia 21 de março, o time são-paulino foi vaiado pela torcida.

Desde a goleada sofrida para a Inter de Limeira por 4 a 1 no Morumbi, no jogo responsável pelo título do Paulistão de 1991 não ter sido obtido de maneira invicta, o São Paulo não perdia para um clube pequeno, do interior, na capital paulista.

"Não foi normal, mas foi justo. Dominamos e perdemos muitas chances de marcar, eles atacaram duas vezes e fizeram dois gols: futebol também é isso", disse um contido Telê, algo raramente visto. "Não acertamos nada e insistimos em afunilar o jogo pelo meio da área... Espero ter tempo para corrigir as falhas." O técnico não pegou pesado nem mesmo com os intransigentes tricolores das arquibancadas: "Vaiar numa ocasião dessas só ajuda a aumentar o nervosismo de todos". Ele não via motivos para preocupações e preferiu destacar que, dentro do contexto pelo qual passavam, o importante era "chegar entre os seis primeiros". [134]

Cerezo, que assistiu ao jogo das numeradas, condenou o gramado do Canindé: "Deu pra notar que o campo judiou dos jogadores". O meia, inclusive, cornetou a decisão de atuar no gramado da Portuguesa: "Se o campeonato fosse na base dos pontos corridos, o tropeço fatalmente nos tiraria o título. Os dirigentes que me perdoem, mas representamos o Campeão do Mundo e o elenco não pode jogar no Canindé. O estádio é lindo, mas o gramado está em péssimas condições. Eles deveriam ter batido o pé para jogar no Morumbi".[135]

O veterano jogador se referia ao fato de que o São Paulo teve que, ou aceitou, jogar no Canindé, pois Santos e Corinthians se enfrentariam no Morumbi e era

Maradona já havia negociado amistosos contra o Bayern de Munique, a Lazio e o Boca Juniors (em Córdoba e Buenos Aires). O jogo contra o Tricolor era o quinto da série e ainda estava em negociação com o River Plate para os faltantes. Dessa maneira, era garantida a presença do craque no Morumbi.

[132] NP, 19/3;
[133] DP, 19/3;
[134] OESP e DP, 22/3;
[135] DP e OESP, 23/3.

imperativo para a FPF que o jogo lá ocorresse, pela grande receita que geraria e pela absoluta falta de datas para realizarem os jogos em dias distintos. Lembrando que a Federação havia permitido o amistoso contra o Sevilla e, de acordo com o artigo 18º do regulamento, não seria dada licença para jogos amistosos durante o decorrer do Campeonato Paulista.

Já Palhinha, que foi pessoalmente vaiado quando deixou o gramado ao ser substituído por Jamelli, disse que foi a primeira vez que passou por aquilo em toda a carreira: "Dói demais". Mas nem por isso questionou a crítica: "É preciso entender esse tipo de reação, porque os torcedores se acostumaram com a equipe ganhando tudo. É uma reação normal e qualquer um mereceria o mesmo tratamento".[136]

PALAVRA DE ORDEM: PREPARAÇÃO FÍSICA

Quando soube, por meio dos repórteres, que a CBF e o São Paulo haviam confirmado a participação do clube na Copa do Brasil – mais uma competição a ser disputada, embora o Tricolor tivesse cogitado a desistência do torneio e o repasse da vaga ao Corinthians –, Palhinha, que evitava dar desculpas pela derrota, desabafou: "Desse jeito, não dá. É só olhar na fisionomia dos nossos jogadores e ver do que estou falando".[137]

Questionado, o preparador físico Moraci Sant'Anna abriu o jogo, lamentando a condição dos atletas, que, devido à alta carga de jogos, sem intervalos decentes para recuperação e treinos, perderam o bom preparo que apresentaram no início da temporada: "O São Paulo só pôde fazer cinco treinamentos físicos em dois meses". Destacou que, apesar de todos os esforços da diretoria e da comissão técnica, em termos de condições de trabalho, o time só chegaria ao auge físico perto das finais do Paulistão. "Fica muito difícil trabalhar com um calendário como o nosso", concluiu.[138]

E Moraci não mente ao dizer o quanto o clube se preocupava com a ciência de preparar e tratar os atletas. O São Paulo tinha e investia em profissionais e equipamentos que possibilitavam avaliar, por meio de biópsia muscular, se o jogador possuía musculatura mais apta à velocidade ou à resistência, e da mesma forma "descobrir" o tempo necessário de recuperação de uma contusão, sem recorrer a artifícios invasivos para acelerar esse processo, como infiltrações ou coisas do gênero.[139]

O clube, em outro exemplo, havia feito uma parceria com a Escola Paulista de Medicina para avaliações de velocidade dos jogadores. A equipe técnica da faculdade filmou os testes de corrida dos atletas por 60 metros. "A fita vai para um vídeo acoplado a um computador, onde é congelada a imagem. Além de ser muito mais confiável do que um cronômetro, este método também nos dá a velocidade do jogador a cada 10 metros. Isto serve para que saibamos onde está a

[136 e 137] OESP, 22/3;
[138] FT, 22/3;
[139] DP, 13/1.

deficiência do jogador, se é no arranque, no desenvolvimento ou na chegada", comentou Moraci.[140]

A classificação final obtida dos mais rápidos atletas são-paulinos nos 60 metros rasos, aliás, foi a seguinte: 1º Vítor, com 7,48 segundos; 2º Müller, com 7,54 segundos; 3º Marcos Adriano e Lula, com 7,56 segundos; 5º Vaguinho, com 8,00 segundos; 6º Cafu e Carlos Alberto, com 8,02 segundos; 8º Cláudio Moura e Gilmar, com 8,06 segundos; 10º Raí, com 8,12 segundos. Cerezo, o mais veterano, como o esperado, ficara na última posição, 20º, com 8,48 segundos – a um segundo do mais rápido.[141]

O São Paulo também estava importando dos Estados Unidos um aparelho de medição de impulsão dos atletas. "A comissão técnica do São Paulo participa de vários congressos de medicina esportiva. Estamos sempre atentos às novidades do mercado para um desempenho de nossos atletas", contou o preparador.[142]

Outra grande inovação da comissão técnica são-paulina foi a adoção de um misterioso computador pessoal e portátil, chamado *notebook*. Em parceria com uma empresa especializada em informática, a Microsoft, o Tricolor adquiriu alguns modelos e implementou o uso até nas categorias de base.

"Com essa tecnologia será possível saber com rapidez quem está errando mais passes, não só num jogo, mas também num período determinado. Vamos saber qual a porcentagem de acerto nas jogadas ensaiadas, qual o tipo de jogada que tem resultado em gols, entre outros tópicos", explicou, de modo bem animado, Sant'Anna, ressaltando que o instrumento seria apto, do mesmo modo, para análises fisiológicas.[143]

Mesmo Telê Santana, que entendia o futebol mais como arte do que como uma ciência exata, rendera-se à novidade chamada informática: "Vamos conhecer nossas deficiências de momento. Ninguém desmente a matemática. Quanto mais cedo os dados estiverem com a comissão técnica, mais rápido os resultados que procuramos vão aparecer. O Cafu e o Vítor, por exemplo, tinham problemas de finalização. Por meio dos números, constatamos a deficiência e a corrigimos nos treinos", afirmou o treinador.[144]

Com as novas máquinas em mãos, Moraci planilhou todas as estatísticas dos jogadores em 1992 e apresentou para a imprensa, de modo que notassem todo o potencial da ferramenta. Um dado apresentado foi que, dos 120 gols marcados na temporada finda, 46 (38%) foram conquistados mediante muito toque de bola e triangulações, a maneira preferida de Telê. Outros 49 gols também vieram de jogadas ensaiadas e treinadas dia após dia (cruzamentos em geral e de linha de fundo, posicionamento em rebotes e em escanteios). Apenas 25 surgiram de modo "independente" (falta, pênalti ou jogada individual).[145]

"É por isso que eu fico horas e horas trabalhando duro com os jogadores. Se eu não pensasse no bem deles, poderia fazer como alguns fazem, ou seja, descansar e mandar que alguém orientasse a equipe no meu lugar", emendou o

Moraci não mente ao dizer o quanto o clube se preocupava com a ciência de preparar e tratar os atletas. Outra grande inovação da comissão técnica são-paulina foi a adoção de um misterioso computador pessoal e portátil, chamado *notebook*. Em parceria com uma empresa especializada em informática, a Microsoft, o Tricolor adquiriu alguns modelos e implementou o uso até nas categorias de base.

[140] AGE, 2/2;
[141] DP, 10/2;
[142] AGE, 2/2;
[143 e 144] DP, 19/2;
[145] AGE, 21/2.

técnico são-paulino.[146]

Essa posição vanguardista do Tricolor ainda era inigualável no Brasil. Para se ter ideia, mesmo o Palmeiras, com o investimento milionário da Parmalat, tardou em adotar a prática do treino regenerativo em hidroginástica (começou em março de 1993), realizado pela comissão técnica são-paulina no Projeto Acqua, com a professora Renata Rosas, desde 1992.[147]

Se nem com investimento pesado em ciência, tecnologia e capacitação pessoal era possível vencer o calendário do futebol brasileiro, não havia mais nada a se fazer. Para piorar, não foi possível antecipar a data do jogo contra o Noroeste, do dia 25 para o dia 24 de março – dando um respiro para a partida contra o Sevilla, no dia 27, pois o confronto já havia sido negociado com uma emissora de televisão. Apenas a disputa contra a Ponte Preta, marcada para o domingo, dia 28, foi adiada para a segunda-feira, 29.

Com um Fokker F27 fretado, o São Paulo partiu para Bauru após uma conversa de Telê Santana com os atletas. O técnico deixou a cargo dos jogadores a decisão de quem estaria em campo naquele jogo. A sugestão dele era poupar os principais nomes e aqueles com maior desgaste físico. Estes, de imediato, puseram-se ao dispor do comandante.

Assim, o Tricolor enfrentaria o Noroeste com a máxima força possível – o único desfalque do time ali considerado titular era Müller, com dores na panturrilha, que seria substituído por Catê, recentemente Campeão Mundial da categoria com a Seleção Brasileira na Austrália. "Está na hora de entrar em campo e recuperar os pontos perdidos. Conversa não ganha jogo", cobrou Telê.[148]

Raí concordava: "É uma tentativa de a gente se concentrar mais nesta reta de chegada. Temos que conseguir aquela arrancada que sempre caracterizou o São Paulo nos momentos difíceis", referindo-se, especificamente, à reunião dos jogadores que definiu o time são-paulino em Bauru.[149]

A conversa deu certo e o Tricolor passou o carro por cima do Noroeste: 3 a 0, com os três tentos marcados no segundo tempo e uma ligeira pressão dos donos da casa na primeira etapa. Os gols foram marcados por Catê, Raí – em uma falha do goleiro Ronaldo –, pouco após a expulsão de Monteiro, e Cafu. Perto do final da partida, Vítor recebeu o segundo cartão amarelo e deixou o gramado.

A VISITA DE MARADONA

Com um resultado inquestionável, chegara a hora de cumprir os acordos comerciais e o Tricolor receber o Sevilla, de Maradona, no Morumbi. O ícone, Campeão do Mundo em 1986 pela seleção vizinha, chegara ao Brasil com a expectativa de um grande jogo.

"Será uma boa partida contra um adversário difícil. Mesmo para mim que

[146] AGE, 21/2;
[147] FT, 15/3;
[148] JT, 24/3 e 25/3;
[149] DP, 25/3.

Fotos: Arquivo Histórico do São Paulo F.C.

Telê, Maradona e Mesquita Pimenta posam para foto que registrou o acerto para o amistoso contra o Sevilla.

já ganhei muitos jogos internacionais, me emociona o fato de enfrentar o Campeão Mundial; aquele que pintou a cara do Barcelona". Maradona destacava ainda ansiedade para enfrentar Cafu: "O vimos jogar contra a Argentina e a atuação dele foi espetacular". O craque se surpreenderia ainda mais com o brasileiro, pois, no Tricolor, Cafu jogaria de ponta-direita, e não de lateral, segundo os jornais *O Estado de S. Paulo* e *Folha da Tarde*, de 26 de março.

Por outro lado, a expectativa dos dirigentes do Tricolor era a de casa cheia. Como a meta financeira do São Paulo com a partida já fora alcançada com a cota paga pelo Sevilla, os ingressos para a peleja foram postos à venda a preços populares: geral a 10 mil cruzeiros, arquibancadas a 30 mil, numeradas superiores a 70 mil, além de gratuidades para proprietários de cadeiras cativas, mulheres e crianças até 12 anos.[150]

A promoção, porém, seria única e marcaria o aumento de preços para os jogos seguintes do Paulistão, por decisão dos clubes e da Federação Paulista de Futebol: as arquibancadas passariam a custar 80 mil e numeradas superiores 150 mil cruzeiros, segundo o jornal *Notícias Populares*, de 24 de março.

As atrações prometidas pelo departamento de marketing são-paulino para o confronto internacional não pararam na promoção de ingressos e incluíram, ainda, fogos de artifício, entrega de faixas para os Campeões Mundiais de 1992 e homenagens para Catê e Pereira, integrantes Campeões Mundiais Sub-20.[151]

> "Será uma boa partida contra um adversário difícil. Mesmo para mim que já ganhei muitos jogos internacionais, me emociona o fato de enfrentar o Campeão Mundial, aquele que pintou a cara do Barcelona."
>
> Maradona

[150] AGE, 18/3; JT e NP, 24/3;
[151] DP, 24/3.

1993 - Parte 1: Campeonato Paulista, Troféus no Chile e Brasil, Copa do Brasil e Copa Libertadores

Na singela "taça", a inscrição de mais um título internacional.

Foto: Gazeta Press

Apesar do prestígio do confronto internacional, por envolver o time Campeão do Mundo e o craque Maradona, o amplo favorito era o São Paulo. E o resultado em campo comprovou esse fato. O Sevilla, do técnico Carlos Billardo, foi apenas um time nota cinco ou menos, e o camisa nº 10 do time espanhol se mostrou com a categoria de sempre, mas fora de forma.

Assim, em clima de festa, o Morumbi recebeu quase 50 mil pessoas – 47.095 pagantes, exatamente – naquela tarde de sábado, 27 de março. E, mesmo com os baixos preços cobrados pelos tíquetes, a renda do clube foi excepcional: quase dois bilhões de cruzeiros – abaixo, apenas, do arrecadado em clássicos no ano.

Após o foguetório previsto, os times entraram em campo e os espanhóis cumpriram a troca de presentes e a condecoração dos Campeões Mundiais com a famosa faixa transversal no peito. Coube a Ronaldo Luís receber das mãos de Dieguito o seu prêmio.[152]

Apesar do prestígio do confronto internacional, por envolver o time Campeão do Mundo e o craque Maradona, o amplo favorito era o São Paulo. E o resultado em campo comprovou esse fato. O Sevilla, do técnico Carlos Billardo, foi apenas um time nota cinco ou menos, e o camisa nº 10 do time espanhol se mostrou com a categoria de sempre, mas fora de forma.[153]

O time de Telê, porém, não deu espaços nem chances. A vitória são-paulina se iniciou aos 31 minutos da primeira etapa, com um lançamento preciso de Palhinha para Raí invadir a área e bater cruzado, alto, no canto do goleiro Unzue. Mais confiante, após abrir o placar, o Tricolor criou diversas chances de gol e dominou a partida no campo de defesa adversário.

As constantes tabelinhas pelo lado direito, envolvendo Raí, Palhinha e Cafu, deixaram os espanhóis desnorteados. No segundo tempo, logo aos dois minutos, Cafu foi espetacular: recebeu lançamento de Catê; partiu em direção à área; dri-

[152] JT, 29/3;
[153] DP, 28/3; FSP, 29/3.

blou magistralmente Martagón, que caiu sentado no chão; e passou a bola para Palhinha completar nas redes. A lástima é que o árbitro, Ilton José da Costa, anulou o gol, acusando um pretenso impedimento de Cafu – não sinalizado pelo bandeirinha Sérgio Fernandes.[154]

Pouco depois, Maradona reagiu e acertou um chute na trave esquerda do goleiro Zetti. Mas foi pouco. Raí, em lindo lance individual, aplicou uma caneta no mesmo coitado do Martagón, que, ensandecido, não se conteve e acabou expulso de campo após o ataque de nervos.

Cafu, que estava em um ótimo momento de inspiração e com muita vontade, não deixou por menos em relação a Raí, novamente fez das suas e só foi parado por falta de Diego, dentro da área. Pênalti que foi cobrado e convertido em gol pelo capitão e camisa 10 do Tricolor, aos 37 minutos. Com 2 a 0 como resultado, o São Paulo ficou com a Taça da Amizade, troféu que o próprio clube ofereceria ao vencedor do embate.

"Perdemos para os Campeões do Mundo, que têm Raí e o fenômeno Cafu. Ele é simplesmente fantástico. É preciso dizer mais?", resumiu o craque argentino ao se despedir dos torcedores no Morumbi.[155]

Toninho Cerezo, que havia torcido o joelho aos 15 minutos de jogo contra o Noroeste, foi até o Hotel Brasilton, na Rua Martins Fontes, e tomou Maradona a tira colo para "conhecer a noite paulistana". O Sevilla retornou para a Europa sem o craque, que daria, no dia seguinte, uma esticada até Buenos Aires.[156]

O ACIRRADO CASO TELÊ *VS.* FARAH

Finalizada a festividade, a realidade batia à porta dos tricolores. Dois dias depois, o São Paulo já estaria em campo de novo; desta vez, para a disputa contra a Ponte Preta, em Campinas, em mais uma rodada do Paulistão. Antes disso, porém, o clube tomou ciência de um futuro adversário.

O Newell's Old Boys, Vice-Campeão da Copa Libertadores de 1992, ficara em segundo lugar no grupo 5 dessa competição em 1993, com uma campanha de apenas uma vitória, mas também só uma derrota – e quatro empates –, somando seis pontos, um a menos que Cerro Porteño, do Paraguai, líder.

Dessa maneira, São Paulo e Newell's se enfrentariam novamente em um mata-mata no Torneio Sul-Americano. Era a tão esperada – para os argentinos – revanche.

Nos demais confrontos das oitavas de final da Copa se enfrentariam Atlético Nacional, da Colômbia, e Universidad Católica, do Chile; Barcelona, do Equador, e Universitário, do Peru; Sporting Cristal, do Peru, e El Nacional, do Equador; Bolívar, da Bolívia, e América, da Colômbia; Cobreloa, do Chile, e Cerro Porteño, do Paraguai; Olímpia, do Paraguai, e Nacional, do Uruguai; e, por fim, Minervén, da Venezuela, e Flamengo. Os jogos se dariam nos dias 7 e 14 de abril.

> "Perdemos para os Campeões do Mundo, que têm Raí e o fenômeno Cafu. Ele é simplesmente fantástico. É preciso dizer mais?", resumiu o craque argentino ao se despedir dos torcedores no Morumbi. Toninho Cerezo, que havia torcido o joelho no jogo contra o Noroeste, foi até o Hotel Brasilton, e tomou Maradona a tira colo para "conhecer a noite paulistana".

[154] FSP, 29/3;
[155] OESP e DP, 29/3;
[156] FSP e FT, 29/3.

> **Contra a Ponte Preta, nos acréscimos, o árbitro Ulisses Tavares viu um pênalti duvidoso de Dinho em Anderson, que se atirara ao chão. Em entrevista à Rádio Bandeirantes, o técnico, que deixara o campo antes mesmo do gol adversário, como protesto, afirmara que existia "uma armação que não permitia ninguém se aproximar do líder", o Palmeiras.**

Sem Müller, com Cerezo sem condições de jogo, e Válber e Vítor suspensos – e com Marcos Adriano como lateral-direito –, o São Paulo penou para abrir o placar contra a Ponte Preta no Moisés Lucarelli, no dia 29 de março: só achou o gol com Catê, após cobrança de falta de Raí, aos 44 minutos do segundo tempo. Tudo isso para nada, pois, nos acréscimos, aos 50 minutos, o árbitro Ulisses Tavares viu um pênalti duvidoso de Dinho em Anderson, que se atirara ao chão. Alberto, na execução, empatou o jogo.

Por um lado, estava tudo bem, pois o Tricolor trouxera um ponto de Campinas. Por outro, porém, perdera um e Telê não conseguiu se conter e declarou que havia um culpado para isso. Em entrevista à Rádio Bandeirantes, o técnico, que deixara o campo antes mesmo do gol adversário, como protesto, afirmara que existia "uma armação que não permitia ninguém se aproximar do líder", o Palmeiras.[157]

De acordo com o jornal *Folha da Tarde*, de 31 de março, o técnico chegou a pedir "apoio da torcida para impedir que as arbitrariedades aconteçam em campo". Questionado sobre o dito, Telê teria afirmado: "A torcida deve ajudar, protestando ou fazendo alguma coisa. Do jeito que está não pode ficar". E, percebendo o quão amplo o espectro de ações poderia ser encaixado no "alguma coisa", Telê remendou: "Violência não. Não, isso não. De maneira nenhuma".

A *Gazeta Esportiva*, em texto de José Isaías, da mesma data, também registrou o desabafo do treinador são-paulino, ali apregoado em comentário ao repórter João Antônio de Carvalho, da rádio Jovem Pan: "Até a torcida tem que participar disso. Um juiz desses não pode sair impune". Telê completaria depois, "ao vivo", e nos dias seguintes: "A torcida tem que falar, protestar, espernear, fazer manifesto, ir contra o árbitro, não agredi-lo". Deixava claro que não se referia à violência. Por fim, completava: "Eu sou um dos profissionais que mais procuro ajudar os árbitros. Não quero que os meus jogadores deem pontapés, que reclamem ou que façam o antijogo".

Vários impressos do dia 5 de abril viriam a publicar uma carta assinada por Telê, que deixava clara as intenções de suas palavras e rejeitava, efusivamente, qualquer tipo de agressão. Essas menções jornalísticas precisam – e merecem – ser destacadas aqui por causa de certo acontecimento vindouro.

> *"Em virtude de diferentes interpretações dadas a recentes declarações minhas, venho de modo definitivo esclarecer, aos verdadeiros interessados, que jamais conclamei ou conclamarei a torcida à prática de atos agressivos ou violentos, contra quem quer que seja, muito menos contra árbitros e jogadores, pois isto não é de meu feitio.*
> *O que quis transmitir, com toda clareza, é que a torcida precisa e deve se manifestar contra as más arbitragens.*
> *Com isso, não visei incitar a torcida à prática de atos violentos, como po-*

[157] FT, 30/3.

dem defluir aqueles que não me conhecem suficientemente.

Propus, sim, manifestações pacíficas, nos moldes, por exemplo, das ações promovidas pelos 'Caras-Pintadas', que tanto bem fizeram à Nação.

Propus-me, inclusive, me aliar a essas manifestações, com fins pacíficos e disciplinados, da forma com que sempre pautei minha vida, o que me valeu, com muito orgulho, o Troféu Belfort Duarte.

Faço a presente para que não pairem dúvidas quanto às verdadeiras intenções de minhas palavras.

São Paulo, 3 de abril de 1993.
Telê Santana."

Palhinha, por outro lado, foi além, dizendo que o árbitro Ulisses Tavares deveria "estar mal financeiramente, porque alguém pagou para ele dar esse pênalti". Também repetiu algo que já havia escutado do árbitro, ao ser expulso em jogo contra o Santos, em 27 de junho de 1992: "O São Paulo já ganhou tudo o que tinha de ganhar. Chega". [158]

Ao saber que o árbitro em questão afirmara que enquadraria a atitude de Telê na Súmula como atitude antidesportiva, o técnico não perdoou: "Eu faço o que quero, não o que ele quer. Sair do banco não é proibido". Ulisses também ameaçou entrar na Justiça contra Palhinha, que não se rogou a acusar novamente o dito cujo: "Quer me processar? Que processe. Eu vou repetir no júri ou em qualquer lugar o que falei... Que se o Ulisses estava com algum problema desse tipo [financeiro], ele resolveu tudo apitando aquele pênalti". [159]

Para a rodada seguinte, Ulisses Tavares foi colocado na geladeira pela comissão de arbitragem da Federação Paulista de Futebol, que havia reconhecido erros no jogo, mas garantindo a idoneidade do juiz.[160]

Naquela altura da competição, o Palmeiras se encontrava com 26 pontos e o Corinthians e o São Paulo na sequência, com 23. Na verdade, Santos, Mogi Mirim e União São João também possuíam 23 pontos, mas o São Paulo tinha disputado menos jogos, pois ainda tinha algumas partidas em atraso para disputar. Por isso, 48 horas após o empate no interior, o Tricolor enfrentou o Juventus no Pacaembu.

Ciente do desgaste dos atletas e das retrancas que os adversários formavam contra os são-paulinos, Telê exigia que os titulares marcassem um gol nos primeiros 15 minutos de jogo, mas, mais uma vez, a recomendação de nada adiantaria. Somente após muito insistir e correr é que o Tricolor conseguiu furar a defesa juventina.

Aos 23 minutos do segundo tempo, em cobrança de falta, André Luiz abriu o placar. Com o ferrolho inutilizado, nos minutos finais o São Paulo ampliou, em contra-ataques com Cafu, aos 40, e Catê, aos 43 minutos da etapa final.

Curiosamente, o autor do primeiro gol disputou o jogo à base de aspartato de

De acordo com o jornal *Folha da Tarde*, o técnico chegou a pedir "apoio da torcida para impedir que as arbitrariedades aconteçam em campo". Questionado sobre o dito, Telê teria afirmado: "A torcida deve ajudar, protestando ou fazendo alguma coisa. Do jeito que está não pode ficar". E, percebendo o quão amplo o espectro de ações poderia ser encaixado no "alguma coisa", Telê remendou: "Violência não. Não, isso não. De maneira nenhuma".

[158] FT, 30/3; JT 2/4;
[159] JT, 31/3; AGE, 2/4;
[160] DP e FT, 31/3.

> Farah acusava o treinador de incitar a violência contra os árbitros e que tudo o que fazia era uma "jogada para encobrir e justificar" uma transferência para o futebol europeu. O técnico, porém, não arredava pé: "vou continuar reclamando do que eu quiser. Se reclamo do presidente da República e do governador, por que não vou reclamar de um mero presidente de Federação?"

[161] FSP e FT, 31/3;
[162 e 163] AGE, 2/4;
[164] OESP, 2/4;
[165] DP, 2/4.

arginina, uma vitamina para combater a gripe – André chegou a estar com 39 graus de febre um dia antes do confronto. Aliás, ao todo, seis jogadores – Adílson, Catê, Cafu, Palhinha e Raí – chegaram a apresentar sintomas da doença, em um quadro que ia e voltava, típico do surto que acontecia na época e que, por isso, ficou conhecido como "gripe fusquinha".

"Com esse número de jogos, eles vão perdendo resistência", afirmou o preparador Moraci Sant'Anna em relação tanto à condição física quanto imunológica dos atletas.[161]

Apesar da vitória tranquila, o clima no São Paulo parecia tenso. Não por questões internas, mas em relação à Federação Paulista de Futebol e às arbitragens. E, cabe dizer, o clube era um corpo único, fechado, contra a associação estadual. Tanto jogadores como dirigentes não poupavam críticas e a situação conflituosa com a entidade tomava conta dos jornais. Após o jogo contra o Juventus, desta vez, por causa do terceiro cartão amarelo – e a consequente suspensão – aplicado a Pintado em um lance "arranjado". "Está na cara, tinha dois e levou o terceiro. Se fosse outro o pendurado, levaria também", afirmou o diretor Fernando Casal de Rey. O próprio jogador se espantara: "Sofri a falta e ainda levei o amarelo".[162]

O desgaste entre a Federação e o São Paulo era cada vez mais notório, explícito. Telê chegara a tomar conhecimento que, por aqueles dias, "houve uma reunião na Federação para tratar de assuntos administrativos corriqueiros e o Farah ficou falando o meu nome. Não sei por que isso? Parece que ele quer casar comigo".[163]

Farah, por sua vez, acusava o treinador de incitar a violência contra os árbitros e que tudo o que fazia era uma "jogada para encobrir e justificar" uma transferência para o futebol europeu.[164]

O técnico, porém, não arredava o pé, rejeitando qualquer interpretação de suas falas como incentivo à agressão física – sobre a qual sempre foi contra, em atos e palavras –, mas garantindo: "Vou continuar reclamando do que eu quiser. Se reclamo do presidente da República e do governador, por que não vou reclamar de um mero presidente de Federação?".[165] A guerra estava declarada.

E a questão era pessoal. O jornal *Diário Popular*, de 2 de abril, deixou isso claro: "A guerra Farah x Telê vem de longe. Acho besteira o presidente da Federação continuar nessa briga. Mesmo porque, Matheus e outros dirigentes já falaram coisas muito mais sérias do que Telê no passado e Farah não reagiu. Então vamos deixar o técnico do São Paulo em paz, Farah. E vamos cuidar para que os árbitros e bandeiras não errem tanto".

Contudo, algo além da picuinha entre Farah e Telê pairava no ar e um estranho fato inflamou ainda mais os ânimos dessa contenda. No dia 2 de abril, por volta de 1h30 da madrugada, um artefato de confecção caseira explodiu no saguão da sede da Federação Paulista de Futebol, na Avenida Brigadeiro Luís Antônio, n. 917, e supostamente estilhaçou três vidros de uma janela do local. Vizinhos relataram quatro estouros.

O explosivo, à base de pólvora, bolinhas de gude e papel, praticamente não deixou rastros ou fragmentos suficientes para uma análise pericial, conforme dito pelo delegado-titular do 5º Distrito Policial de São Paulo, Naif Saad Neto, que afirmou: "Parece bombinha de torcida".[166]

A autoridade policial só foi acionada às 8h30 da manhã, quando o cenário do incidente já havia sido totalmente alterado e remexido pelos funcionários da Federação.

Vergonhoso e deprimente foi o que se sucedeu. O presidente da Federação Paulista de Futebol, Eduardo José Farah aproveitou-se do ocorrido para proferir seu ódio e acusar sem provas seus oponentes políticos: "Existem aproveitadores dos momentos 'reclamação'. Reclamar da Federação Paulista é hábito principalmente do São Paulo".[167]

Atônito, o presidente do São Paulo, José Eduardo Mesquita Pimenta reagiu prontamente à insinuação: "É um absurdo. Farah está envolvido pela emoção, não tem nexo o que disse. Não tenho a menor ideia do que houve. Como hipótese, porém, por exemplo, poderia ser uma simulação da Federação para atribuir culpa ao São Paulo". A conjectura não seria estranha, pois, exatamente no dia anterior, o próprio Farah havia dito à toda a imprensa que as palavras – incompletas – de Telê incitavam à violência – como se aquele explosivo provasse seu ponto de vista neurótico.[168]

O mais estranho, todavia, ainda estava por vir. Naquele mesmo dia, 2 de abril, dirigentes de oito clubes – Corinthians, Palmeiras, Portuguesa, Santos, Juventus, Santo André, Ituano e XV de Piracicaba – reuniram-se na mesma sede da Federação Paulista – sem a presença de qualquer representante do Tricolor – e divulgaram um "manifesto" contra as declarações de Telê Santana, condicionando-as como apologia à violência. Ainda que os termos da missiva não fizessem referência clara ao vandalismo, isso era de intenção óbvia por si só.

A atitude indignou os cardeais são-paulinos. Para a manhã do dia seguinte, José Eduardo Mesquita Pimenta convocou uma coletiva de imprensa, repudiando a associação das críticas de Telê, inclusive pertinentes e sempre restritas ao campo das ideias, a quaisquer manifestações de terceiros, torcedores ou não, que partissem para a agressão física ou que fizesse uso de recursos do gênero contra a arbitragem ou integrantes da Federação.

O presidente São Paulo deu a entender que a manifestação dos oito clubes, dessa forma, parecia a formalização de um complô contra o Tricolor: "Os clubes que tomem cuidado. É estranho o que fizeram, porque, há uma semana, todos se queixavam das arbitragens. Agora, porque é o São Paulo a reclamar, e com justiça – tanto que a Comissão de Arbitragem puniu o árbitro Ulisses Tavares –, todos se unem para condenar nossa atitude".[169] Pimenta concluiu, alertando os incoe-

A guerra estava declarada. E a questão era pessoal. O jornal *Diário Popular* deixou isso claro: "A guerra Farah x Telê vem de longe. Acho besteira o presidente da Federação continuar nessa briga. Mesmo porque, Matheus e outros dirigentes já falaram coisas muito mais sérias do que Telê no passado e Farah não reagiu. Então vamos deixar o técnico do São Paulo em paz, Farah. E vamos cuidar para que os árbitros e bandeiras não errem tanto".

[166, 167 e 168] FSP, 3/4;
[169] OESP, 4/4.

> O jornalista Mauro Beting havia enumerado os erros de arbitragens ocorridos até ali na temporada: seis, todos contra o São Paulo, nenhum a favor, incluindo casos de pênaltis não marcados a favor do clube contra o Palmeiras. E resumiu: [...] O São Paulo até agora não foi beneficiado. Pelo contrário. Telê quer apenas arbitragens justas. Mas para isso, não pode exagerar no argumento. Pode perder a causa".

[170] FT, 2/4;
[171] FSP, 24/3;
[172] JT, 24/3.

rentes: "Amanhã, isso pode se voltar contra quem está assinando o manifesto condenando o São Paulo".

O jornalista Mauro Beting, em coluna para a *Folha da Tarde*, no dia 2 de abril, antes do incidente da Brigadeiro Luís Antônio, havia enumerado os erros de arbitragens ocorridos até ali na temporada: seis, todos contra o São Paulo, nenhum a favor, incluindo os casos de pênaltis não marcados a favor do clube contra o Palmeiras. E resumiu: "Não só Telê, mas todos que vivem do mundo da bola devem protestar contra os erros constantes dos árbitros. O São Paulo até agora não foi beneficiado. Pelo contrário. Telê quer apenas arbitragens justas. Mas, para isso, não pode exagerar no argumento. Pode perder a causa".[170]

... Ou perder a guerra, como se verá. Depois dos fatos ocorridos naquele dia 2 de abril, apenas por milagre o Tricolor se consagraria Campeão Paulista de 1993 – ou talvez nem com o auxílio do extraordinário. Mas não vale antecipar os fatos...

DIA SIM, DIA NÃO, TEM TRICOLOR EM CAMPO

O São Paulo iniciaria o mês mais cheio da sua história justamente com um clássico, contra o Corinthians, no Morumbi, no dia 4 de abril. Neste mês se veria o Tricolor em campo outras 15 vezes! Ou seja, foram 16 jogos em 30 dias! Praticamente dia sim, dia não. E em disputa nada menos do que três competições: Campeonato Paulista, Copa do Brasil e Copa Libertadores.

Com esse cenário, estava claro que apenas um elenco não daria conta de tudo. Raí já havia comentado antes: "Podemos disputar o Campeonato Paulista e a Libertadores com o mesmo time. Mas, para a Copa do Brasil, será preciso a formação de outro [time]".[171] E, no fim, foi isso mesmo o que o Tricolor fez: profissionalizou jogadores do time Júnior e mesclou com reservas pouco utilizados para formar o elenco base para a disputa da Copa do Brasil. Mais do que isso, até o treinador seria outro: Márcio Araújo, do elenco dos aspirantes.

Mesmo com a divisão de jogos entre dois elencos, o calendário ainda estava apertado –muito devido às competições da Seleção Brasileira, no meio da temporada –, fato que levou o capitão Raí a sugerir que o Sindicato dos Atletas se filiasse à CUT (Central Única dos Trabalhadores), CGT (Comando Geral dos Trabalhadores) ou Força Sindical, para lutar por melhorias na agenda para os jogadores. "Seria um passo importante para a classe começar a ganhar mais consciência dos seus direitos, e o que fazer para defendê-los".[172]

Ainda sem Pintado, suspenso; e com o zagueiro Válber no lugar do volante; e com muitos jogadores ainda combalidos pela desastrosa gripe, o São Paulo contaria com o retorno de Dinho (que cumprira suspensão contra o Juventus) e a tão esperada volta de Müller, após quatro jogos ausente por causa da pesada gripe. A torcida estava ansiosa pelo tradicional embate do atacante contra o zagueiro rival Marcelo, que costumeiramente costumava levar a pior contra o são-paulino, isso quando não caía sentado no chão após um drible, como no Paulistão de 1992.

Foi o "improvisado" Válber, entretanto, que se destacou no Majestoso. Aos 24 minutos da etapa inicial, o "volante" interceptou a bola dentro da área corintiana depois de uma cobrança de escanteio, tabelou com Cafu e arrematou forte e rasteiro, de primeira: 1 a 0 para o São Paulo.

No segundo tempo, o cenário se inverteu e o Corinthians passou a levar mais perigo à meta de Zetti, que trabalhou bem, executando boas defesas (12 ao total). Até que, aos oito minutos, o alvinegro Paulo Sérgio teve um gol anulado pelo bandeirinha Rogério Idealli, que acusara a saída da bola pela linha de fundo no início da jogada. Não houve dúvida alguma de que o gol havia sido legal. Neto havia cobrado escanteio, executado à esquerda da meta do goleiro são-paulino, com a perna canhota, logo a curva da bola foi por dentro do campo, não por fora.

A profecia de Mesquita Pimenta, na véspera do jogo, realizara-se mais rápido do que o imaginado. Os corintianos, signatários daquela ridícula carta contra as reclamações de Telê Santana sobre a arbitragem, teriam que autoridade ou moral para questionar o ocorrido? Horas antes, haviam se comprometido a não fazê-lo. Mas, claro, o fizeram. Sobrou para Idealli, ginecologista por profissão – piadas de gosto duvidoso não faltaram. E as torcidas se esbaldaram: enquanto a dona da casa gritava "Eô, eô, o Telê é um terror", os visitantes respondiam com "Ê, ê, ê, tão com medo do Telê".[173]

De toda maneira, nos demais 37 minutos do jogo, o Corinthians nada fez de proveitoso, ao contrário do Tricolor, que, faltando sete minutos para o fim do jogo, viu

> O São Paulo iniciaria o mês mais cheio da sua história justamente com um clássico, contra o Corinthians, no Morumbi, no dia 4 de abril. Neste mês se veria o Tricolor em campo outras 15 vezes! Ou seja, foram 16 jogos em 30 dias! Praticamente dia sim, dia não.

[173] FSP, 5/4.

André Luiz acertar um chute bem colocado, que pouco subiu e caiu ao pé da trave esquerda do goleiro Ronaldo, encoberto pela zaga. Resultado: 2 a 0 e mais uma vitória para o São Paulo sobre o rival: a quarta consecutiva, o que elevara a invencibilidade dos tricolores para oito jogos seguidos desde 1991. E, mais do que isso: o time não sofria gols do adversário há sete partidas! Uma campanha opressiva.

O resultado, porém, pouco influenciou na classificação: o Palmeiras seguia na liderança, com 30 pontos, e o São Paulo seguia na cola, com 27. O Corinthians permaneceu com 24 pontos e caiu para a quinta posição.

Alvo dos holofotes pós-jogo, por todo o contexto criado nos dias anteriores, Telê Santana foi sucinto e direto ao ponto: "O Corinthians se diz prejudicado. Não sei se foi. Se o juiz errou, os corintianos devem entender o que senti em Campinas".[174]

Na segunda-feira, dia 5, Telê, Moraci e Zetti seriam julgados pelo Tribunal de Justiça Desportiva – TJD, por conta do caso com o árbitro Ulisses Tavares, mas a questão foi adiada em uma semana, para que os encarregados do processo escutassem pessoalmente o trio de arbitragem – visto que os são-paulinos já haviam sido. De toda maneira, durante estes dias de espera, o técnico era enfático: "Se eles não me tirarem do banco, tudo bem. Podem até me multar, porque estão querendo dinheiro mesmo. Não aceito pena, porque não fiz nada. Não preciso puxar o saco de ninguém. Caso seja condenado, largo o São Paulo".[175]

O calendário da bola, contudo, não podia parar. Enquanto o time principal e os reservas do Tricolor seguiam para a Argentina, onde enfrentariam o Newell's Old Boys na estreia da Copa Libertadores; o terceiro quadro são-paulino estava em Aracaju, para o primeiro jogo da Copa do Brasil, contra o Sergipe.

Na noite de terça-feira, dia 6 de abril, o técnico Márcio Araújo escalou o Expressinho (nome dado aos times de base do clube desde os anos 1940) com Gilberto; Pavão, Nelson, Gilmar (capitão); Marcos Adriano, Suélio, Pereira, Robertinho; Vaguinho, Anilton e Cláudio Moura. No decorrer do encontro, entraram também Murilo e Carlos Alberto, e o Tricolor trouxe do Nordeste um empate por 1 a 1 contra o Campeão local – gol marcado por Gilmar, no segundo tempo.

O INÍCIO DA JORNADA AO TOPO DA AMÉRICA

Já os titulares não tiveram tanta sorte. Na quarta-feira, dia 7, com a hostil atmosfera de revanche em que o Coloso del Parque se encontrava, e sem contar com Raí, que fraturara o dedo anelar da mão direita no embate contra o Corinthians, o São Paulo esteve acuado. O Newell's, que vinha de uma sequência de 12 jogos sem vitória e na rabeira do Campeonato Argentino, tanto pressionou que encontrou seus gols ainda no primeiro tempo, com Cozzoni e Mendoza: 2 a 0 no jogo de ida das oitavas de final da Copa Libertadores.[176]

E o Tricolor escapou de perder por mais gols, ampliando a desvantagem. Quando os argentinos dominavam completamente a partida, houve uma queda

[174] JT, 5/4;
[175] AGE, 6/4;
[176] FT, 9/4 e 14/9.

de energia nos refletores do estádio e a partida ficou paralisada por 16 minutos. Arrefecido o ímpeto dos locais, o São Paulo voltou melhor, mas nada mudou no resultado do jogo: o ataque perdeu uma sequência de gols frente ao goleiro Scoponi.

A imprensa portenha louvou o resultado do time local e debochou dos tricolores, chamando-os de "impotentes" e "intimidados". *O Clarín* estampou: "Lanterna do Clausura fez o que quis com o Campeão do Mundo". O Crónica afirmou que "Mudou pouco em relação ao time que perdeu ano passado: mostrou a mesma cara de impotência".[177]

Para avançar na competição internacional em busca do Bicampeonato, os são-paulinos agora seriam obrigados a vencer no Morumbi por um saldo mínimo de três gols, ou dois gols mediante disputa da loteria penal. Apesar de ser alvo de sabe-se lá quantos mais dejetos atirados contra si durante o jogo na Argentina, Zetti estava confiante: "Jogaram até pilha de rádio em mim. Isso não é futebol. Mas na semana que vem vamos ganhar deles no Morumbi. A única jogada do time deles é a bola alçada na área".[178]

Mas não havia tempo para lamentar. De volta ao Brasil, os tricolores voltariam a campo na noite de 9 de abril, Sexta-Feira Santa – feriado nacional, para desgosto de Telê e dos atletas mais religiosos, que viam no agendamento um desrespeito. Até o pessoal do Guarani, adversário da noite, pensava o mesmo: "É um absurdo. Sexta-Feira da Paixão não é dia para futebol", comentou o técnico Flamarion. Telê não deixou por menos: "Quando eu jogava, esse dia era respeitado. Agora, nem Deus respeitam".[179]

Pouco mais de oito mil pessoas compareceram ao Morumbi e viram o São Paulo vencer o conjunto de Campinas por 2 a 0, gols marcados por Cafu e Müller – que quebrou uma incômoda série de oito jogos sem balançar as redes.

O jogo foi truncado. Wanderley e Valmir, do Bugre, e Válber – que revidou uma entrada dura que sofrera com uma cabeçada – acabaram expulsos. Telê se enfureceu com o jogador: "A partir de agora vai ser assim, quem estiver descontrolado vai sair do time. Jogador meu não pode dar pontapé, fazer cera, reclamar do juiz ou agredir um adversário".[180]

O treinador falava sério: nesse jogo, quando Palhinha "entrou para rachar" Edu Lima, no segundo tempo, o técnico não teve dúvidas e substituiu o atleta pelo meio-campista Suélio. "Eles entram em campo para jogar e não reclamar. Nossos jogadores sempre vão apanhar, mas isso não é problema deles, é comigo e com a diretoria. Se o Palhinha fizer isso de novo, tiro do time na hora mais uma vez".[181]

De toda maneira, mais dois pontos conquistados e a caçada ao Palmeiras continuava. O São Paulo foi a 29 pontos, enquanto o vizinho seguia três pontos à frente. Menos de 48 horas depois, nova chance de diminuir a vantagem: o Cícero Pompeu de Toledo receberia mais uma vez os tricolores, agora para a partida contra o Marília, que vinha de uma vitória por 3 a 1 sobre o Santos. Apenas 5.588 torcedores presenciaram a vitória são-paulina, que começou com Cafu,

> O calendário da bola, contudo, não podia parar. Enquanto o time principal e os reservas do Tricolor seguiam para a Argentina, onde enfrentariam o Newell's Old Boys na estreia da Copa Libertadores, o terceiro quadro são--paulino estava em Aracaju para o primeiro jogo da Copa do Brasil contra o Sergipe.

[177] AGE, 9/4;
[178] DP e AGE, 9/4;
[179] FT, 9/4;
[180] NP, 11/4;
[181] DP, 9/4.

> Contra o Marília, após o primeiro gol do Tricolor, Telê Santana foi expulso de campo pelo árbitro Marcos Fabio Spironelli por, segundo o juiz, o treinador não o obedecer: "Só pedi que se sentasse, tomasse conta do seu time e deixasse a arbitragem comigo, mas ele insistia em ficar em pé e mandar que eu apitasse direito". Marcos também teria chamado Telê de arrogante, mas isso ele não registrou em Súmula.

aos 19 minutos. O time do interior ainda empatou a partida na etapa inicial, com Guilherme, mas Catê, aos 28 do segundo tempo, marcou o gol que definiu a vitória do Tricolor.

Após o primeiro gol do Tricolor, Telê Santana foi expulso de campo pelo árbitro Marcos Fabio Spironelli, por, segundo o juiz, o treinador não o obedecer: "Só pedi que se sentasse, tomasse conta do seu time e deixasse a arbitragem comigo, mas ele insistia em ficar em pé e mandar que eu apitasse direito". Marcos também teria chamado Telê de arrogante, mas isso ele não registrou na Súmula.[182]

Na época, ainda não havia a marcação no chão, em frente ao banco de reservas, que permitia ao treinador permanecer, por um tempo, à beira do campo para passar instruções aos atletas. Era prerrogativa do árbitro decidir quem podia ou não se manter à beira do gramado. E Marcos certamente usou e abusou desse poder. Por fim, Amauri, do Marília, e Pintado também foram postos para fora pelo juiz.[183]

Entre um jogo e outro, ainda havia tempo para mais uma disputa para os são-paulinos Zetti, Moraci Sant'Ana e Telê: desta vez no Tribunal. No TJD, Zetti foi absolvido por incongruências nos relatos do trio de arbitragem. Moraci, que reconhecera ter xingado o árbitro (o básico), foi multado em cerca de 460 mil cruzeiros (30 Ufir). Já Telê... bem, o julgamento de Telê foi mais uma vez adiado... O árbitro Ulisses Tavares não pôde comparecer e dar seu depoimento sobre o caso por causa do falecimento de um familiar em São José do Rio Preto.[184]

Assim, muito provavelmente, Telê ficaria com dois julgamentos pendentes no TJD, pelos acontecimentos nos jogos contra a Ponte Preta e Marília. Kalef João Francisco, dirigente são-paulino, foi outro julgado naquela ocasião. O dirigente havia se revoltado com a atuação de Marcos Spironelli no jogo contra o Marília e, nos vestiários, desentendera-se com o juiz, que registrou o fato na Súmula, e com representantes da Federação. Kalef acabaria suspenso pelo TJD por 80 dias.[185]

A postura pública dos dirigentes são-paulinos, haja vista as inúmeras passagens documentais encontradas em jornais e revistas da época, era de coesão a favor de Telê Santana e dos demais profissionais do clube. Na verdade, quase sempre a maioria apontava para um possível complô formado ou a se formar no seio do futebol paulista: "É curioso o fato de [que] apenas Santos, Corinthians, Portuguesa e São Paulo sejam prejudicados por erros de arbitragens... Tem um artilheiro por aí, inclusive, que vai marcar mil gols neste Campeonato, tantos são os pênaltis marcados para o seu time", insinuou Herman Koester, diretor do Tricolor.[186]

E essa postura coesa também se encontra registrada oficialmente: "Mais de 50 conselheiros assinaram um documento de apoio a Telê e a Pimenta", afirmou Luiz Cássio dos Santos Werneck, presidente do Conselho Deliberativo.[187]

O próprio presidente Mesquita Pimenta, embora muitas vezes em tom mais

[182] FSP, 16/4;
[183] OESP, 13/4;
[184] DP e AGE, 13/4;
[185] JT, 13/4; FT, 27/4;
[186 e 187] AGE, 13/4.

conciliador – condigno com o cargo que detinha –, não media palavras sobre a estranheza de todo aquele movimento: "Existe uma prevenção contra o Telê Santana e contra o São Paulo. Embora às vezes o Telê fale demais, prejudicando o próprio clube, fica clara a marcação da Federação. Talvez não haja o interesse de ninguém que o São Paulo seja Tricampeão Paulista".

A situação "escalava" dia após dia e, vendo esse cenário, o Sindicato de Árbitros, alegando que os homens de preto estavam a passar por uma enorme pressão, garantiu que entraria na Justiça Comum contra qualquer um que ofendesse ou agredisse um de seus filiados, como também que a categoria entraria em greve caso isso ocorresse ou decidissem pela "importação" de árbitros de outros estados ou países.[189]

Farah, em reunião com os clubes na Federação Paulista de Futebol, e pressionado tanto pelo Sindicato quanto pela Comissão de Arbitragem – cujos membros, todos, decidiram pedir demissão de suas funções –, aceitou a dissolução desta e, pouco depois, ofereceu o cargo, de maneira irônica, ao presidente Mesquita Pimenta, que obviamente rejeitou a oferta, e a seguir a Telê Santana, que nem ali se encontrava. O presidente da Federação, então, propôs a formação de uma junta de cinco clubes para gerenciar a demanda: todos negaram. O dirigente, então, como queria desde o início, assumiu para si a responsabilidade, prometendo dobrar a taxa paga pelos serviços dos árbitros.[190]

Um detalhe: Marcelo Portugal Gouvêa, futuro presidente do São Paulo, era um dos membros da mencionada Comissão de Arbitragem.

De toda maneira, na terça-feira, dia 13, era o jogo de volta da Copa do Brasil contra o Sergipe. Novamente, o Morumbi receberia a torcida são-paulina que, com tanto jogo em casa acontecendo em tão pouco tempo, obviamente passou a poupar uns trocados e a escolher quais partidas valeriam uma parte do salário – o qual, para a maioria, afinal, não era tão grande quanto o calendário de competições.

O preço do ingresso era o mesmo das demais partidas "normais" da temporada: 50 mil cruzeiros por um lugar na arquibancada. Os demais setores do estádio sequer abririam: era uma medida para se gastar menos com o operacional e evitar maiores perdas financeiras: "Acho que o público não passa de duas mil pessoas", comentou pouco resignado o diretor Márcio Aranha. "Teremos um prejuízo de uns 30 mil dólares (900 milhões de cruzeiros)".[191]

A diretoria ainda tentou mudar a data do confronto do Expressinho para a quarta-feira, para que ocorresse como preliminar do jogo da Copa Libertadores contra o Newell's Old Boys, mas ambas as federações envolvidas rejeitaram a hipótese.

Assim, mesmo contando com o tradicional esquema de transporte público da CMTC (Companhia Municipal de Transportes Coletivos), a partir da Avenida Tiradentes, apenas 748 torcedores viram um jogo acelerado e bem disputado, com o Tricolor abrindo 2 a 0 e sofrendo o empate, mas ficando novamente à

> "Existe uma prevenção contra o Telê Santana e contra o São Paulo. Embora às vezes o Telê fale demais, prejudicando o próprio clube, fica claro a marcação da Federação. Talvez não haja o interesse de ninguém em que o São Paulo seja Tricampeão Paulista".
>
> Mesquita Pimenta

[188 e 189] JT, 13/4;
[190] FT, 14/4;
[191] NP, 13/4.

frente no marcador por mais duas vezes: 4 a 3 foi o placar final, com gols marcados por Anílton, Robertinho, Vaguinho e Carlos Alberto, e com direito a pênaltis perdidos por Elivélton e Cláudio Moura, ainda no primeiro tempo. O resultado classificou o São Paulo às oitavas de final da Copa do Brasil e garantiu a agenda apertada por mais algum tempo.

GOLEADA PARA DEIXAR CLARO: SEM REVANCHE

No dia seguinte, o São Paulo decidiria sua sorte na Copa Libertadores. Embora fosse certo que o time não contaria com o zagueiro Adílson (que torcera o tornozelo esquerdo contra o Guarani, e seria substituído por Lula), a maior preocupação era com o meio-campista Raí, fora dos jogos desde o Majestoso no início do mês. "Tenho chances de jogar, mas primeiro preciso avaliar os riscos. Se a fratura não estiver consolidada, no caso de uma queda, ela pode até piorar e aí eu teria de operar", disse Raí, que, ao ser questionado se o elenco havia treinado cobranças de pênaltis, foi sucinto: "Não precisamos treinar".[192]

Na realidade, Telê preferiu treinar mais a defesa para o jogo aéreo dos argentinos, como também em jogadas ensaiadas ofensivas, principalmente em cobranças de falta, executadas por Raí e Dinho.[193]

O time visitante, por sua vez, vinha animado, mas ciente de que nada estava decidido ainda. Precaução, aliás, que não só as palavras dos atletas demonstravam, mas também o ofício enviado à Conmebol – Confederação Sul-Americana de Futebol –, solicitando exames *antidoping* para aquela partida. O Newell's não queria que se levantassem dúvidas sobre a lisura da equipe, isso porque o futebol argentino passava por um recente escândalo – Caniggia, herói da Copa de 1990, havia sido pego em *doping*: a urina do jogador apontou a presença de uma substância derivada da cocaína.[194] No jogo de ida, cabe mencionar, esse procedimento já havia ocorrido: Scoponi, Pochettino, Cafu e Palhinha foram testados.

Pelo lado local, que precisava "golear" e do apoio da torcida, já exaurida de tanto jogo, a diretoria são-paulina colocou a carga de ingressos em promoção: 10 mil cruzeiros por uma vaga na geral, 30 mil cruzeiros por um lugar na arquibancada, 50 mil cruzeiros por um assento na numerada inferior e 70 mil cruzeiros por uma confortável numerada superior. Além disso, mulheres, crianças, aposentados, proprietários de cadeiras cativas com o carnê anual quitado e associados do clube poderiam entregar de graça.[195]

Para os tricolores, foram disponibilizados 30 ônibus da CMTC para a ida e 60 para a volta. Ainda assim, mesmo com promoção, aquele público de mais de 100 mil pessoas no último jogo entre as duas equipes, em junho de 1992, não se repetiu. Perto de 50 mil torcedores (31.931 pagantes) estiveram no Morumbi naquela noite de quarta-feira, 14 de abril, e testemunharam um jogo quase perfeito do Tricolor.

A partida, porém, começou de maneira preocupante: Ronaldão deixou o

> No jogo de volta das oitavas, o São Paulo decidiria sua sorte na Copa Libertadores. A maior preocupação era com o meio-campista Raí, fora dos jogos desde o Majestoso no início do mês. "Tenho chances de jogar, mas primeiro preciso avaliar os riscos", disse Raí, que, ao ser questionado se o elenco havia treinado cobranças de pênaltis, foi sucinto: "Não precisamos treinar".

[192] DP, 13/4; FSP, 14/4;
[193] JT, 14/4;
[194] FT, 14/4;
[195] DP, 13/4.

Fotos: Nelson Coelho / Placar

jogo, contundido, logo no começo – Válber entrou no lugar do zagueiro. Ainda assim, desde os primeiros minutos, o São Paulo dominou o jogo e criou várias chances de gol. Raí, que foi para o jogo mesmo com a mão direita engessada, era o melhor em campo, saltando, pulando e se jogando nos lances como se nada lhe atrapalhasse.

Depois de muito insistir, aos 29 minutos, o Tricolor foi recompensado com um golaço de Dinho, que mandou uma pancada de longe, quase da intermediária. A bola desviou nas costas de Raí e estufou as redes. São Paulo 1 a 0 (e gol oficialmente sinalizado para Dinho). Detalhe, o volante já havia tentado o mesmo tiro alguns minutos antes, mas o goleiro havia defendido.

Menos de dez minutos depois, uma jogada ensaiada, e exaustivamente treinada por Telê na véspera, rendeu frutos imediatos: em uma cobrança de falta na entrada da área, Raí bateu quase perfeitamente na bola, que ainda foi tocada pelo goleiro (que falhou), mas terminou mesmo no fundo do gol. São Paulo 2 a 0.

Foi pouco, por tudo o que o time da casa havia criado na primeira etapa: Müller perdera dois gols frente a frente com o Scoponi. Cafu, após passe magistral de Palhinha, teve um gol anulado aparentemente de modo incorreto pelo bandeirinha – as imagens existentes não provam nada sobre a condição de jogo do camisa 11.

A pressão dos donos da casa seguiu no segundo tempo, embora em poucos momentos Zetti tenha se mostrado necessário lá atrás. Müller, lançado por Palhinha, deixou a bola escapar na cara do gol. Raí, em boa distância da meta, cabeceou uma bola na trave, depois de cruzamento de Vítor.

Os são-paulinos não tomaram conhecimento da vantagem do Newell's e atropelaram os argentinos com uma bela goleada: não haveria revanche.

1993 - Parte 1: Campeonato Paulista, Troféus no Chile e Brasil, Copa do Brasil e Copa Libertadores

E parecia sina, em outro lance criado pelo lateral-direito, que contou com uma furada espetacular de Saldagna, a bola sobrou marota e livre para Raí encher o pé e acertar o travessão dos argentinos. Sem dar tempo para ninguém respirar, Ronaldo Luís cruzou, Raí fez o pivô e Müller arrematou de primeira: a bola passou raspando tinta da trave. Esse gol não sairia nunca mais?

Sairia, sim. Aos 30 minutos da etapa final, veio o tão necessário gol: Palhinha avançou pelo meio e serviu a Müller, que só ajeitou para Raí finalizar com força: no meio do caminho a bola desviou no zagueiro e enganou o arqueiro argentino. São Paulo 3 a 0!

E ainda deu tempo para que, aos 38, Cafu disparasse e tabelasse com Palhinha (de cavadinha), pelo meio. Na entrada da área, o ponta só tocou de canhota para tirar qualquer chance de defesa de Scoponi. São Paulo 4 a 0!

Um massacre! Uma atuação de gala, inquestionável, em que todos os tricolores em campo jogaram à perfeição, sem falhas. E cabe ressaltar que contusões dos zagueiros – frutos da rotina insana do calendário – quase acabaram com o sistema defensivo do Tricolor (além de Ronaldão, Lula também sentiu um estiramento muscular e teve que ser substituído por André Luiz). O São Paulo terminou o jogo com Pintado, Ronaldo Luís e André Luiz se revezando na área.

E ainda: não foram gols, mas valeram o registro histórico neste livro os desarmes precisos e preciosos de Ronaldo Luís e Dinho, assim como o drible da vaca de Vítor e o reflexo de Zetti em lance na pequena área, no segundo tempo.

A entrevista de Pintado à Rádio Bandeirantes, à beira do gramado, após o jogo, ilustra bem o estado de espírito dos tricolores que defenderam o time, como também o da torcida, que presenciou aquela partida: "Não sei onde é que está doendo mais, se nos pés, no peito ou na cabeça, mas valeu todo o esforço. Ganhamos e nos classificamos para a próxima fase. A união do grupo ajudou e vai nos levar ao Bi". Era isso, todo o elenco ali ia para o sacrifício e deixava tudo em campo. Raí, engessado, era o ícone desse altruísmo, mas ele não era o único a se doar de tal maneira.[196]

Sobre a situação da fratura na mão, aliás, Raí destacou que os argentinos jogaram sujo, não desperdiçando uma oportunidade sequer de atacá-lo na empunhadura de gesso: "Na primeira bola que peguei, o Berizzo puxou minha mão machucada. Depois foi o Pochettino. Levei uns dez socos nesta mão enfaixada. Eles tentaram de todas as maneiras me atingir no dedo fraturado, mas eu estava com uma proteção bem-feita pelo médico e não chegou a me prejudicar".[197]

A ausência do craque nos últimos jogos do Tricolor, no fim das contas, foi positiva para o atleta, como reconheceu a comissão técnica: graças à "folga", Raí pôde recuperar o condicionamento físico e foi um dos grandes destaques do jogo decisivo.

"O São Paulo é uma orquestra perfeita. Apesar dos 30 jogos em dois meses e meio, o time suportou a emoção e só não fez mais pelo acaso. A go-

> São Paulo 4 a 0! Um massacre! Uma atuação de gala, inquestionável, em que todos os tricolores em campo jogaram à perfeição, sem falhas. E cabe ressaltar que contusões dos zagueiros – frutos da rotina insana do calendário – quase acabaram como o sistema defensivo do Tricolor.

[196] DP, 16/4;
[197] DP e AGE, 16/4.

leada foi consequência. Não há ainda adversário para o São Paulo quando a decisão se avizinha. O Palmeiras pode ser um time dos sonhos. O São Paulo continua sendo o time da realidade virtual. Aquela que é. E que pode ser mais que um sonho."

Mauro Beting, *Folha da Tarde*, 16/4.

Palhinha, por sua vez, tão importante quanto na partida, havia completado um mês jogando ininterruptamente. A última vez que deixara de atuar em um embate do time principal fora no dia 9 de março, contra o Rio Branco, em Americana, quando estava suspenso pelo terceiro cartão amarelo no Paulistão (e fez falta!). A maratona de jogos lhe castigava: o peso do atleta, normalmente, era na faixa dos 64 quilos e, ao final do jogo da Copa Libertadores, chegou a 59 – cinco quilos a menos que o habitual. "Talvez pelo excesso de jogos saí do meu peso, mas nem me importei com isso. Eu queria é jogar e acho que fiz uma grande partida", ressaltou o jogador.

Classificado para as quartas de final da Copa Libertadores, o São Paulo teria pela frente o Flamengo, que despachara o Minervén, da Venezuela, após vitórias por 8 a 2 no Rio e 1 a 0, fora. O presidente flamenguista confessou ter adorado a classificação são-paulina, não por nada técnico, mas pela possível excepcional renda que o confronto poderia proporcionar no Maracanã – os cariocas necessitavam amortizar uma dívida de cerca de 500 mil dólares e o último clássico contra o Vasco da Gama levara apenas oito mil pessoas ao estádio, não ajudando em nada...[198]

Os demais confrontos da competição internacional seriam América de Cali, da Colômbia, contra Sporting Cristal, do Peru; Universidad Católica, do Chile, contra Barcelona, do Equador; e o clássico paraguaio, Olímpia versus Cerro Porteño. De todos os qualificados, apenas São Paulo, Flamengo e Olímpia já haviam experimentado o gosto de ser Campeão Sul-Americano. Por fim, o resultado no Morumbi levou à demissão o técnico do Newell's Old Boys, Eduardo Luján Manera.[199]

A recompensa aos jogadores depois de tão espetacular partida presenteada a todos foi a realização de mais um jogo, menos de 48 horas depois, e não havia quantidade suficiente – e segura – de aminoácidos, carboidratos e vitamina "E" que pudesse deixar todos os envolvidos no jogo contra o Newell's aptos para mais um embate.

O jeito seria recorrer ao Expressinho – também chamado à época de terceiro time, ou time C –, que vinha tomando forma e já havia classificado o clube para as oitavas de final da Copa do Brasil, para enfrentar o Ituano, em Itu, pelo Paulistão, no dia 16 de abril.

Telê e Márcio Araújo moldavam o time da base com as mesmas características do elenco principal: com trocas rápidas de passes e objetividade ofensiva. E, claro, muito treinamento: contra o Sergipe, três dos quatro gols surgiram em jogadas en-

[198] AGE, 16/4;
[199] FSP, 16/4.

> A partida preliminar do Choque-Rei também foi um confronto entre os rivais, mas válida pelo Campeonato Paulista de Aspirantes e o time comandado por Márcio Araújo não teve dó nem piedade do Palmeiras, que atuou reforçado com Sorato – que buscava ritmo de jogo – e Edmundo, impedido de jogar pelo time A. São Paulo 5 a 0!

saiadas nos escanteios cobrados por Elivélton – por sinal, elogiado por pedir para jogar na categoria inferior, ao invés de ficar encostado no banco dos titulares.

Os jovens, como Pavão e Pereira, estavam empolgados com a oportunidade, mas também contentes com a melhoria financeira que essas partidas proporcionavam. A classificação do Tricolor rendeu aos garotos o prêmio de cinco milhões de cruzeiros, valor dez vezes superior ao que costumeiramente recebiam por vitória no Campeonato Paulista de Aspirantes.[200]

No fim das contas, Telê escalou um time misto, de titulares e de jovens do Expressinho, com Zetti; Pavão, Válber, Gilmar, André Luiz; Suélio, Pereira, Carlos Alberto; Catê, Cláudio Moura e Elivélton. No princípio, deu resultado, e o São Paulo começou o jogo vencendo, com gol de Carlos Alberto, aos 22 do primeiro tempo, mas o Ituano buscou o empate ainda na primeira etapa e virou o jogo no segundo tempo, que terminou com os tricolores consagrando o goleiro Maizena.

VITÓRIA NO TRIBUNAL E NO CHOQUE-REI

O resultado em Itu manteve o time com 31 pontos no Campeonato Paulista, três atrás do Palmeiras, e tirou as chances de o Tricolor assumir a liderança da competição no domingo, dia 18, quando enfrentaria justamente o rival, no Morumbi.

Mais grave do que a derrota foi perder o zagueiro Gilmar, suspenso do Choque-Rei por ter sido expulso com pouco mais de 15 minutos para o fim do jogo. Telê agora não contaria com quatro de seus cinco zagueiros – Adílson, Ronaldão e Lula, seguiam contundidos. O único disponível era Válber.

"Sei que temos muitos problemas para escalar a equipe. Mas não entraremos em campo com 10. Não vamos dar essa chance ao Palmeiras", ironizou Telê, ainda bravo com a atuação do árbitro Antônio de Pádua Sales no interior, motivo de sua dor de cabeça na armação do time.[201]

O técnico tinha como opções usar Nelson, do time C, como zagueiro central e deslocar Válber, mais maleável, para a quarta-zaga, ou promover o inexperiente Murilo, reserva do Expressinho, para a posição, na qual já era acostumado a jogar. Outra maneira mais mirabolante de ir a campo seria recuar Pintado para a zaga – como ocorrera contra o Newell's –, trazer o Cafu para o meio e pôr Catê na ponta direita.

O adversário também estaria desfalcado, mas no ataque Evair e Edmundo não jogariam. O primeiro havia se contundido, e o segundo fora expulso na derrota para o Mogi Mirim, em São Paulo, no dia 15 de abril. O Palmeiras, aliás, vinha de duas derrotas consecutivas: também havia perdido para o Vitória, em Salvador, pela Copa do Brasil, no dia 13 (e, diferentemente do Tricolor, que jogava com um time C naquela competição, os alviverdes atuaram com os principais jogadores). Neste jogo, Edmundo também fora expulso, acusado de bater no árbitro José Crisaldo.

[200] JT, 16/4;
[201] FSP, 17/4.

A crise do lado de lá do muro do CT da Barra Funda ia além das quatro linhas. O técnico Otacílio Gonçalves entregou o cargo e se despediu do comando do time palmeirense às vésperas do clássico. O adversário do São Paulo, então, seria comandado pelo preparador físico Raul Pratalli, que assumiu o cargo como interino.

A jornada esportiva daquele domingo, dia 18 de abril, no Morumbi, começou de maneira para lá de auspiciosa. A partida preliminar do Choque-Rei também foi um confronto entre os rivais, mas válida pelo Campeonato Paulista de Aspirantes, e o time comandado por Márcio Araújo não teve dó nem piedade do Palmeiras, que atuou reforçado com Sorato – que buscava ritmo de jogo – e Edmundo, impedido de jogar pelo time A. São Paulo 5 a 0!

O Tricolorzinho atuou com Rogério Ceni; Pavão, Sérgio Baresi, Nelson, Marcos Adriano; Mona, Cláudio Moura (Caio), Robertinho; Anílton (Douglas), Jamelli e Vaguinho (Toninho). Os gols foram marcados por Cláudio Moura (dois), Jamelli, Sérgio Baresi e Robertinho.[202]

No jogo de fundo, com 51.319 pessoas nas arquibancadas, o Tricolor foi a campo com o jovem Murilo tendo a responsabilidade de marcar o endiabrado Edílson. Para melhor proteger o sistema defensivo, Dinho voltava para cobrir o setor direito, tornando-se quase um zagueiro, e deixando Válber mais livre, como um líbero. Nos primeiros minutos do confronto, porém, o oponente foi melhor no domínio da bola e criação de jogadas, mas totalmente ineficiente nas finalizações. A chance mais perigosa parou nas mãos de Zetti, depois de cobrança de falta de Zinho.

Então, aos 18 minutos, ocorreu o lance capital da partida: na ponta-direita, Vítor recebeu a bola de Cafu, chamou a atenção de Zinho e Roberto Carlos, e

O pênalti foi a deixa para a torcida rival começar a gritar no estádio: "Ê, ê, ê, tá com medo do Telê", ou ainda "Tá com medo do Telê, o juiz vai morrer", principalmente após um lance em que Válber se chocou com Edílson dentro da área e o juiz deu cartão amarelo para o atacante palmeirense por simulação.

[202] AGE, 19/4.

> Foi a vez "do lado de lá" extravasar. O diretor Gilberto Cipullo afirmou: "Se o pessoal do São Paulo diz que há um esquema PP (Palmeiras-Parmalat), eu também posso dizer que há um esquema PSP (Pró-São Paulo)", em alusão às siglas de partidos políticos. As reclamações baseavam-se no pênalti cometido claramente por Daniel, e no lance não marcado de Válber em Edílson.

deixou o camisa 11 livre na área. Ao receber a pelota de volta, Cafu sofreu uma entrada pesada do volante Daniel, que lhe atingiu por trás no pé direito. Pênalti indiscutível, assinalado pelo árbitro José Aparecido de Oliveira. Na cobrança, um minuto depois, Raí bateu com tranquilidade no centro do gol, rasteiro, deslocando o goleiro Sérgio, e abriu o placar: São Paulo 1 a 0.

O pênalti foi a deixa para a torcida rival começar a gritar no estádio: "Ê, ê, ê, tá com medo do Telê", ou ainda "Tá com medo do Telê, o juiz vai morrer", principalmente após um lance em que Válber se chocou com Edílson dentro da área e o juiz deu cartão amarelo para o atacante palmeirense por simulação.

No segundo tempo, o Tricolor levou o jogo em banho-maria. Os visitantes controlavam a cadência da partida e criavam mais oportunidades, mas, na realidade, nenhuma delas levou a um mísero perigo de gol real – Zetti apenas pulava e dava pontes acompanhando as bolas que saíam pela linha de fundo, ou encaixa-as no peito facilmente, bem colocado. No contra-ataque, aliás, o São Paulo foi mais contundente: Müller perdeu um gol cara a cara com Sérgio, que defendeu. Cafu, em tabela com Raí e chute cruzado para fora, também teve sua chance de ampliar.

Então, aos 28 minutos, Pintado recuperou uma bola no meio de campo e a passou em profundidade para Cafu, que não alcançou, pois Roberto Carlos a interceptou, recuando-a de primeira para o goleiro. Falha do lateral-esquerdo, pois Sérgio não estava onde ele imaginava. A bola, devagar, acabou se aninhando nas redes após tocar o pé da trave. Gol contra, e 2 a 0 no placar para o Tricolor, resultado final.

No vestiário, o responsável indireto pelo segundo gol são-paulino, Pintado, não conteve a empolgação: "Nós não tivemos dó deles. É como no boxe, quando você acerta um adversário, que fica zonzo. Tem que continuar batendo até derrubar", comentou feliz.[203]

Zetti concordava: "É ótimo para nós que eles estejam sem técnico e com o ambiente conturbado. Enquanto a gente se preocupa com a Libertadores, o Palmeiras desperdiçará tempo tentando resolver os seus problemas". Para Cafu, o nervosismo palmeirense foi autodestrutivo: "Eles até tentaram nos atacar, mas de maneira desordenada. Estavam afobados, sem tática". Müller até tirou "onda": "Deu até para nos poupar. Com a vantagem de 2 a 0, guardamos energia para a partida contra o Flamengo".[204]

A boa-nova do dia, porém, foi a atuação do novato Murilo, que tomou conta de Edílson e Maurílio como um profissional veterano. O zagueiro sequer havia treinado com Telê no time titular. "Fiquei gelado ao saber de manhã que iria jogar à tarde". Depois de uma dividida em que impedira um contra-ataque, e de um lançamento para Müller, o garoto se tranquilizou em campo: "Aí, eu vi que jogar aqui não era nenhum bicho de sete cabeças", comentou.[205]

A recompensa inesperada do zagueiro foi um "bicho" no valor de 60 milhões de cruzeiros, que destinou todo ao pai, carpinteiro aposentado e chefe de uma

[203] FSP, 19/4;
[204] JT, 19/4;
[205] FSP, 19/4.

família humilde no interior de Minas Gerais (Montes Claros), comprar uma casa.

O técnico são-paulino aprovou a "estreia" do reserva do Expressinho entre os titulares do time principal: "Ele foi a melhor surpresa do dia. Marcou bem, foi veloz. Não deu facilidades a Edílson, que caía pela direita do ataque". Quanto ao jogo, porém, Telê reconheceu que não foi a mais brilhante das atuações do time nos últimos tempos e que o resultado se deu graças à calma e à ordem tática do Tricolor, que estava bem-organizado em campo contra um time desfalcado, assustado e sem comando.[206]

Quanto à arbitragem... bem, foi a vez "do lado de lá" extravasar. O diretor Gilberto Cipullo afirmou: "Se o pessoal do São Paulo diz que há um esquema PP (Palmeiras-Parmalat), eu também posso dizer que há um esquema PSP (Pró-São Paulo)", em alusão às siglas de partidos políticos.

As reclamações baseavam-se no pênalti cometido claramente por Daniel, e no lance não marcado de Válber em Edílson. Representantes da própria Parmalat partiram para o ataque. José Carlos Brunoro acusou: "Fomos vítimas do esquema Telê Santana, que tem todos os árbitros a seu favor. A situação está muito suja. Às vezes, passamos por bobos, chega de ser[mos] omissos e burros. A culpa foi do juiz".[207]

Os palmeirenses justificavam o descontrole emocional dos jogadores em campo em razão de a arbitragem estar, supostamente, contra eles. Desconsideravam, porém, a entrada violenta de César Sampaio sobre Müller, no segundo tempo, que deveria ter valido o cartão vermelho ao volante, por exemplo.

Enfim, tudo provocação e jogo de cena, a famigerada pressão para cima dos árbitros, Comitê de Arbitragem e Federação – curiosamente, a mesma questão da qual acusavam Telê e pela qual o técnico são-paulino ainda seria julgado, justamente na segunda-feira, dia 19.

O técnico são-paulino chegou à tarde na sede da Federação Paulista, na Avenida Brigadeiro Luís Antônio, onde seria julgado pelo ocorrido no jogo contra a Ponte Preta. Ele havia sido enquadrado no artigo 337 do Código Disciplinar do Tribunal de Justiça Desportiva da Federação Paulista de Futebol: "Dar ou transmitir instruções a atletas, durante a partida e/ou assumir, em praça de desportos, atitude inconveniente ou contrária à disciplina ou à moral esportiva". A pena, em caso de condenação, variava entre multa pecuniária ou suspensão de 30 a 60 dias.

O advogado são-paulino, José Carlos Ferreira Alves, não apenas defendeu Telê como acusou Ulisses Tavares – árbitro da partida contra a Ponte Preta – de adulteração da Súmula que levava o técnico são-paulino àquela audiência. Uma semana antes, já havia apresentado o argumento: "Está claro que o relatório do árbitro é mentiroso e forjado. O senhor Ulisses chegou a cometer os mesmíssimos erros de português dos seus auxiliares na hora de escrever as ofensas que Zetti, Moraci e Telê teriam feito ao final da partida contra a Ponte Preta. Tudo

> **Enfim, tudo provocação e jogo de cena, a famigerada pressão para cima dos árbitros, Comitê de Arbitragem e Federação – curiosamente, a mesma questão da qual acusavam Telê e pela qual o técnico são-paulino ainda seria julgado, justamente na segunda-feira, dia 19.**

[206 e 207] FSP e JT, 19/4.

não passou de armação para prejudicar o São Paulo".[208] No julgamento, foi além, afirmando ainda que o relatório do árbitro foi entregue um dia depois do prazo legal, mostrando-se assim negligente, além de mentiroso.

Na sequência, o técnico são-paulino proferiu sua declaração, reforçando que nada havia feito para merecer ali estar, e pregando pela melhoria do nível de arbitragem do futebol brasileiro. Ele enumerou erros e mais erros ocorridos não somente em partidas do São Paulo. Por fim, concluiu: "Agora vou continuar normalmente com o meu trabalho e quero fazer o possível para não voltar mais aqui. Ninguém quer vir a um Tribunal, muito menos eu".[209]

Após as deliberações dos juízes-auditores Bento da Cunha, Naief Saad Neto (palmeirense) e Antônio Jurado Luque (corintiano), Telê Santana foi absolvido das acusações de conduta antiesportiva e incitação à violência. Contudo, foi multado com uma quantia simbólica de 30 Ufir (522.476 cruzeiros no valor do dia) como advertência, por ser ele "um ídolo e formador de opinião". Uma semana depois, no julgamento pela expulsão no jogo contra o Marília, Telê receberá a mesma punição de 30 Ufir.[210]

Ao fim do expediente no TJD, por volta das 20 horas, Telê foi conduzido quase que contra a vontade para um evento paralelo da FPF ("Torcida pela Paz", uma campanha contra a violência nos estádios que contou com Pelé como garoto-propaganda), e ainda teve que topar com Eduardo José Farah, em meio à toda a imprensa. O dirigente da Federação Estadual lhe disse, então: "Não tenho nada contra você. Sempre fomos amigos. É um homem honrado". Constrangido, o técnico apenas respondeu que "temos de fazer tudo pelo futebol".[211]

À noite, para comemorar, Telê foi convidado e compareceu ao bairro Cidade Jardim para a festa do presidente do Tricolor, José Eduardo Mesquita Pimenta, que fazia aniversário naquela data (completava 55 anos). Tomou três doses de uísque e apreciou a bandinha que fora contratada para animar os convivas. "Toquem *Champagne*, do Pepino Di Capri", pediu empolgado. Foi embora perto da meia-noite, mais animado.[212]

UM EMBATE RIO-SÃO PAULO E UM AFASTAMENTO PREVENTIVO

Com mais uma batalha vencida, Telê e o São Paulo se preparavam para outra: o Flamengo, pelas quartas de final da Copa Libertadores, no dia 21 de abril. Antes, porém, o Expressinho promoveria uma excursão inédita na história do clube: para o Acre, onde enfrentaria o Campeão local, o Rio Branco, pela Copa do Brasil.

Depois de seis horas de voo e um calor de 33 graus, o time C são-paulino não resistiu aos donos da casa e perdeu por 1 a 0 no estádio José de Melo. Para avançar na competição nacional, os garotos do Morumbi teriam que reverter a desvantagem em casa, dali a uma semana.

Já o confronto da competição internacional esteve ameaçado de ser adiado,

> Após as deliberações dos juízes-auditores, Telê Santana foi absolvido das acusações de conduta antiesportiva e incitação à violência. Contudo, foi multado com uma quantia simbólica de 30 Ufir (522.476 cruzeiros no valor do dia) como advertência, por ser ele "um ídolo e formador de opinião".

[208] JT, 13/4;
[209] DP, 20/4;
[210] FT, 27/4;
[211] FSP, 20/4;
[212] OESP, 21/4.

pois, na quarta-feira, dia 21, ocorreria o plebiscito nacional sobre a forma de governo do Brasil – algo pendente desde a Proclamação da República, em 1889. Os cidadãos brasileiros teriam que escolher se a nação seria uma república presidencialista, uma república parlamentarista ou uma monarquia constitucional.

A Superintendência dos Estádios Estaduais do Rio de Janeiro (SUDERJ), receosa com as questões de segurança que um jogo daquela proporção poderia ter em meio a um evento político de primeira grandeza, havia pedido o adiamento do jogo, mas, com garantias da Polícia Militar do Rio de Janeiro, o embate foi mantido na data original – até mesmo porque dificilmente haveria outra data para a realização da primeira partida, pois o Tricolor já tinha jogo marcado para sexta-feira (União São João), domingo (Santos) e terça-feira (Rio Branco), antes do jogo da volta, no Morumbi, contra o Flamengo, na quarta-feira seguinte

No meio desta pequena polêmica, quando questionado sobre o que deveria prevalecer, o futebol ou a política, Telê não teve dúvidas: "O futebol é muito mais importante". Afirmou, ainda, que votaria na república e no parlamentarismo. "Não gosto de alguns políticos que defendem o presidencialismo", justificou.[213]

Entre os jogadores, o tema dividia opiniões. Zetti, Müller e Palhinha eram presidencialistas; Ronaldão, Pintado e Raí, parlamentaristas; Vítor, Cafu e Cerezo ainda não haviam se decidido, ou se decidiriam algo.

No fim, venceu a república presidencialista e ninguém mais se lembrou de nada disso, tudo o que importava era a noite da Libertadores. Flamengo e São Paulo seriam um confronto eletrizante não somente por se tratar do encontro do Campeão Brasileiro com o Campeão Mundial em uma competição internacional, mas também por reavivar antigas rivalidades, em especial, o duelo dos goleiros Zetti e Gilmar, assim como o caso Telê Santana x Renato Gaúcho.

Arqueiros costumeiramente chamados à Seleção Brasileira, Zetti e Gilmar não se bicavam desde 1990, quando ambos se encontravam no Tricolor e disputavam a vaga de titular da meta são-paulina. A disputa ficou ríspida ao ponto de haver troca de farpas em programas de televisão. No fim, Zetti levou a melhor e Gilmar, mesmo com o título de Campeão Brasileiro de 1986 no currículo, transferiu-se para o Flamengo.

Gilmar culpava, por esta escolha, o preparador de goleiros do São Paulo, Valdir de Moraes, que já possuía um histórico negativo com o jogador desde os preparativos para a Copa do Mundo de 1986, quando o atleta foi cortado da lista final de inscritos, na visão deste, por influência de Moraes.

A Copa do Mundo de 1986, justamente, era o motivo do clima acirrado entre Telê Santana e Renato Gaúcho. O atacante havia sido o titular do técnico na Seleção durante a Eliminatória da Copa, mas, certa vez, após um dia de folga, Gaúcho e Leandro foram para concentração bêbados e fora do horário combinado. Foram cortados e ficaram de fora do Mundial. Renato guardou mágoa e jurou sempre derrotar Telê aonde fosse. Bom, no fim, no dia 21 de abril, o atacante

> Pelas quartas de final da Copa Libertadores, o Flamengo parecia muito confiante para a disputa, tanto que criara uma grande campanha promocional para o comparecimento da torcida ao Maracanã, com direito a sorteios de prêmios durante o jogo. Entre as prendas, passagens para Tóquio em dezembro – alusão clara à conquista da Copa Libertadores e participação no Mundial de Clubes, no fim do ano.

[213] DP, 19/4.

> Na noite do feriado de Tiradentes, 60 mil torcedores presenciaram um *show* de bola, mas, para desgosto dos locais, o espetáculo foi do Tricolor, que dominou a partida em quase todo o tempo e, mais do que isso, criou várias chances de gol. A questão foi esta: muitas chances e pouco gol.

flamenguista, em recuperação de uma operação no joelho, nem compareceu ao jogo, apesar das bravatas de véspera.

O Flamengo, por sinal, parecia muito confiante para a disputa, tanto que criara uma grande campanha promocional para o comparecimento da torcida ao Maracanã. Foram vendidos antecipadamente 30 mil ingressos pela metade do preço e com direito a sorteios de prêmios durante o jogo. Entre as prendas, inclusive, havia passagens para Tóquio em dezembro – alusão clara à conquista da Copa Libertadores e à participação no Mundial de Clubes, no fim do ano.[214]

Os flamenguistas estavam, de fato, muito confiantes, e provocativos. O goleiro Gilmar garantia a vitória: "Eu conheço o São Paulo. Eles vão tremer, ficar nervosos com a torcida gritando e nós vamos faturar. Acontecendo isso, no Morumbi eles vão ficar mais nervosos ainda se não marcarem em 20 minutos". A declaração do jogador parecia algo de caso pensado, como se quisesse causar uma reação desmedida dos tricolores.[215]

Experiente na competição, Raí ponderava que o São Paulo não poderia cair na pilha do adversário e que teria que mudar seu tradicional modelo de jogo em um confronto desse tipo no Maracanã, por causa das dimensões do gramado, do clima da torcida e do arranjo do torneio.

O Tricolor, a mando de Telê, sempre tentava resolver qualquer partida nos primeiros trinta minutos. No maior estádio do Brasil, em jogo de mata-mata, isso poderia ser uma armadilha: "O primeiro reflexo é o jogador correr sem parar, como se essa fosse a melhor solução, mas não é. A nossa vantagem é que o jogo

[214 e 215] FSP, 21/4.

de volta será em São Paulo. Assim, a inquietação maior é do Flamengo. Nós sabemos muito bem o que é isso. Na última Libertadores, tivemos de enfrentar o Criciúma e o Barcelona em circunstâncias idênticas e sabemos o que nos custou. Precisamos controlar os nossos impulsos, aquela vontade de sufocar o adversário assim que a partida começa".[216]

O histórico recente do clube no maior estádio do Brasil justificava a prudência: desde 1987 (no 2 a 1 contra o Vasco pelo Brasileirão, no dia 15 de novembro), o São Paulo não vencia no Maracanã. Desde então, foram cinco jogos, com quatro derrotas e apenas um empate.

Na noite do feriado de Tiradentes, 60 mil torcedores presenciaram um show de bola, mas, para desgosto dos locais, o espetáculo foi do Tricolor, que dominou a partida em quase todo o tempo de jogo e, mais do que isso, criou várias chances de gol. A questão foi esta: muitas chances e pouco gol. No primeiro tempo, o goleiro Gilmar salvou o time da casa em lances claros de Cafu e Palhinha.

Foi só aos 42 minutos que Cafu visualizou Palhinha infiltrando-se na defesa flamenguista e, com um passe rasteiro em profundidade perfeito, deixou o meia-atacante livre na entrada da área. O craque apenas deu um toque sutil, por baixo da bola, que encobriu o confiante Gilmar e estufou as redes perto da quina do travessão: um fantástico golaço, de extrema categoria!

No segundo tempo, porém, o São Paulo vacilou em um ataque, aos seis minutos, e perdeu a bola, que chegou ao veterano Júnior. Este lançou a Nélio entre os zagueiros Válber e Gilmar. O atacante bateu na saída do goleiro Zetti e empatou a partida.

Pouco depois, em lance similar, o mesmo Nélio quase virou o jogo para os rubro-negros, mas Zetti, dessa vez, fez uma grande defesa com a mão esquerda. Uidemar, alguns minutos depois, perdeu um gol sozinho, livre, chutando por cima. O Maracanã, inflamado, parecia demonstrar que o Tricolor não resistiria ao Flamengo.

Com mudanças táticas e a entrada de Catê no lugar de Palhinha – assim como pelo fato de o lateral Josecler, do Flamengo, ter se contundido aos 25 minutos, após todas as substituições da equipe rubro-negra terem sido executadas, passando o atleta a apenas figurar em campo –, o São Paulo soube esfriar o jogo e, mais do que isso, passou a ser ele a perder chances de ficar à frente no marcador. Primeiro com Cafu, em cruzamento de Raí (o lateral sem querer agiu como zagueiro, afastando a bola da meta); depois com Müller, em chute forte de longe e outro à queima-roupa, defendido por Gilmar.

A oportunidade mais incrível, todavia, foi construída aos 35 minutos por Raí, que avançou pelo meio, dividiu com o goleiro e, ao invés de tocar para o gol de canhota, não foi egoísta e passou de direita para Catê, que chegava livre mais atrás. O atacante bateu forte e a bola subiu demais, por cima do travessão.

O time martelou a defesa rubro-negro até o árbitro Manoel Serapião Filho

> O São Paulo voltou do Rio de Janeiro com um empate por 1 a 1. Em termos de Copa Libertadores, de um embate fora de casa, foi um ótimo resultado, mas o treinador do Tricolor não ficou satisfeito. "É preciso fazer um exame de consciência. Foi o jogo mais fácil dos últimos tempos. Não gostei do empate. Pelo domínio, enfim, por tudo, tínhamos de ter ganho este jogo."

[216] JT, 21/4.

> Quem não entrasse em campo contra o União passaria a véspera em um forte treino de finalizações. O que mais se ouviu ali foram frases como: "Assim não, Palhinha, bate mais embaixo da bola"; "Pelo amor de Deus, Vítor, é jeito, tem hora que não é força"; "Aí não, Raí, é questão de capricho"; "Pô, Pintado, você pensa que está em Bragança ainda?". Claro, todas proferidas por Telê Santana a seus pupilos.

apitar o fim do jogo. O São Paulo voltou do Rio de Janeiro com um empate por 1 a 1. Em termos de Copa Libertadores, um embate fora de casa foi um ótimo resultado, mas o treinador do Tricolor não ficou satisfeito. "É preciso fazer um exame de consciência. Foi o jogo mais fácil dos últimos tempos. Não gostei do empate. Pelo domínio, enfim, por tudo, tínhamos de ter ganho este jogo".

De fato, um gol como o perdido por Catê no segundo tempo poderia selar o destino do time na competição sul-americana. Era preciso muito mais cuidado e atenção para não deixar uma vitória escapar. Cabisbaixo, o atacante assumiu a falha: "Acho que na hora eu me precipitei um pouco. Realmente é um gol que não se pode perder".

"Até aquele garoto perneta que faz embaixadas nos intervalos dos jogos faria o gol que o Catê perdeu", ironizou o ainda chateado Telê, referindo-se ao malabarista Dindo, famoso à época pelas peripécias do gênero.[217]

Com a cabeça mais fria, mas ainda ressabiado, o técnico encontrou uma justificativa para a falta de pontaria dos tricolores: "Não tem explicação. Talvez pelo fato de não estarmos podendo treinar finalizações por causa dessa sequência absurda de partidas. Mas para alguns gols perdidos nem isso serve de desculpa", concluiu.

Um pouco aflito com o resultado no Rio de Janeiro, o treinador hesitou em como formar o time para o jogo contra o União São João, na terça-feira, dia 23 de abril. Apenas um ponto atrás do líder do Paulistão, e em busca do ponto extra de bonificação na fase seguinte do torneio, a vitória poderia ser importante para as pretensões futuras do Tricampeonato Estadual.

Mas, como dali a dois dias o Tricolor teria o San-São pela frente, o técnico preferiu entrar em campo com o elenco do Expressinho: dos escalados, apenas Zetti estava entre os garantidos com a titularidade em tempos recentes.

Quem não entrasse em campo contra o União passaria a véspera em um forte treino de finalizações. O que mais se ouviu ali foram frases como: "Assim não, Palhinha, bate mais embaixo da bola"; "Pelo amor de Deus, Vítor, é jeito, tem hora que não é força"; "Aí não, Raí, é questão de capricho"; "Pô, Pintado, você pensa que está em Bragança ainda?". Claro, todas proferidas por Telê Santana a seus pupilos.[218]

Luís Pires, presidente do Belenenses, de Portugal, que visitava o CT da Barra Funda, espantou-se: "Puxa, nunca [vi] em minha vida um time treinar tantos chutes a gol. Parece até castigo". Talvez fosse, mas ajudaria.

No Morumbi, abrindo o placar com o questionado Catê, logo aos quatro minutos do primeiro tempo, o São Paulo deu a entender que alcançaria a vitória de maneira razoavelmente tranquila, mas os garotos apresentaram uma partida inconsistente, que foi castigada com o gol de empate de Glauco, aos oito minutos da etapa final, após uma bola mal rebatida por Murilo.

O resultado deixou o Tricolor a dois pontos do Palmeiras (34 a 36, respectivamente) e Telê deu de ombros: "Tivemos de improvisar a equipe e acho que por isso

[217] DP, 23/4;
[218] AGE, 24/4.

não podemos exigir tanto". O que mais incomodava a cúpula são-paulina, ali, era saber que o clássico contra o Santos fora marcado para ser realizado na Vila Belmiro mesmo – o que era o natural, haja vista que o mando era da equipe praiana.[219]

"A desculpa de que o Santos fez prevalecer seu mando para ter a vantagem de jogar em casa é uma besteira", pontuou o diretor Fernando Casal de Rey, finalizando: "Num gramado naquelas condições, time nenhum leva qualquer vantagem".[220]

Mas enfim, o Santos estava no direito dele, inclusive no de rejeitar uma renda maior proporcionada pelo Morumbi – embora os jogos contra Palmeiras e Corinthians não tenham ocorrido lá e o equilíbrio do Campeonato possa ter sido comprometido sob esse aspecto.

Telê, porém, não se conformava. Tanto é que buscou o Regulamento do Campeonato Paulista e encontrou um artigo que autorizava a Federação Paulista de Futebol a mudar o local de jogo em caso da praça de esportes não ter condições razoáveis para a disputa: "No artigo 6º do anexo 1º do Regulamento diz que se algum time não concordar em jogar em um determinado lugar, por falta de segurança, instalações precárias, etc., caberia à Federação Paulista de Futebol designar outro local de jogo".

Cabe deixar claro que o que revoltava o técnico são-paulino não era o Santos exercer o direito dele, mas sim a Federação ser conivente com uma estrutura precária para o bom futebol – e de fato, o gramado do Estádio Urbano Caldeira, naquela época, era lamentável – podendo ela, a Federação, mudar o local da partida para o Pacaembu, ou para qual estádio fosse... E essa situação vinha de longe, há anos o técnico reclamava do relaxo que era aquele campo: "No ano passado, até o Juventus não precisou jogar em Santos, só o nosso time", lamentava Telê.[221]

Obviamente, o elenco inteiro do Tricolor concordava com o mestre: "É quase impossível tocar a bola na Vila, porque o gramado de lá fica duro quando o sol é quente e vira um lamaçal quando chove. Não tem meio-termo", afirmou o meia-atacante Palhinha.[222]

Sabendo que não poderia controlar a língua na frente da imprensa e dos delegados da Federação Paulista em Santos – nem as possíveis represálias que as reclamações poderiam causar –, Telê conversou com os cardeais tricolores e solicitou algo muito peculiar, bem raro: a dispensa do comando técnico do time naquela partida, como forma de protesto. Mesquita Pimenta aceitou e decidiu liberá-lo. Para a imprensa, afirmou, junto aos diretores, que a ideia partira dele e/ou da cúpula tricolor (conforme a fonte). De toda forma, o time ficaria sob o comando do auxiliar e preparador de goleiros Valdir Joaquim de Moraes.[223]

No dia 25 de abril, a Vila Belmiro lotou (18.800 torcedores) e, se por um lado, o Santos não teria Axel e Cuca; o Tricolor não contaria com Raí, que também solicitara a dispensa da partida para "curar de vez" a fratura na mão direita, e ficar 100% para o jogo da volta da Copa Libertadores contra o Flamengo. Ao lugar do craque, foi promovido o jovem Douglas, de 19 anos, que foi para o setor de criação do time

> "A desculpa de que o Santos fez prevalecer seu mando para ter a vantagem de jogar em casa é uma besteira", pontuou o diretor Fernando Casal de Rey, finalizando: "Num gramado naquelas condições, time nenhum leva qualquer vantagem". "No ano passado, até o Juventus não precisou jogar em Santos, só o nosso time", lamentava Telê.

[219] DP, 24/4;
[220] FT, 24/4;
[221] NP, 24/4;
[222] AGE, 24/4;
[223] AGE, 26/4.

> Na terça, dia 27, Telê Santana embarcou para Brasília onde foi recebido no Palácio do Itamaraty pelo chanceler Fernando Henrique Cardoso e pelo presidente do Brasil, Itamar Franco, onde foi condecorado com a comenda da Ordem do Rio Branco em honra ao trabalho desenvolvido durante toda a carreira pela imagem do futebol brasileiro no cenário internacional.

e chamou a atenção de Telê pelos dois gols marcados no coletivo pré-jogo.

Douglas, contudo, nunca havia sequer atuado pela equipe de aspirantes do Tricolor. Assim, desfalcado tanto em campo quanto no banco de reservas, o São Paulo foi superado pela equipe santista, que venceu por 1 a 0, já no derradeiro fim do confronto, com um gol marcado por Ranielli, aos 38 minutos.

Questionado se a ausência de treinador prejudicou o time, Cafu respondera que "claro, ele é o técnico, mas é a gente que tem que jogar dentro de campo. Demos azar naquele lance e o Santos marcou o gol". Já o interino Valdir de Moraes considerou o resultado até justo, mas que pelo que a equipe jogara no segundo tempo, mereceria melhor sorte. Também deixou claro que foi Telê quem relacionou e armou o time para o jogo e que para ele não foi problema algum assumir a função, afinal não foi a primeira vez.[224]

Atestando toda a verdade proclamada pelo técnico do Tricolor sobre as condições estruturais da Vila Belmiro, é preciso mencionar que a delegação são-paulina foi recebida no estádio com sacos plásticos cheios de urina. Na entrada ao gramado, Müller recebeu uma cusparada e, durante todo o jogo, o goleiro Zetti foi alvo de chinelos, copos de urina, rolos de papel higiênico e toda a sorte de coisas que foram atiradas contra o goleiro pela torcida santista.[225]

A classificação do Paulistão, após essa rodada, ficou um pouco mais embolada e complicada para o São Paulo: o Palmeiras disparou na liderança, com 38 pontos; Tricolor e Santos vinham logo atrás, empatados com 34 pontos; e completavam os seis primeiros postos que se classificariam à próxima fase o Corinthians, o União São João e o Mogi Mirim, todos com 32 pontos.

COMENDADOR NO COMANDO E VAGA NA SEMIFINAL

Descansado, após passar o domingo com a família na Fazenda Santana, em Posse, distrito de Areal, no interior do Rio de Janeiro, Telê voltou ao batente para preparar o time para o tão esperado confronto contra o Flamengo.

Na terça-feira (27), porém, o técnico embarcou para Brasília, onde foi recebido no Palácio do Itamaraty pelo chanceler Fernando Henrique Cardoso e pelo presidente do Brasil, Itamar Franco. Telê fora para a cerimônia oficial dos formandos do Instituto Rio Branco (espécie de escola para futuros diplomatas), quando foi condecorado com a Comenda da Ordem do Rio Branco, em honra ao trabalho desenvolvido durante toda a carreira pela imagem do futebol brasileiro no cenário internacional.[226]

"É uma honra para mim. Não é qualquer um que recebe tal homenagem. Fico feliz por isso, principalmente neste momento que tem muita gente querendo me derrubar", afirmou o treinador, que a partir desta data poderia ser chamado também de Comendador Telê Santana.[227]

O treinador teve companhia do medalhista de ouro nos Jogos Olímpicos de

[224] AGE, 26/4;
[225] FT, 26/4;
[226] FT, 26/4; DP, 28/4;
[227] AGE, 27/4.

1992, o judoca Rogério Sampaio. Por fim, a condecoração de Telê foi uma das últimas ações de Fernando Henrique Cardoso como Ministro das Relações Exteriores do Brasil, pois em maio de 1993 ele trocaria de pasta, assumindo o Ministério da Fazenda, onde, implementaria, pouco depois, o Plano Real.[228]

Enquanto isso, no mesmo dia, o Expressinho, que precisava vencer o Rio Branco, do Acre, por dois gols de diferença no jogo da volta, no Morumbi, conseguiu alcançar justamente esse saldo. Com gols de Cláudio Moura (duas vezes) e Vaguinho, o time chegou a abrir 3 a 0, mas o time visitante – que pela primeira vez jogou na casa do Tricolor – diminuiu o placar para 3 a 1.

Avançar em duas séries eliminatórias em um torneio nacional profissional foi um grande feito para um time basicamente formado pela categoria de base (contra o Rio Branco, apenas o goleiro Gilberto, o lateral-esquerdo Marcos Adriano e os meias Suélio e Carlos Alberto não se enquadravam nesse critério). Nas quartas de final da competição, em maio, o Expressinho enfrentaria o Cruzeiro.

Se a maratona de jogos do time principal era constantemente citada e até os dias de hoje relembrada, a rotina estafante de partidas do time aspirante é praticamente esquecida. Pois, além dos jogos da Copa do Brasil, da categoria principal, o Expressinho também disputava os jogos dos torneios da base.

Em abril, por exemplo, no dia 13, o Expressinho enfrentou o Sergipe, pela Copa do Brasil; nos dias 16 e 18, jogou contra o Ituano, em Itu, e o Palmeiras, no Morumbi, pelo Paulista de Aspirantes; no dia 20, esteve no Acre para o confronto contra o Rio Branco; e, três dias depois, em Araras, para a partida contra o União São João, pelo Paulistão profissional. E 48 horas depois, desceram a Serra para o jogo preliminar contra o Santos, válido pelo Campeonato de Aspirantes. Mais dois dias, e estavam de volta ao Morumbi para eliminar o Rio Branco da Copa do Brasil.

Ou seja, sete jogos em 14 dias! Logo, aqueles jogadores que poderiam aliviar o desgaste gerado pela quantidade de jogos do time principal, também já estavam, àquela altura, saturados. "Eles são jovens e a sequência de jogos é uma oportunidade para eles aparecerem. Por isso não há reclamação", explicou o técnico Márcio Araújo.[229]

A única reclamação ficava a cargo do departamento financeiro: a renda bruta obtida no jogo, cerca de 43 milhões de cruzeiros, não cobriu o que o clube gastou com energia elétrica para a iluminação do estádio, naquela noite – algo por volta de 60 milhões de cruzeiros.[230]

Afinal, apenas 840 guerreiros compareceram às arquibancadas do Morumbi para o jogo da molecada. A torcida estava ansiosa mesmo era para a batalha contra o Flamengo, na noite seguinte. A previsão da diretoria era de um público na casa das 80 mil pessoas e os ingressos estavam sendo vendidos a 20 mil cruzeiros a geral, 50 mil cruzeiros a arquibancada, 150 mil cruzeiros a numerada inferior e 200 mil cruzeiros a numerada superior.

> "É uma honra para mim. Não é qualquer um que recebe tal homenagem. Fico feliz por isso, principalmente neste momento que tem muita gente querendo me derrubar", afirmou o treinador, que a partir desta data poderia ser chamado também de Comendador Telê Santana.

[228] FSP, 28/4;
[229] NP, 27/4;
[230] JT, 28/4.

> **Para vários ali, o jogo realmente era uma espécie de final antecipada: "É porque o futebol brasileiro está em um nível superior. Tanto que o São Paulo venceu a última Libertadores, o Cruzeiro venceu a Supercopa e o Atlético levou a Conmebol. Se passarmos pelo Flamengo, ficamos realmente perto do bicampeonato".**
>
> Ronaldo Luís

Devido à demanda, a CTMC ampliara o número de ônibus gratuitos que partiriam e voltariam à Avenida Tiradentes: 50 na ida, 100 na volta.

Não apenas os torcedores viviam dias de muita expectativa, os próprios jogadores sentiam esses momentos de tensão antes da decisão. Tanto é que os próprios atletas solicitaram passar as três noites anteriores à partida em regime de concentração no Centro de Treinamento. Somente após os treinamentos, e com recomendação de regresso até às 17h30, é que os jogadores foram liberados para visitar a família e cuidar da vida.

"Este é um momento em que devemos nos doar um pouco mais. É [um] jogo que pode significar muito para nós em termos de futuro. Se ganharmos, vamos ter a chance de continuar na Libertadores. Eu, particularmente, estou encarando esta partida como se fosse a decisão de um título", comentou o volante Dinho.

Para vários ali, o jogo realmente era uma espécie de final antecipada: "É porque o futebol brasileiro está em um nível superior. Tanto que o São Paulo venceu a última Libertadores, o Cruzeiro venceu a Supercopa e o Atlético levou a Conmebol. Se passarmos pelo Flamengo, ficamos realmente perto do Bicampeonato", resumiu o lateral-esquerdo Ronaldo Luís.[231]

E mesmo os jogadores machucados ou em recuperação física, como Ronaldão, Lula e Cerezo, marcaram presença na concentração. "Eles estão sempre com a gente. Acho isso importante nestas ocasiões. No caso do Cerezo, principalmente, que é experiente, qualquer coisa que ele fala é recebido com carinho pelo grupo", ressaltou o capitão Raí.[232]

Cerezo estava fora do time há quase duas semanas. O meia fizera uma artroscopia no joelho, no dia 15 de abril, no Hospital São Lucas, em Belo Horizonte, com o médico Neylor Lasmar. "Eu tinha uma lesão antiga e depois que jogava o joelho ficava inchado. As dores aumentaram e decidi fazer a cirurgia", comentou o meio-campista, que levaria ainda algum tempo para voltar aos campos: a previsão era de até 50 dias.[233]

Mesmo com jogos disputados dia sim, dia não, a aposta dos são-paulinos estava, além de na parte técnica e tática, no fôlego da equipe, como se viu durante o segundo tempo no Rio de Janeiro. A média do limiar anaeróbico do time alcançara 15,08 km/h de março para abril, contra 12,8 km/h do teste anterior, no começo da temporada, uma melhora de 17,8%. E ainda que a taxa tenha caído pelo desgaste do último mês, tudo indicava que os tricolores estavam "na ponta dos cascos".[234]

"Queremos o gol logo no início. Eles terão de correr o dobro. Quero ver se aguentarão", vangloriou-se Válber.[235]

Pelo outro lado, o Flamengo tinha a esperança de realizar uma ótima partida, como a que ocorrera no fim de semana anterior, quando virou o clássico contra o Fluminense, após estar perdendo por 2 a 0. Ou seja, os flamenguistas vinham motivados, ainda que sem Renato Gaúcho, que não se recuperaria a tempo.

[231] NP, 28/4;
[232] GE, 28/4;
[233] JT, 16/4;
[234] FSP, 4/4;
[235] JT, 28/4.

A GAZETA esportiva

São Paulo, quinta-feira, 29-4-1993 — Página 7

TAÇA LIBERTADORES

Ao derrotar o Flamengo garantiu a vaga para a semifinal e joga quarta-feira no Paraguai.

São Paulo, impossível

NO SEGUNDO TEMPO, O ATAQUE DO SÃO PAULO ESTEVE ARRASADOR, PROVOCANDO TOTAL DESESPERO NA DEFESA DO FLAMENGO.

O Tricolor, com a classificação em mãos, e sobrando fisicamente em campo, passou a desperdiçar algumas oportunidades, principalmente com Cafu e Müller, imparáveis. Também passaram a instigar gritos de olé dos quase 98 mil torcedores presentes no Morumbi.

O jogo, como se esperava, foi dominado pelos tricolores desde o primeiro minuto, com muito toque de bola rápido, em lances de velocidade, obrigando o arqueiro rival a executar boas defesas. Aos 18 minutos, Dinho cobrou uma falta que acertou a quina da trave esquerda do goleiro.

Não tardou muito e o São Paulo conseguiu furar a defesa visitante. Aos 24 minutos, Palhinha passou em profundidade para Müller, que girou de costas, e enganou o marcador Júnior Baiano. Na área, o atacante ainda driblou, de uma só vez, o zagueiro Gottardo e goleiro Gilmar antes de tocar de canhota, e rasteiro, para o fundo do gol: 1 a 0!

Com a vantagem no placar, o Tricolor jogou com inteligência e o Flamengo se viu forçado a atacar mais e deixar mais espaço para os contra-ataques dos velozes donos da casa. Em um desses lances, Cafu disparou e só foi parado por uma entrada violenta e por trás de Marcelinho, vulgo Carioca, que deveria ter sido expulso pelo árbitro Renato Marsiglia, mas não foi. O mesmo destino poderia ter tido Gaúcho, que agredira um gandula enquanto se endereçava ao vestiário.

No segundo tempo, com Djalminha no lugar de Uidemar no time rubro-negro, o cenário se manteve nos primeiros minutos, e Vítor chegou a salvar uma bola de Nélio em cima da linha, com Zetti já vencido no lance. Todavia, o tempo passou e, de fato, os cariocas cansaram antes da hora: os são-paulinos passaram a dominar completamente a partida. Só restava aos visitantes abusar das faltas – e contar com um juiz que se mantinha econômico na distribuição de cartões.

Aos 23 minutos, nem obstrução atrapalhou: em jogada para lá de manjada, Vítor e Cafu partiram velozes pela direita. O lateral avançou até perto da linha de fundo e cruzou para o ponta, já dentro da área, só tocar de chapa e mandar a bola diretamente para as redes: 2 a 0 para o São Paulo!

O time do Rio de Janeiro ainda teve uma chance com Gaúcho, sozinho e de frente para o gol, mas Zetti fez excelente defesa com os pés, desviando a bola por cima do travessão.

O Tricolor, com a classificação em mãos, e sobrando fisicamente em campo, passou a desperdiçar algumas oportunidades, principalmente com Cafu e Müller, imparáveis, mas que já estavam mais interessados em conter o jogo no campo ofensivo, sem concluir, de fato, os lances de perigo. Também passaram a instigar gritos de olé dos quase 98 mil torcedores presentes no Morumbi.

E a reação não tardou, o nervoso Junior Baiano desferiu uma forte cotovelada no rosto de Gilmar. Fora do lance, o árbitro nada viu e nada deu – não houve nem cartão amarelo. No minuto final, Gaúcho ainda fez um gol, invalidado pela arbitragem: o atacante carioca usou a mão direita para desviar a bola para a meta tricolor, em lance captado pelas câmeras de TV.

Um dos grandes nomes do jogo, Müller explicou a naturalidade do primeiro gol: "Eu e o Palhinha nos conhecemos tanto que tabelamos mesmo sem olhar". Raí, que ainda atuou com uma proteção na mão, adotou como discurso o incipiente "espírito de Libertadores", valorizando o comparecimento da torcida, que, em peso, encheu o Morumbi e encontrou dificuldades para entrar no estádio.

Muitos não conseguiram fazer valer o ingresso e desistiram da empreitada. Posteriormente, seriam ressarcidos pelo clube, pois a diretoria reconhecera que foram postos à venda 107 mil ingressos, mas que a Polícia Militar havia aberto os portões do estádio no segundo tempo e mais de 120 mil pessoas haviam se destinado ao local.[236]

O próprio diretor Márcio Aranha foi um dos que quase perderam o jogo por causa da grande concentração de torcedores nos arredores: "O primeiro tempo eu escutei no rádio do meu carro, do lado de fora do estádio".[237]

Telê aprovara o jogo, somente saíra ressabiado com os gandulas (que, ao final do segundo tempo, retiveram a bola por mais tempo do que o necessário), e com Júnior Baiano. "Gostei do time, foi um grande jogo. Só não pegou bem aquela agressão do Júnior Baiano sobre o Gilmar. Se eu fosse o técnico do Flamengo, ia repreendê-lo. O Júnior Baiano quis tirar o brilho da nossa vitória", afirmou o treinador.

O zagueiro acabaria punido em 20% do salário, embora tivesse tentado se defender, afirmando que passara o jogo todo a ser provocado por Müller, que dizia: "Vem cá, que eu só de 'bicho' ganho o que você recebe num mês inteiro, e atrasado".[238]

Pela vitória, cada jogador seria premiado com um bicho de 3,5 mil dólares (cerca de 140 milhões de cruzeiros), com a promessa de um bicho ainda maior, caso superassem o próximo adversário do Tricolor no torneio, o Cerro Porteño, do Paraguai, que superara o Olimpia em clássico local nos pênaltis (4 a 2), após em-

[236] DP, 30/4;
[237] JT, 29/4; FT, 30/4;
[238] FSP, 29/4; OESP e FT, 30/4.

pates por 1 a 1 e 0 a 0. Nas outras chaves, o América de Cali eliminara o Sporting Cristal, do Peru; e a Universidad Católica despachara o Barcelona, do Equador.[239]

O DESFECHO DO EXPRESSINHO E DA PRIMEIRA FASE DO PAULISTÃO

Mal havia acabado a "decisão", o São Paulo já tinha que se preocupar com o próximo jogo. Dali a dois dias, o time enfrentaria o Mogi Mirim pelo Paulistão, também no Morumbi: "Quem ainda estiver vivo joga", resumiu o treinador, afinal "o cansaço foi enorme contra o Flamengo. Não é fácil jogar dia sim, dia não".[240]

O jogo contra o "Carrossel Caipira", como ali já era conhecida a equipe do interior, comandada pelo técnico Oswaldo Alvarez, o Vadão, era de grande importância para as pretensões do Tricampeonato Estadual São-Paulino. O Tricolor se encontrava com 34 pontos na tabela e o Mogi vinha logo a seguir, com 32. Resignado, Telê se viu obrigado a escalar alguns titulares para a partida – Zetti, Vítor, Gilmar e Válber.

Com um time misto, o São Paulo, que saiu na frente com um gol de Cláudio Moura, aos 15 minutos do primeiro tempo, deixou a vitória escapar por causa de um gol de Rivaldo, aos 28 minutos da etapa final.

O 1 a 1 não agradou ninguém, especialmente o ponta Elivélton, que iniciou a partida no banco de reservas – com a vaga sendo ocupada por Vaguinho –, e se revoltou contra Telê: "Assim não dá". O técnico não deu lá muita bola: "Se ele está insatisfeito, que pare. Há muito que sua fase é ruim". Já havia, naquela época, conversas de que o jogador não era o mesmo desde que levara uma pedrada na cabeça durante um jogo da Seleção Brasileira Pré-Olímpica no estádio Defensores del Chaco, no Paraguai, em 1992.[241]

Com 35 pontos, na terceira colocação do Paulistão (atrás de Palmeiras e Santos), o São Paulo precisaria, então, vencer o Bragantino fora de casa, no dia 2 de maio, para garantir antecipadamente uma vaga à segunda fase do torneio estadual.

Em um cenário realista, frente à maratona de jogos e possíveis desfalques, o Tricolor já havia descartado a briga pelo ponto-extra que o primeiro colocado da primeira fase ganharia na seguinte. A meta, então, era não cair no mesmo grupo do líder, o Palmeiras, e, para isso, o time precisaria terminar em segundo, terceiro ou quarto lugar. Nada inviável.

Assim, com a equipe principal reestabelecida, o São Paulo venceu o Bragantino no estádio Marcelo Stéfani, em Bragança Paulista, por 2 a 1, com gols marcados por Palhinha, no primeiro tempo, e por Müller, no segundo (o time da casa descontou com Marco Aurélio) e garantiu vaga na segunda fase do Campeonato Paulista. Também reassumiu a segunda colocação na fase em disputa do torneio, contando, para isso, com a colaboração do Santos, que chegara a abrir 2 a 0 contra

> **Pela vitória, cada jogador seria premiado com um bicho de 3,5 mil dólares, com a promessa de um bicho ainda maior, caso superassem o próximo adversário do Tricolor no torneio, o Cerro Porteño, do Paraguai.**

[239 e 240] AGE, 30/4;
[241] FSP, 2/5.

> O Cerro Porteño, comandado pelo brasileiro Paulo César Carpegiani, alertava que, na realidade, o time dele jogaria para buscar a vitória, tocando a bola com velocidade e objetividade, para surpreender nos contra-ataques. Gabava-se de nunca ter perdido para o São Paulo como jogador ou treinador, nem para qualquer equipe comandada por Telê Santana.

a Portuguesa, mas acabara sendo fragorosamente derrotado pela Lusa, de Dener, por 4 a 2, resultando em uma chuva de chinelos, sapatos, tijolos, rádios e as pilhas de rádios, "produzida" por parte dos torcedores santistas no Canindé.[242]

Enquanto o time A resolvia sua vida no Paulistão, o Expressinho teria o maior desafio da curta, mas já bem-sucedida, trajetória dessa equipe: enfrentar o Campeão da Supercopa da Libertadores e do Campeonato Mineiro de 1992, o Cruzeiro, no Morumbi, no dia 4 de maio. O confronto seria na véspera da semifinal da Copa Libertadores, contra o Cerro Porteño, também no Cícero Pompeu de Toledo. Ou seja, obviamente, nenhum titular ou mesmo reserva estaria à disposição do técnico Márcio Araújo para este duelo – exceção apenas do zagueiro Adílson, que voltava de contusão e precisava melhorar a condição física, e foi escalado entre os titulares.

Pouco mais de 2.400 são-paulinos viram o time de base do Tricolor começar bem o jogo, empenhar-se no ataque, e abrir o marcador com Cláudio Moura – sempre ele – aos 23 minutos da etapa inicial. No segundo tempo, logo aos 13 minutos, uma bola no travessão dos donos da casa prenunciou que os garotos tricolores não resistiriam às investidas dos veteranos cruzeirenses.

E não havia como ser diferente: aos 25 minutos, Totó, depois de cobrança de escanteio, empatou o jogo. Como castigo, dois minutos depois, Marco Antônio Boiadeiro, também de cabeça, virou o jogo para os visitantes. A derrota por 2 a 1 forçaria o São Paulo a buscar uma vitória por dois gols de diferença no jogo de volta, em Minas Gerais – o que seria uma grande façanha para um time Júnior.

Para o confronto da semifinal da Copa Libertadores, na quarta-feira, dia 5, o técnico são-paulino armou o time com os mesmos titulares do jogo contra o Flamengo no Morumbi. Foi a primeira vez na competição que foi possível repetir os 11 titulares. Sinal de que o condicionamento físico da equipe estava em dia e que o revezamento técnico realizado em algumas partidas foi positivo.

A bem da verdade, como não havia muito tempo para trabalhos no CT, o que realmente treinava o time eram os próprios jogos, conforme reconheceu Pintado, antes do confronto contra o Cerro Porteño. O volante e a comissão técnica, aliás, estavam mais preocupados com a forte retranca defensiva que o time paraguaio prenunciava para o primeiro embate entre os dois times. "Empate nem pensar. Seria um péssimo resultado", comentou o jogador.[243]

Durante todo o torneio, os paraguaios comandados pelo brasileiro Paulo César Carpegiani haviam sofrido apenas seis gols, em dez partidas realizadas. "Esperamos um adversário fechado na defesa, sem dar espaços do meio-campo para trás. A saída é atacar, da forma como o São Paulo está acostumado a fazer. Precisamos de uma boa vitória aqui, para decidir as coisas lá com mais tranquilidade", afirmou Telê.[244]

Por outro lado, Carpegiani alertava que, na realidade, o time dele jogaria para buscar a vitória, tocando a bola com velocidade e objetividade, para surpreender

[242] FT, 3/5;
[243 e 244] FT, 5/5.

Foto: Ricardo Correa / Placar

Palhinha fez de tudo contra o Cerro, menos o gol, que ficou com o Raí. Uma ótima atuação do meio-campista.

nos contra-ataques. Gabava-se de nunca ter perdido para o São Paulo enquanto jogador ou treinador, nem para qualquer equipe comandada por Telê Santana.

Como dizem, para tudo na vida há uma primeira vez. E, para provar isso, os tricolores começaram o jogo esmagando o adversário no campo de defesa: Cafu, em um chute forte de longe, quase abriu o placar. Pouco depois, aos 11 minutos, Ronaldo Luís cruzou na área e Palhinha cabeceou a bola no travessão. No rebote, Válber obrigou espetacular defesa do goleiro da Seleção Colombiana, Mondragón.

Sem deixar o time visitante respirar, dois minutos depois, Palhinha tentou um passe em profundidade, que foi cortado pela zaga, o mesmo meio-campista recuperou a bola e avançou à área, onde foi derrubado. A bola, porém, acabou sobrando para Raí, livre, girar e mandar para o gol, rasteiro, sem defesa: São Paulo 1 a 0!

Palhinha estava "endiabrado". Aos 27 minutos, o meia incorporou a velocidade de Cafu e disparou em um contra-ataque. Após um pique de uns 40 metros, disputou a bola com o zagueiro no carrinho, ganhou, e passou para Müller, que finalizou nas mãos do goleiro.

Três minutos depois, outra chance incrível: Palhinha recebeu cruzamento na área, ajeitou a bola no peito e bateu de primeira para o gol, sem deixar a pelota cair: a bola passou rente ao pé da trave direita do arqueiro adversário.

Perto do fim do primeiro tempo, Cafu, quase da intermediária, bateu forte e o goleiro quase deixou a bola escapar, sofrendo um "peru". O São Paulo parecia que golearia. Contudo, ficou na aparência. Na segunda etapa, em um chute cruzado de Cafu, aos quatro minutos, quase ampliou o marcador, mas depois disso o time pouco conseguiu adentrar na área adversária e as melhores chances são-

O resultado foi "curto", longe do pretendido, mas também, obviamente, não foi ruim. A decisão ficaria para Assunção e um empate garantiria o São Paulo na final da Copa Libertadores de 1993.

1993 - Parte 1: Campeonato Paulista, Troféus no Chile e Brasil, Copa do Brasil e Copa Libertadores

> Ao fim do jogo contra a Lusa, o técnico são-paulino pôs fim a uma conversa de bastidores que ganhava corpo dia após dia: que o Tricolor estava por contratar o atacante Dener. Dirigentes de ambos os times já haviam dado declarações de que o jogador estava em negociação com o clube. Ao que tudo indicava, o próprio craque queria se transferir para o time do Morumbi.

-paulinas vieram de vários chutes (perigosos) de fora da área.

Já o Cerro, em jogadas criadas basicamente por Arce, chegou a agredir a meta de Zetti, que realizou algumas defesas, mas nada que tivesse assustado os pouco mais de 50 mil são-paulinos presentes no Morumbi. O resultado foi "curto", longe do pretendido, mas também, obviamente, não foi ruim. A decisão ficaria para Assunção e um empate garantiria o São Paulo na final da Copa Libertadores de 1993.

E, para a torcida não perder o costume, 48 horas depois, a casa do Tricolor recebeu mais uma partida do Expressinho, desta vez pelo Campeonato Paulista. Nem mil e quinhentas pessoas viram o Rio Branco vencer o mandante por 1 a 0, com um gol marcado por Mazinho ainda no primeiro tempo. Nesta partida, o time contou com Zetti no gol e alguns reservas na linha, como Adílson e André Luiz.

A boa notícia veio do departamento médico: Ronaldão, após 22 dias afastado por uma contusão na coxa direita, sofrida no jogo contra o Newell's Old Boys no Morumbi, estava liberado para voltar a campo. E ele voltaria, prontamente, para o último jogo da primeira fase do Paulistão, contra a Portuguesa, no Morumbi, no dia 9 de maio.

Neste jogo, que mais pareceu um passeio da equipe são-paulina – que poupara Müller e Palhinha –, a Portuguesa em quase nada ameaçou o dono da casa. Este, por sua vez, só teve o trabalho de aproveitar as poucas chances que criara e, de resto, transformar o jogo em treino, na etapa final. A vitória começou a se desenhar aos 25 minutos de jogo, quando Cafu notou que ninguém estava a fim de marcá-lo, disparando inconteste em direção ao gol até arrematar com um forte chute rasante à esquerda do goleiro. Pouco depois, a Lusa, com Dinei, acertou a trave de Zetti, mas se esqueceu de jogar bola no restante da partida.

Perto do fim da primeira etapa, o São Paulo aumentou o escore depois de um chute de Dinho, que desviou na zaga e sobrou para Vaguinho bater por baixo do arqueiro: 2 a 0. Nos demais 45 minutos, o embate mais pareceu um coletivo. Foi só com a entrada de Jamelli, no lugar de Catê, que o encontro ficou um pouco mais animado. Com justiça, então, o jovem atacante da base marcou o terceiro gol do Tricolor, de peixinho, após cruzamento de Raí – foi o primeiro gol no time profissional do destaque da decisão da Copinha de 1993.

Ao fim do jogo, o técnico Pepe, da Portuguesa, reconheceu que "parecia que o São Paulo tinha 15 jogadores em campo". No outro vestiário, Telê discordou: "Não foi um bom espetáculo. O São Paulo pode mostrar mais do que jogou, mesmo desfalcado".[245]

O técnico são-paulino também pôs fim a uma conversa de bastidores que ganhava corpo dia após dia: que o Tricolor estava por contratar a grande promessa lusitana, o atacante Dener. Dirigentes de ambos os times já haviam dado declarações de que o jogador estava em negociação com o clube, e atletas do São Paulo, inclusive, já haviam participado de um jantar com ele. Ao que tudo indicava,

[245] FT, 10/5.

o próprio craque queria se transferir para o time do Morumbi.

"O Dener é um grande jogador. Qualquer técnico gostaria de trabalhar com ele, desde que mudasse. Dentro de campo ele me interessa, mas fora, precisa melhorar muito. Ele tem condições técnicas excepcionais, mas às vezes exagera. Precisa colocar a cabeça no lugar", afirmou Telê à imprensa. Quase um ano depois dessa situação, o habilidoso jogador da Portuguesa viria a falecer em um acidente de carro, dirigido por um amigo.[246]

De toda maneira, com o resultado, e terminada a fase de classificação do Paulistão, o Tricolor ficou na segunda posição, com 39 pontos, atrás do Palmeiras (com 44 pontos) e empatado com Corinthians e Santos (igualados, também, no número de vitórias, 16), mas à frente destes por apresentar um melhor saldo de gols (29, contra 25 e 14, respectivamente).

Completaram a lista de qualificados para a próxima fase o Guarani (com 36 pontos) e o surpreendente Rio Branco (também com 36), que desbancara o Mogi Mirim do Carrossel Caipira no número de vitórias, 13 a 11. Do grupo B avançaram o Novorizontino e a Ferroviária.

Dessa forma, as chaves da fase semifinal do Paulistão assim foram compreendidas: no grupo 1 estariam Palmeiras (herdeiro de um ponto de bonificação pela melhor campanha), Guarani, Ferroviária e Rio Branco; no grupo 2, jogariam São Paulo, Corinthians, Santos e Novorizontino.

Antes do começo da segunda fase do estadual, entretanto, o Tricolor teria dois outros embates: o primeiro, na terça-feira, 11 de maio, contra o Cruzeiro no Mineirão, pela Copa do Brasil; o segundo, na noite seguinte, o jogo de volta contra o Cerro Porteño, no Defensores del Chaco, pela semifinal da Copa Libertadores da América.

Em Belo Horizonte, o time comandado por Márcio Araújo – e sem reforço algum dos principais atletas do elenco – não fez feio. Saiu atrás do placar duas vezes, e foi atrás do empate nas duas vezes, com Elivélton, aos seis minutos, e Douglas, aos 17, ambos no segundo tempo. O primeiro tento cruzeirense, aliás, foi marcado em nítido impedimento. O resultado de 2 a 2, contudo, selou o destino do time na competição. O São Paulo deixou a Copa do Brasil nas quartas de final.

COM CHUVA E PRESSÃO, A LUTA PELA FINAL NO PARAGUAI

Já em Assunção, depois da delegação chegar em voo fretado da TAM, a meta são-paulina era não sofrer gol algum. O time de Telê, claro, não formaria um ferrolho e jogaria completamente atrás do meio de campo. Porém, não teria aquela sanha ofensiva que era tão característica do time em partidas "normais".

Uma péssima notícia para a conclusão a contento desse plano foi a nova contusão do zagueiro Ronaldo, na coxa, após o último treinamento. Gilmar, ainda no CT, voltara a assumir a condição de titular.

> Já em Assunção, depois da delegação chegar em voo fretado da TAM, a meta são-paulina era não sofrer gol algum. "Não podemos nos esquecer [de] que o empate nos classifica", comentou o volante Pintado. "Se tiver de dar bicão e chegar junto, não tem problema. Não chegaremos à final só jogando bonito. Não temo nenhum jogador no mano a mano. só [temo] pedradas, essas coisas". finalizou.

[246] FT, 10/5.

> **LIBERTADORES**
>
> # Tricolor pega hoje o Cerro na batalha de Assunção
>
> *O São Paulo enfrenta a partir de 22h30 (horário de Brasília), no estádio Defensores Del Chaco, sua maior batalha do ano até agora; empate ou vitória leva o time de Telê à final da Taça Libertadores*
>
> A equipe hoje não terá a obstinação ofensiva que o técnico Telê Santana tanto apregoa. Cafu, Raí e Palhinha vão marcar mais do que habitualmente. Os zagueiros Válber e Ronaldo ou Gilmar (o primeiro voltou a sentir dores na coxa e pode ficar de fora) serão mais discretos na ida ao ataque.
>
> Não será uma retranca tí- remos que marcar mais. Mas quando estivermos com a bola vamos mostrar que eles podem sofrer gol".
>
> Telê voltou a se contradizer sobre a ameaça de tirar o time de campo em caso de violência da torcida. "Quem decide isso é a diretoria". Em seguida, afirmou: "Se houver algo não vou ficar parado, vou livrar a nossa pele. Não por diferença de um gol levará a decisão para os pênaltis. Ontem, 16 jogadores do São Paulo treinaram penalidades
>
> O batalhão de jogadores do São Paulo treinou ontem; hoje eles enfrentam a guerra do Paraguai
>
> **Válber não esquece a praia**
> O carioca Válber é, atual- Ele não foi juvenil ou jú-
>
> **América de Cali e Universidad**

> **Toda cautela e preocupação com o setor defensivo, porém, mostraram-se um pouco exageradas. Durante a maior parte do jogo, o time local pouco pôde fazer frente à melhor qualidade técnica da equipe são-paulina.**

247 e 248 FSP, 12/5;
249 FSP, 13/5.

Uma péssima notícia para a conclusão a contento desse plano foi a nova contusão do zagueiro Ronaldo, na coxa, após o último treinamento. Gilmar, ainda no CT, voltara a assumir a condição de titular. "Não podemos nos esquecer [de] que o empate nos classifica", comentou o volante Pintado. "Se tiver de dar bicão e chegar junto, não tem problema. Não chegaremos à final só jogando bonito. Não temo nenhum jogador no mano a mano. Só [temo] pedradas, essas coisas", finalizou.[247]

"Essas coisas" era justamente o maior receio de Telê Santana, devido ao histórico do Defensores del Chaco em partidas envolvendo brasileiros. Aqui e acolá, por vezes, o técnico afirmou que se ocorresse alguma coisa com a delegação são-paulina no estádio paraguaio, ele poderia retirar o time de campo. Por fim, oficialmente reconheceu que "quem decide isso é a diretoria, mas não vou ficar parado."[248]

Precavida quanto às ocorrências do tipo, a diretoria são-paulina decidira hospedar o time bem longe do centro de Assunção e da massa de torcedores portenha – mais exatamente a 30 quilômetros da capital. Lá, curiosamente, a comissão técnica recebeu de um torcedor do Olimpia – arquirrival do *"Ciclon"* (ciclone), como é apelidado o Cerro – instruções táticas da maneira de como o oponente do Tricolor atuava em casa. "Não é a primeira vez que ocorre isso", contou Telê, "na Argentina recebi até esquemas de jogo por escrito, entregues por torcedores contrários ao nosso adversário".[249]

Ao contrário do ocorrido às vésperas dos jogos contra Newell's Old Boys e Flamengo, dessa vez o elenco tricolor treinou cobranças de pênaltis ao final da preparação. Foi neste ensaio que o mundo veio a conhecer a qualidade técnica das cobranças do zagueiro Válber: dos oito tiros batidos, oito gols, e não apenas isso, todos perfeitamente executados, sem a mínima chance para os goleiros Zetti e Rogério Ceni. "Para dizer a verdade, nunca havia chutado um pênalti em toda a minha vida. Acho que se trata de uma vocação tardia", confessou o defensor.

O goleiro Zetti também se destacou, pegou algumas cobranças e ainda balançou a rede duas vezes. Depois, reuniu-se com Valdir de Moraes, que lhe entregou uma lista com nomes e modos de bater de cada jogador do Cerro Porteño. Observador como em 1992, Valdir esteve, a mando do São Paulo, em várias partidas dos adversários futuros do clube. Do Cerro, ele assistira ao confronto contra o River Plate na capital paraguaia, ainda na primeira fase. A única coisa que o preparador de goleiros não aceitava era que lhe chamassem de espião por isso. "Espião é quem se esconde e eu nunca me escondi de ninguém nestas ocasiões", retrucou.[250]

Toda cautela e preocupação com o setor defensivo, porém, mostraram-se um pouco exageradas – ou, talvez justamente por terem existido, mostraram-se desnecessárias depois das partidas bem-sucedidas. Durante a maior parte do jogo, o time local pouco pôde fazer frente à melhor qualidade técnica da equipe são-paulina.

No 4-4-2, com Pintado de cabeça de área e Dinho mais ao lado, cobrindo as saídas de Vítor pela direita, e com Cafu armando o time pela esquerda, o Tricolor contou apenas com Palhinha e Müller no ataque.

Mesmo assim, nos primeiros 45 minutos, o time criou muitas oportunidades na área adversária, mas falhou nas finalizações, muito devido às condições críticas do gramado, encharcado pela chuva e com poças que lembravam o campo do Serra Morena, da várzea paulistana, na época do Desafio ao Galo.

Em uma dessas chances, Cafu, na ponta esquerda, chegou a driblar o goleiro Mondragón e a cruzar para a pequena área, mas a zaga afastou a bola antes de algum tricolor ter a oportunidade de concretizar em gol.

Na metade final, o Tricolor seguiu na mesma toada e quase encontrou o gol em uma intervenção do zagueiro Capurro, que tentou cortar um lançamento de Palhinha para Raí e quase marcou um golaço contra, de cobertura: a bola passou por centímetros acima do travessão.

Zetti passara a atuar contra a chuva no segundo tempo e a intempérie levou o arqueiro a cometer alguns erros em saídas de bola. Mas foi faltando apenas dois minutos para o fim do jogo que o time visitante levou o maior susto: Arce cobrou escanteio pela direita da defesa são-paulina, Zetti ficou no chão, Chaves cabeceou e Ronaldo Luís salvou o lance debaixo da trave, cabeceando a bola para longe!

Foi com sufoco, um sufoco inesperado, haja vista a atuação da equipe, mas o São Paulo, com o empate em 0 a 0 no Paraguai, classificou-se novamente para uma final de Copa Libertadores: a terceira decisão da competição na história do torneio e a segunda de modo consecutivo. O Tricolor lutaria pelo Bicampeonato!

> O São Paulo, com o empate zero a zero no Paraguai, classificou-se novamente para uma final de Copa Libertadores: a terceira decisão da competição na história do torneio e a segunda de modo consecutivo. O Tricolor lutaria pelo Bicampeonato!

[250] AGE 30/3.

> **Na final, o jogo de ida seria no Morumbi. Ainda que, como Campeão da edição anterior, o São Paulo devesse decidir os jogos de volta da fase eliminatória em casa, ele perdera essa vantagem que impedia que dois clubes de um mesmo país avançassem à semifinal. Ao ser obrigado a enfrentar o Flamengo nas quartas, o Tricolor trocou de lado no chaveamento dos clubes, passando a figurar entre os "visitantes" dos jogos de volta.**

Seria a sétima grande final de campeonato da Era Telê Santana em pouco mais de dois anos e meio (para constar, as seis anteriores: Campeonato Brasileiro de 1990 e 1991, Campeonato Paulista de 1991 e 1992, Copa Libertadores e Mundial de 1992).

O técnico, contudo, reconheceu que o time, em Assunção, não jogou a contento, nem tudo o que poderia, especialmente no setor ofensivo. "O campo pesado e a marcação dos paraguaios acabaram inibindo nosso ataque". Além disso, o comandante se preocupava com o desgaste físico que o charco dos Defensores poderia ter acarretado ao elenco.[251] Telê tinha em mente que não haveria tempo hábil de recuperação de qualquer mínima contusão que pudesse ocorrer com os atletas, afinal, a primeira partida da Copa Libertadores se realizaria em exata uma semana, na noite do dia 19 de maio.

O jogo de ida, aliás, seria no Morumbi. Ainda que, como Campeão da edição anterior, o São Paulo devesse decidir os jogos de volta da fase eliminatória em casa (como previsto no Regulamento), ele perdera essa vantagem por causa de outro artigo do código da competição, que impedia que dois clubes de um mesmo país avançassem à semifinal. Ao ser obrigado a enfrentar o Flamengo nas quartas, o Tricolor trocou de lado no chaveamento dos clubes, passando a figurar entre os "visitantes" dos jogos de volta.

Algo chato, mas, enfim, era o Regulamento e nada havia a ser feito.

E o adversário do Tricolor foi conhecido na mesma noite: em Cali, na Colômbia, o América chegou a ficar à frente no placar, com 2 a 0 contra a Universidad Católica, do Chile. Aos 42 minutos da etapa final, porém, Los Cruzados empataram a partida, o que significava a classificação dos chilenos, que venceram a primeira perna da disputa por 1 a 0.

Antes do apito final, contudo, veio o clímax da disputa. Nos acréscimos, pênalti para o time da casa. Na cobrança, o goleiro Oscar Wirth fez o improvável, defendeu o chute de Alex Escobar e selou a classificação da Católica para a decisão contra o Tricolor.

De volta ao Brasil na manhã de quinta-feira, Telê fez questão de pontuar que o oponente da finalíssima não deveria ser mais como o time que o Tricolor venceu facilmente no começo da temporada, na decisão do Troféu Cidade de Santiago, no Chile, por 3 a 0. "Tudo indica que o time deles evoluiu, pois eliminou fortes concorrentes da Libertadores, como o Nacional de Medellín, o Barcelona de Guayaquil e o América de Cali", pontuou o treinador.

Neste retorno, o jogador mais festejado, entre eles e a torcida, foi o lateral Ronaldo Luís, aplaudido por todos na recepção do time no aeroporto. Herói do jogo, o atleta começava a se estabelecer no imaginário popular como um verdadeiro anjo da guarda são-paulino. Ele já havia salvado o Tricolor, também em lances em cima da linha, nas decisões do Mundial de 1992, contra o Barcelona, e no Paulistão do mesmo ano, contra o Palmeiras.

[251] OESP, 14/5.

"Atleta de Cristo", Ronaldo apenas agradeceu: "Deus ajudou". Em outros tempos, o jogador teria sido menos tímido. Por volta dos 18 anos de idade, em pistas de dança de casas noturnas de Belo Horizonte, Ronaldo participava de eventos de imitação de ídolos musicais.[252] Em especial, vestia-se e se apresentava como o cantor Michael Jackson. Chegou a participar de três concursos, mas não deu sorte, como a que possuía sobre as traves: "O problema é que a concorrência era desleal. Tinha uns caras que viviam disso. Treinavam direto e faturavam os prêmios".[253] Essa fase, porém, ficara para trás. "Hoje nem curto mais as canções dele. Prefiro músicas evangélicas e sertanejas. Nem sei mais o que é dançar. Devo estar meio duro", concluiu o lateral, que em campo mostrava-se mais do que desenvolto.

Fora da Copa do Brasil, o Tricolor ainda tinha, em paralelo à disputa da Copa Libertadores, a segunda fase do Campeonato Paulista, competição em que o time lutava pelo Tri. Assim, o time estrearia nessa fase semifinal contra o Novorizontino, em Novo Horizonte, a cerca de 350 quilômetros da capital paulista (em linha reta, ou pouco mais de 400 quilômetros de distância por rodovias).

A fim de evitar a fadiga, a diretoria são-paulina fretou novamente uma aeronave da TAM para levar e trazer a delegação da maneira mais confortável e rápida possível. Esse tipo de decisão operacional era definido em conjunto: diretoria, comissão e jogadores. Estes últimos, por exemplo, haviam solicitado que a viagem para o Paraguai ocorresse na véspera do jogo, e não no dia do duelo, como preferia, originalmente, Telê e companhia.[254]

Em Novo Horizonte, o São Paulo foi recebido como um grande astro internacional. Uma multidão acompanhou a comitiva de perto e lotou o estádio Jorge Ismael de Biasi. "Em cada cidade que passamos pude sentir que a torcida do São Paulo aumenta a cada conquista do clube. Parece o time do Santos na Era Pelé", comentou Telê.[255]

A comissão escolheu, entre poupar os titulares no jogo contra o Novorizontino, ou poupá-los dos treinamentos, preservá-los destes últimos. Afinal, o Paulistão também era visto como um troféu importante. "Na fase atual, treina quem pode, ou quem quer", disse Telê, afirmando que manter o ritmo de jogo também era crucial. "Temos um grupo de jogadores responsáveis e esforçados. Sei quando um jogador está dando tudo de si e não consegue", completou.[256]

Dessa forma, o São Paulo foi ao campo, no sábado, no dia 15 de maio, com os mesmos 11 titulares que enfrentou o Cerro Porteño em Assunção (e que, dias depois, desfilaria no Morumbi na final da Copa Libertadores). E, como raramente se viu até então, na temporada de 1993, o Tricolor foi amplamente pressionado na primeira etapa.

O Novorizontino, do técnico Afrânio Riul e do goleiro Marcos, emprestado ao time do interior pelo Tricolor, jogou no ataque desde o primeiro minuto e forçou a defesa são-paulina a trabalhar mais do que estava acostumada. Na segunda etapa, o cenário não pareceu mudar e Zetti fez excelente defesa, no reflexo,

> **Telê fez questão de pontuar que o oponente da finalíssima não deveria ser mais como o time que o Tricolor venceu facilmente no começo da temporada, na decisão do Troféu Cidade de Santiago, no Chile, por 3 a 0. "Tudo indica que o time deles evoluiu, pois eliminou fortes concorrentes da Libertadores, como o Nacional de Medellín, o Barcelona de Guayaquil e o América de Cali."**

[252] OESP, 14/5;
[253] DP, 30/4;
[254] FT, 15/5;
[255] FSP, 17/5;
[256] FT, 15/5.

> Os chilenos se credenciaram para a final com o melhor ataque da competição até ali, com 25 gols marcados em 12 jogos, uma ótima média de pouco mais de dois gols por jogo. "A essência do futebol é a arte. Tem que se jogar limpo. A equipe que procurar jogar bem, sem apelar para a violência, fatalmente chega à vitória". A visão de jogo do técnico Ignácio de Prieto era muito semelhante à de Telê.

após a bola tocar a trave em tentativa do goleador Sinval.

Foi só aos 22 minutos que os visitantes encontraram uma brecha. Em ataque isolado, Ronaldo Luís cruzou e Müller completou, de cabeça, para as redes: 1 a 0 para o São Paulo. Depois do tento, os locais não tiveram mais ímpeto para reagir e a partida terminou com este placar. "Foi mais difícil do que esperávamos", reconheceu Telê. O saldo mais importante do confronto em Novo Horizonte, porém: nenhuma baixa.[257]

Completando a rodada do grupo B da semifinal do Estadual, o Corinthians venceu o Santos, de virada, por 2 a 1, no domingo. Começavam, assim, São Paulo e Corinthians com dois pontos na disputa por uma vaga na final. Isso, porém, pouco importava naquele momento. Cumprido o compromisso do Paulistão, todos se voltavam sedentos para o jogo da quarta-feira, no dia 19 de maio, no Morumbi, contra a Universidad Católica.

A CONQUISTA DA SEGUNDA COPA LIBERTADORES

Os chilenos se credenciaram para a final com o melhor ataque da competição até ali, com 25 gols marcados em 12 jogos, uma ótima média de pouco mais de dois gols por jogo. Comandados por Ignácio de Prieto, a meta dos cruzados, como eram conhecidos os jogadores e torcedores da Universidad Católica, era atuar no contra-ataque, mas de maneira organizada, sem chutões. "A essência do futebol é a arte. Tem que se jogar limpo. A equipe que procurar jogar bem, sem apelar para a violência, fatalmente chega à vitória". A visão de jogo de Prieto era muito semelhante à de Telê.[258]

O time visitante apostava no atacante argentino Almada, artilheiro da Libertadores com sete gols marcados até ali. "O São Paulo é uma das melhores equipes do continente, mas estamos otimistas e esperamos oferecer o título à nossa torcida", comentou o herói da classificação, o goleiro Wirth (veterano de finais da competição pelo Cobreloa, em 1981 e 1982), no desembarque da delegação da Católica em São Paulo.[259]

O que queriam deixar claro é que o time estrangeiro não era o mesmo do início da temporada: "Não aceito comparações. Nós havíamos treinado somente quatro dias para aquela partida e estávamos totalmente desentrosados", pontuou o zagueiro argentino Vásquez. Na mesma linha de pensamento, concluiu o meia Parráguez: "Os brasileiros são especialistas em pressionar os times adversários quando jogam em casa, mas nós estamos melhorando de jogo para jogo".[260]

Diferentemente dos chilenos, que vinham com força máxima, o São Paulo teria um desfalque importante: Ronaldão sentira um novo estiramento muscular na coxa e não estaria apto para o jogo. Mas os Tricolores estavam tranquilos quanto a isso: o substituto Gilmar vinha dando conta do recado e realizou uma atuação segura contra o Novorizontino.

[257] FSP, 16/5;
[258] OESP, 18/5;
[259] FT, 17/5;
[260] OESP, 17/5; FSP 19/5.

Para Telê, ali, às vésperas da final, já não adiantava reclamar do calendário, dos desgastes ou do que fosse. O jeito era preparar o time como desse. Após uma conversa com o grupo, decidiu que quem tivesse forças jogaria não somente a final, mas também os clássicos com o Santos e o Corinthians, a seguir, 48 e 96 horas depois da decisão. "O importante é conseguir boa vantagem no Morumbi para não termos problemas em Santiago", haja vista que "se os chilenos chegaram às finais, é porque estão bem."[261]

A mentalidade era justamente oposta à do jogo contra o Cerro Porteño, em Assunção, quando Raí, Cafu e Palhinha foram cooptados para ajudar na marcação. "Como jogamos em casa, temos de atacar mais. Não adianta só fazer dois gols, porque lá podemos levar três", resumiu Cafu.[262]

O esquema de jogo já era bem conhecido, com uma ligeira diferença: o time apostaria mais nos ataques pela esquerda, com a dupla Ronaldo Luís e Palhinha (pois Vítor não vinha em fase muito boa no índice de acerto de cruzamentos e havia sentido um desconforto na coxa ainda em Assunção). De resto, o mesmo: Cafu como ponta, Raí mais avançado no ataque e zagueiros com liberdade para atacar.[263]

De certa maneira, o elenco são-paulino enfrentaria uma espécie de decisão tripla em cinco dias e, para isso, permaneceram concentrados no CT da Barra Funda desde as 18h30 do dia 17 de maio. Apesar do comprometimento elevado, era uma rotina absurda: "É uma falta de respeito com um time que ajudou a reerguer o futebol brasileiro. Aqui, os incompetentes se unem para castigar a competência", desabafou Pintado, em crítica contra o calendário.[264]

Foram colocados à venda 107 mil ingressos para a decisão da Copa Libertadores de 1993 no Morumbi. O ingresso de arquibancada foi vendido a 100 mil cruzeiros, já o da geral, a 50 mil cada. A presença massiva do público no estádio são-paulino preocupava as autoridades. Durante a campanha na competição desse ano, o fluxo de torcedores elevou em 20% a lentidão no trânsito da capital paulista como um todo e nas principais alças de acesso – as pontes Eusébio Matoso, Cidade Jardim e Morumbi –, esse número chegou a 60%. Ou seja, a final literalmente pararia São Paulo.[265]

Contudo, um fato pouco abordado na mídia que conta a história tricolor, é que a final quase não foi realizada na casa do Tricolor. Isso por causa da épica comemoração e invasão de campo que se deu no gramado do estádio na decisão da Libertadores de 1992. Dias antes, nos meandros da Conmebol, existiram pessoas ou grupos interessados na interdição do Cícero Pompeu de Toledo para tal jogo, justificada, por tais, pelo medo da repetição das cenas finais da edição anterior da competição.

A situação não foi adiante graças à atuação da presidência são-paulina, que fez valer os direitos do clube com a Conmebol e, claro, garantiu toda a segurança necessária para a realização do espetáculo (pois, sim, no fim, foi um espetáculo – e, como se viu, nada demais, nos termos pressupostos, ocorreu).

> Após uma conversa com o grupo, decidiu que quem tivesse forças jogaria não somente a final, mas também os clássicos com o Santos e o Corinthians, a seguir, 48 e 96 horas depois da decisão. "O importante é conseguir boa vantagem no Morumbi para não termos problemas em Santiago", haja vista que "se os chilenos chegaram às finais, é porque estão bem".

[261] OESP, 17/5;
[262] FSP, 18/5;
[263] FSP, 19/5;
[264] OESP, 18/5;
[265] FT, 21/5.

Moraci Sant'Anna, Gilmar, Zetti, Vítor, Pintado, Dinho, Ronaldo Luís, Altair Ramos e estafe; Hélio Santos, Müller, Palhinha, Válber, Raí e Cafu.

Foto: Placar

1993 - Parte 1: Campeonato Paulista, Troféus no Chile e Brasil, Copa do Brasil e Copa Libertadores

Foto: Ricardo Correa / Placar

> O São Paulo foi escalado por Telê Santana com Zetti no gol; Vítor, Válber, Gilmar e Ronaldo Luís na linha defensiva; Pintado, Dinho e Palhinha, pelo meio; mais à frente Raí e nas pontas Cafu, pela direita, e Müller, pela esquerda.

O FUTEBOL ARTE COMO AUGE DA ERA TELÊ

O São Paulo foi escalado por Telê Santana com Zetti no gol; Vítor, Válber, Gilmar e Ronaldo Luís na linha defensiva; Pintado, Dinho e Palhinha, pelo meio; mais à frente Raí e nas pontas Cafu, pela direita, e Müller, pela esquerda. Como suplentes, estavam disponíveis no banco o goleiro Gilberto, o zagueiro Adílson, o lateral-esquerdo André Luiz e os atacantes Catê e Elivélton.

Com a bola rolando, o Tricolor começou partindo para cima desde o começo: logo de cara, Palhinha, aos seis minutos, depois de boa jogada entre Raí e Cafu, carimbou a trave direita adversária. Pouco depois, em rápida recuperação de bola, Müller foi derrubado na entrada da área, mas o árbitro colombiano Jose Joaquin Torres Cadenas nada marcou.

E, cumprindo a promessa de não jogar recuado e buscar o ataque, a Católica fez Zetti trabalhar e executar boa defesa em chute do capitão Lepe. O maior susto da primeira etapa, contudo, veio de fogo amigo, aos 13 minutos: Gilmar recuou uma bola para o goleiro são-paulino, que já estava indo ao encontro dela. Descolocado, só restou a Zetti correr desesperadamente para trás, pular e dar uma tapa na pelota, desviando-a para escanteio, quase em cima da linha. Plasticamente, uma linda defesa, mas o lance foi ilegal.

Bola recuada intencionalmente para a defesa com as mãos do goleiro: cobrança de tiro indireto dentro da área, no local do toque. O juiz, confuso talvez pela mudança recente na regra, nada marcou. Até mesmo os chilenos não reclamaram. Provavelmente, interpretaram que o perigo de gol contra criado pelo chute de Gilmar tenha descaracterizado o lance como recuo. De toda maneira, um erro feio.

O lance só deixou claro que os cruzados realmente não queriam contemplar o jogo. Pouco depois, Zetti novamente impediu que os visitantes abrissem o placar, indo de encontro a Lunari, na área, e cortando o passe de Pérez. Para piorar, aos 20 minutos, Ronaldo Luís sentiu uma fisgada na coxa esquerda e teve que deixar o campo. No lugar dele, André Luiz assumiu o posto. A essa altura, o Tricolor tentava retomar o controle do jogo e chegar com perigo à meta chilena, mas falhava no passe final, ou na pontaria, como na jogada criada por Pintado para Cafu finalizar, livre, dentro da área: Wirth salvou com uma linda defesa.

A Católica não deixou barato e, com um chute cruzado de Lunari que tirou tinta da trave de Zetti, quase transformou a noite são-paulina em pesadelo. Aos 30 minutos, porém, a defesa cruzada caiu e começou a atuação de sonho dos tricolores: Válber lançou para Palhinha na área. Com um toque, o meia se livrou da marcação e bateu rasteiro para o gol: a bola acertou novamente a trave, mas, no rebote, Lopez não se conteve e, atrapalhado ao tentar afastar a redonda, marcou contra: São Paulo 1 a 0!

O Morumbi, abarrotado com 94.690 torcedores, pegou fogo. Mas nem isso pôs um freio no ímpeto ofensivo do time visitante, que ainda obrigava Zetti a fazer algumas intervenções. Ou seja, se a Católica não se fecharia lá atrás, os tricolores teriam espaço para fazer aquilo que faziam de melhor: em jogada insinuante e bem trabalhada, Cafu, Raí e Palhinha triangularam a bola pelo meio da área e o último cabeceou com perigo, mas o Wirth defendeu.

Faltando cinco minutos para o fim do tempo regular da primeira etapa, Pin-

> O Morumbi, abarrotado com 94.690 torcedores, pegou fogo. Mas nem isso pôs um freio no ímpeto ofensivo do time visitante, que ainda obrigava Zetti a fazer algumas intervenções.

Fotos: Nelson Coelho / Placar

> **O resultado já era ótimo para o Tricolor, mas o placar eletrônico do Morumbi piscava o que a torcida pedia em coro: "Mais um, mais um".**

tado, avançando pelo meio, tabelou com Raí e passou rasteiro para Vítor, na quina da área, invadir a defesa adversária. Antes de dividir com o marcador, o lateral são-paulino tocou de bico na bola, que desviou no zagueiro e a tirou do alcance do goleiro chileno, estufando a rede: São Paulo 2 a 0!

Se no primeiro tempo, a posse de bola ficou na casa dos 60/40 entre mandante e visitante, na etapa final o Tricolor foi ainda mais contundente. Aos sete minutos, Pintado arriscou um chute de longe, bem defendido pelo goleiro. Na sequência, Müller foi lançado pela esquerda, invadiu a área sozinho (forçando a saída do goleiro ao encontro dele), e tocou para Cafu, mas o zagueiro desarmou o ponta antes que pudesse concluir para a meta desprotegida.

Aos nove minutos, não teve jeito: era impossível parar a onda ofensiva são-paulina, que contava até mesmo com os defensores. O zagueiro Gilmar foi à frente pela esquerda, tabelou com Müller, dominou a pelota no peito, driblou um oponente na entrada da área e bateu de canhota, rasteiro, no contrapé de Wirth, que esperava um cruzamento curto para Raí. Golaço! Bola no fundo do gol e São Paulo 3 a 0!

O resultado já era ótimo para o Tricolor, mas o placar eletrônico do Morumbi piscava o que a torcida pedia em coro: "Mais um, mais um". Assim, aos 15 minutos, sem dar tempo para os oponentes respirarem, Raí iniciou a jogada na inter-

São Paulo Futebol Clube 1993 - O Ano de Ouro

mediária, passou para Palhinha, que encontrou Cafu livre pela direita. Este, já na linha de fundo, cruzou para Raí, que, com magistral categoria, completou de peito e anotou mais um gol para o São Paulo no jogo: 4 a 0!

Era um tento mais bonito do que o outro, mas ainda cabia mais. Aos 25 minutos, enquanto o Morumbi reverberava a torcida gritando "Olê, olê, olê, olê, Telê, Telê!", veio a cereja do bolo: a zaga chilena tentou interceptar um lançamento de Palhinha para Müller, mas tudo o que conseguiram foi facilitar para o atacante, rebatendo mal a bola. Tranquilo e à espreita, o camisa número 7, com a perna esquerda, completou sem deixar a bola tocar no chão, e encobriu o arqueiro adversário – mais um golaço; 5 a 0!

E poderia ter sido mais. O que se viu dali adiante foi um *show* regado a olés, principalmente de Válber, e a gols perdidos, principalmente com Palhinha e Cafu. Contudo, uma menção especial é válida a Zetti, que realizou uma série memorável de quatro defesas seguidas. O locutor Galvão Bueno, durante a transmissão da Globo, resumiu, exaltado, a atuação do goleiro no lance genial: "Quatro vezes Zetti! Pode chutar que ele pega! Grande Zetti... ele fica rindo".

Em algum ponto entre a espetacular sequência de Zetti e a comemoração final da grande goleada no Morumbi, os chilenos descontaram, por meio de pênalti que nem existiu (com Almada, aos 40 minutos – e Zetti quase defendeu,

> Era um tento mais bonito do que o outro, mas ainda cabia mais. Aos 25 minutos, enquanto o Morumbi reverberava a torcida gritando "Olê, olê, olê, olê, Telê, Telê!", veio a cereja do bolo: mais um golaço; 5 a 0!

> Com o fim do jogo, ao técnico Ignácio de Prieto só restou aplaudir: "Fomos alunos diante dos mestres. O São Paulo é um time de mestres, uma equipe iluminada". A imprensa chilena não destoou do comandante cruzado. O jornal *El Mercúrio* estampou: "Foi o pisão de um ogro na cabeça de um anão". O periódico *La Nación* profetizou: "A revanche será mera formalidade", enquanto o *La Tercera* concluiu: "O sonho acabou".

chegando a tocar na bola), embora ninguém tenha dado muita atenção ao fato.

Com o fim do jogo, ao técnico Ignácio de Prieto só restou aplaudir: "Fomos alunos diante dos mestres. O São Paulo é um time de mestres, uma equipe iluminada". A imprensa chilena não destoou do comandante cruzado. O jornal *El Mercúrio* estampou: "Foi o pisão de um ogro na cabeça de um anão". O periódico *La Nación* profetizou: "A revanche será mera formalidade", enquanto o *La Tercera* concluiu: "O sonho acabou."[266] Posto isto: a qualidade monumental da partida apresentada e o resultado obtido, quase nada importava o jogo de volta, pois o são-paulino já se sentia Bicampeão da América!

Não bastasse isso, o feito é, até os dias de hoje, uma marca imbatível na história da principal competição sul-americana: o placar é o resultado mais elástico já ocorrido em uma partida final da competição. Na ocasião, o resultado superara o 4 a 0 do Boca Juniors sobre o Deportivo Cali, na decisão de 1978. Curiosamente, o Tricolor também detém a segunda maior goleada desse tipo: o mesmo 4 a 0, este sobre o Atlético Paranaense, obtido, posteriormente, na conquista da Libertadores de 2005.

Embora os tricolores já se sentissem Campeões, ou quase isso, ainda não poderiam relaxar. Não apenas para o jogo da volta, em Santiago, no Chile, no dia 26 de junho, mas principalmente para os clássicos da fase semifinal do Paulistão, contra Santos e Corinthians, dali a poucos dias. Então, os problemas começaram a surgir, e a se acumular.

SEGUE A LUTA NO PAULISTÃO

Ronaldo Luís, que deixara o time ainda no primeiro tempo da final, ficaria um tempo fora da equipe, em recuperação. Outro que apresentava sinais de que estava por estourar era Palhinha. "Estou sentindo dores musculares e vou conversar com o Telê para ser poupado desse jogo. Na quarta-feira, logo no primeiro chute, senti o músculo. É desumano ter que enfrentar essa maratona", confessou o atleta, que perdeu quatro quilos nos 90 minutos passados.[267]

Outra dúvida era Raí, que sofrera uma fissura em um dos ossos da clavícula e deixara o Morumbi após a goleada sobre a Católica com o braço esquerdo embalado em uma tipoia. Mas o meia não queria deixar o time: de malas quase prontas para a França, onde defenderia o Paris-Saint Germain (PSG), no segundo semestre, queria aproveitar ao máximo os últimos dias no Tricolor.

Aliás, mesmo extenuados, ninguém queria se poupar. Com uma máquina de tão alto nível e tão bem ajeitada, havia o receio de uma ausência comprometer esse intrincado funcionamento, e, mais ainda: de perder o lugar no time para outro grande jogador, sedento por uma chance de sair do banco. "Mesmo não estando 100%, prefiro jogar. Batalhei muito para conseguir a posição. Não posso vacilar", revelou Dinho, que poderia ter a posição ameaçada pela volta de Cere-

[266] OESP, 21/5; Lance!, 2001;
[267] FSP e FT, 21/5.

zo e pelo recém-contratado, o volante uruguaio (argentino de nascimento) Gustavo Matosas, ex-Racing, San Lorenzo e Peñarol.

Apesar de toda a vontade, obviamente a massacrante rotina de jogos pesaria no desempenho do time são-paulino, ainda mais após uma vitória como a ocorrida contra a Católica. Assim, não foi de se estranhar a derrota para o Santos, por 3 a 2, na noite de sexta-feira, 21 de maio, em jogo que Válber foi expulso ainda no primeiro tempo (ao lado do atacante santista Guga), comprometendo o esquema tático ofensivo de Telê.

Com o resultado – e a vitória do Corinthians sobre o Novorizontino por 2 a 0 –, o time santista se manteve vivo na semifinal, com os mesmos dois pontos do Tricolor, enquanto o Corinthians liderava a chave com quatro pontos. Dessa maneira, só restava ao São Paulo tirar o prejuízo no clássico majestoso no domingo, dia 23 de maio.

Fotos: Ricardo Correa / Placar

Raí marca o primeiro gol contra o Corinthians.

Esta seria a 50ª partida do Tricolor no ano e o calendário ainda não havia alcançado a metade do ano! Moraci Sant'Anna, tentando evitar uma úlcera no estômago desnecessária, resignava-se: "Eu não sou mais preparador físico da equipe, mas recuperador físico".[268]

Sem a dupla de zaga titular – Adílson e Gilmar jogaram nos lugares de Ronaldão, ainda contundido, e de Válber, suspenso –, mas com o retorno de Palhinha, o São Paulo enfrentou um primeiro tempo truncado contra o Corinthians, em um Morumbi com mais de 100 mil torcedores – com pouco mais de 86 mil pagantes e problemas de evasão de público.[269] A bem da verdade, as melhores chances da etapa foram dos rivais em jogadas construídas em cima do lateral-esquerdo reserva Marcos Adriano e salvas, na maioria, por Zetti, ou pela incompetência do ataque adversário.

No segundo tempo, porém, o time são-paulino se encontrou em campo. A ideia de Telê era romper o sistema defensivo corintiano com talento: "Contra um time que combate individualmente, basta alguém vencer o marcador que acaba com a defesa". E foi o que precisamente ocorreu aos 5 minutos da etapa final: Cafu viu Vítor disparar na corrida pela direita, deixando para trás os marcadores. O lateral, então, cruzou a bola para a área, onde Raí dividiu com Henrique, levou a melhor, e tocou para o gol, sem chances de defesa para Ronaldo. Tricolor 1 a 0!

Aos 17 minutos, porém, o árbitro Dionísio Domingos marcou um pênalti

Moraci Sant'Anna, tentando evitar uma úlcera no estômago desnecessária, resignava-se: "Eu não sou mais preparador físico da equipe, mas recuperador físico".

[268] FSP, 22/5;
[269] FSP, 24/5.

1993 - Parte 1: Campeonato Paulista, Troféus no Chile e Brasil, Copa do Brasil e Copa Libertadores

Foto: Placar

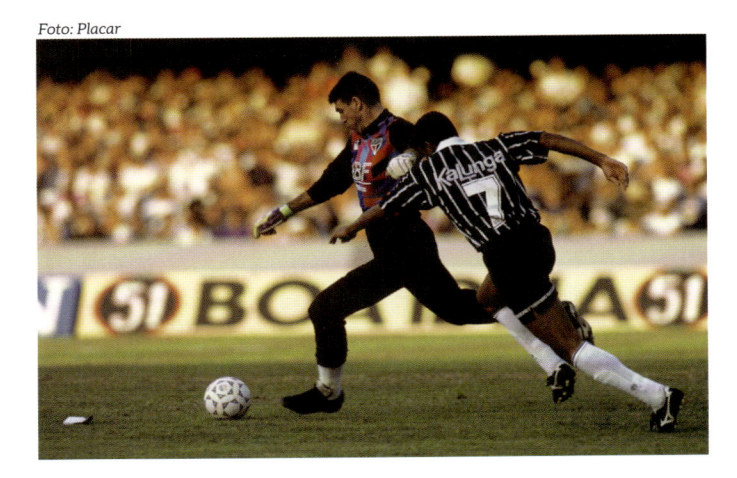

> O árbitro marcou um pênalti inexistente no jogador que se jogou ao chão. Como afirmou o comentarista Juarez Soares, da TV Bandeirantes: "Se assoprar, ele cai". Zetti, porém, mais uma vez brilhou e defendeu a cobrança. E mais do que isso: encaixou a bola com perfeição, como raramente acontece em tiros da marca penal.

inexistente da dupla Adílson e Marcos Adriano em Bobô, que se jogou ao chão. Como afirmou o comentarista Juarez Soares, da TV Bandeirantes, durante a transmissão do jogo: "Se assoprar, ele cai". Zetti, porém, mais uma vez brilhou e defendeu a cobrança executada por Moacir. E mais do que isso: encaixou a bola com perfeição, como raramente acontece em tiros da marca penal.

Pouco depois, Ezequiel agrediu Müller com um pontapé pelas costas e foi expulso de campo. Com um jogador a mais em campo, o São Paulo não encontrou grandes dificuldades para ampliar o placar: aos 26 minutos, Palhinha recebeu de Müller, dentro da área, driblou com maestria o marcador, girou e bateu colocado no canto esquerdo de Ronaldo: um golaço! São Paulo 2 a 0, resultado final.

A série invicta contra o Corinthians, assim, alcançara a marca de nove jogos, oito dos quais, também consecutivos, sem sofrer gols do arquirrival. Zetti, essencial para tal marca, desconversou sobre o assunto: "Nem sabia deste detalhe, mas como isto não influi em nada...". O goleiro, porém, fez questão de abordar o estudo para um melhor desempenho em cobranças de pênaltis: "Nos últimos três pênaltis contra o São Paulo – Mogi Mirim, Católica e Corinthians –, todos os jogadores bateram no canto direito do goleiro. Fizemos um levantamento e cerca de 60% a 70% dos jogadores batem nesse canto. Arrisquei e, mais uma vez, deu certo".[270]

A vitória embolou tudo no grupo 2 do Paulistão: todos os grandes somavam, então, quatro pontos, e apenas o Novorizontino se mantinha zerado na classificação – após a derrota para o Santos, por 3 a 2. Era o momento, porém, de respirar um pouco. O time, enfim, teria uma folga na segunda-feira, dia 24, mas logo embarcaria para o Chile onde, na quarta-feira, dia 26, definiria o destino da Copa Libertadores.

BICAMPEÃO DA AMÉRICA

No DC-10 da Varig, a comitiva Tricolor deixou o Cumbica rumo à Santiago. Na primeira classe da aeronave, estava uma pessoa não muito benquista pelos são-paulinos: Eduardo José Farah, presidente da Federação Paulista de Futebol. Como a autoridade que era, Farah fora convidado pelo clube, assim como o presidente da Conmebol Nicolás Leoz. "Foi uma questão protocolar", explicou Mesquita Pimenta.[271]

Figura de poder ou não, nada disso importou para os 200 torcedores que compartilharam o voo de quase quatro horas com a delegação: "Eira, eira, eira. Joguem o Farah na Cordilheira" foi um grito bem ouvido, e com muitas risadas. Brincadeiras à parte, Telê Santana recusou-se a acompanhar o resto da comis-

[270] FSP, 24/5;
[271] OESP, 27/5.

são técnica e diretoria na primeira classe, para evitar o encontro com o dirigente da Federação Estadual. Preferiu se arrumar na classe turística, ao lado dos atletas. Aliás, reclamou também por isso, dizendo que quem deveria viajar de primeira classe eram os boleiros, não os dirigentes: "Poderia ser o Itamar (presidente do Brasil na época), o presidente dos Estados Unidos, não me interessa. Se todos estavam no Chile, isso se deve aos jogadores".[272]

Durante a viagem, Telê se lembrou do que disse aos jogadores antes da decisão de 1992: "Aproveitem o momento, porque dificilmente ele acontecerá novamente em suas vidas" e eis que "Tudo está prestes a se repetir. Percebo que ainda posso sentir emoções inéditas na minha carreira".[273]

A novidade no elenco tricolor era o retorno de Cerezo às atividades, após 40 dias de recuperação da cirurgia no joelho. O veterano tomou parte nos relacionados para a viagem. Compuseram o grupo, aliás, os goleiros Zetti e Gilberto; os defensores Marcos Adriano, André Luiz, Vítor, Adílson, Válber, Gilmar, Lula, Ronaldão e Ronaldo Luís (os três últimos machucados); os meio-campistas Dinho, Pintado, Raí e, como dito, Cerezo; além dos atacantes Müller, Palhinha, Cafu, Catê e Cláudio Moura.

No hotel Sheraton, os tricolores receberam novamente a visita do ex-goleiro Roberto Rojas, que ainda batalhava por uma redução de pena com a FIFA. Telê se compadecera pelo drama de Rojas: "Ninguém pode ser punido eternamente de exercer sua profissão. O caso de Rojas merece ser repensado".[274] Comovidos com a situação do ex-goleiro são-paulino, os atletas entraram com uma faixa de apoio a Rojas (com a inscrição: "Deixem Rojas trabalhar"), pedindo uma revisão da punição imposta pela FIFA (mas, devido a um atraso na confecção da peça, ela foi usada apenas após o intervalo).[275]

Para os chilenos, o clima era de decepção. Ou melhor, de "não há muito o que se fazer". Antes do primeiro jogo da decisão, a diretoria da Universidad Católica esperava lotar o Estádio Nacional. Depois do 5 a 1, os ingressos vendidos por valores entre 6 e 30 dólares (270 mil e 1,35 milhão de cruzeiros) encalharam e a expectativa de público era na casa dos 36 mil torcedores. Ainda assim, a Católica prometera uma premiação no valor de 800 mil dólares para todo o grupo caso a equipe conseguisse reverter o resultado negativo e conquistasse o título.[276] Para os atletas, porém, o que importava não era o dinheiro, ou chance real de conquistar o troféu, mas, sim, provar que eles não eram aquilo que fora visto no Morumbi. "Vou ficar contente mesmo se ganharmos por pouco. A vitória já nos devolveria a dignidade", disse o atacante Pérez.[277]

Com o brio ferido, os cruzados realmente tiveram outra postura em campo e quase assustaram os tricolores com o resultado obtido nos 15 minutos iniciais do confronto de volta. Lunari, com um chute de fora da área, aos 10 minutos, abrira o placar para os donos da casa. Aos 15, Pintado cometera um pênalti em Barrera, que Almada converteu: 2 a 0.

> Telê Santana recusou-se a acompanhar o resto da comissão técnica e diretoria na primeira classe, para evitar o encontro com o dirigente Eduardo José Farah, que fora convidado pelo clube, assim como o presidente da Conmebol Nicolás Leoz. Preferiu se arrumar na classe turística, ao lado dos atletas. Aliás, reclamou também por isso, dizendo que quem deveria viajar de primeira classe eram os boleiros, não os dirigentes.

[272] FSP, 26/5, 28/5 e 30/5;
[273] OESP, 26/5;
[274] AGE, 27/5;
[275] OESP, 27/5; FSP, 28/5;
[276 e 277] FSP, 26/5.

Fotos: Nelson Coelho / Placar

> **Restando 75 minutos por jogar, a situação estava ruim, mas não poderia nem deveria piorar. Coube a Telê e aos jogadores controlarem o nervosismo até o fim do primeiro tempo, para resolver a situação no intervalo.**

Graças à vantagem obtida anteriormente, o São Paulo poderia perder até por 3 a 0 que ainda assim retornaria com a Copa Libertadores para o Brasil. Uma derrota por quatro gols de diferença levaria a decisão para os pênaltis e somente uma catástrofe de uma derrota por cinco ou mais gols de diferença levaria a perda direta do título. Ou seja, restando 75 minutos por jogar, a situação estava ruim, mas não poderia nem deveria piorar. Coube a Telê e aos jogadores controlarem o nervosismo até o fim do primeiro tempo, para resolver a situação no intervalo.

Nesta pausa, Cerezo constatou que alguns jogadores estavam se sentindo desconfortáveis no campo pesado. Veterano, o atleta constatou que as travas das chuteiras deles não eram adequadas para o jogo naquele gramado: com apenas 1 cm de altura, elas acumulavam barro e prejudicavam o desempenho na corrida. O próprio jogador compartilhou um conjunto de travas maiores, de 1,5 cm, que trouxera da Itália, e as instalou nas peças.[278]

Na segunda etapa, as palavras do técnico e o posicionamento mais compacto do meio de campo, foram o suficiente para arrefecer o ânimo dos locais: o time passou a controlar o jogo, valorizar a posse de bola e, até mesmo, a criar oportunidades. Com Cerezo no lugar de Vítor, contundido, aos 23 minutos, essa mudança de postura ficou ainda mais evidente. E, assim, esgotou-se o tempo regulamentar.

O São Paulo, somando 5 a 3 no placar agregado, sagrou-se Bicampeão da

[278] FSP, 28/5.

Zetti, Raí, Dinho, Palhinha, Müller, Pintado, Marcos Adriano, Válber, Cafu, Gilmar, Cerezo, Catê, André Luiz, Gilberto, Adílson, Telê Santana, Moraci Sant'Anna, Valdir de Moraes, Hélio Santos, Altair Ramos, o presidente Mesquita Pimenta, Lula, Ronaldão e Cláudio Moura: um a um, todos subiram ao pódio para receber as medalhas de Campeões. Por fim, o capitão Raí ergueu o tão cobiçado troféu da Copa Libertadores!

Fotos: Nelson Coelho / Placar

> "Ninguém nunca pode esperar que uma final de Libertadores seja fácil. Nós conseguimos ganhar lá e jogamos aqui o razoável para conseguir esse grande título, importante e histórico."
>
> Raí

279 e 280 TV Globo, 26/5.

Copa Libertadores da América! Um feito que não era repetido por um clube brasileiro há 30 anos, desde o Santos, de Pelé, em 1962-1963, e que não ocorria na principal competição do continente desde 1977-1978, com o Boca Juniors, da Argentina.

Enquanto aguardava a premiação dos jogadores no pódio, o técnico Telê analisou a partida: "Tinha muita coisa errada. Começamos mal e procuramos acertar no intervalo, dando um pouco mais de tranquilidade para jogar, já que a pressão era muito grande e nosso time se apavorou no início. Assim sofremos dois gols, mas soubemos resistir no segundo tempo e, mesmo perdendo, conquistamos o título".[279]

O capitão Raí foi pela mesma linha, mas ressaltando que as dificuldades eram esperadas: "Ninguém nunca pode esperar que uma final de Libertadores seja fácil. Nós conseguimos ganhar lá e jogamos aqui o razoável para conseguir esse grande título, importante e histórico", resumiu Raí, feliz, mas quase em tom de despedida.[280]

Zetti, Raí, Dinho, Palhinha, Müller, Pintado, Marcos Adriano, Válber, Cafu, Gilmar, Cerezo, Catê, André Luiz, Gilberto, Adílson, Telê Santana, Moraci Sant'Anna, Valdir de Moraes, Hélio Santos, Altair Ramos, o presidente Mesquita Pimenta, Lula, Ronaldão e Cláudio Moura: um a um, todos subiram ao pódio

OS SHOWS DAS NOITES DE QUARTA

Durante dois meses, as noites de quarta-feira foram sinônimo de espetáculo. Só podia dar no título

TERROR DA AMÉRICA

Candidatos não faltaram, mas nenhum deles foi capaz de barrar o inédito bi do tricolor na Libertadores. O talento falou mais alto em todos os duelos

OITAVAS-DE-FINAL
O CAMPEÃO SAI RASGANDO

QUARTAS-DE-FINAL
BRIGA CASEIRA DE GIGANTES

SEMIFINAL
CONTRA TUDO E CONTRA TODOS

FINAIS
FECHANDO COM CHAVE DE OURO

PARA FÃS E COLECIONADORES

A conquista do Bi da Libertadores ficou para sempre registrada em uma edição especial da revista Placar: peça obrigatória para todo são-paulino fanático.

PLACAR
Nº 1083-A
Cr$ 100 000,00

POSTER GIGANTE DO SÃO PAULO BICAMPEÃO DA TAÇA LIBERTADORES

A CAMPANHA E AS FICHAS DE TODOS OS HERÓIS DA CONQUISTA INÉDITA

BICAMPEÃO DA AMÉRICA

A volta do Bicampeão da América para o Brasil, no dia 27, foi tranquila, fora o "chá de aeroporto" tomado no Chile: uma espera de quatro horas até a decolagem. Após mais três horas e cinquenta minutos de voo, cerca de 100 torcedores receberam a delegação são-paulina em Cumbica com muita festa.

Fotos: Nelson Coelho / Placar

para receber as medalhas de Campeões. Por fim, o capitão Raí ergueu o tão cobiçado troféu da Copa Libertadores!

Além das medalhas, cada atleta que participou da competição recebeu 10 mil dólares de premiação. O clube, de maneira geral, arrecadou cerca de 850 mil dólares com o torneio, em valores que somam tanto bilheteria quanto direitos de transmissão dos jogos para redes de TV.[281]

Todos já tinham em mente que nem a responsabilidade nem o sonho deles terminaria por ali: ainda havia muito a se escalar: com o título, conquistaram também o direito de defender o título Mundial, em Tóquio, em dezembro. E o adversário já era conhecido antes mesmo dos 90 minutos no Chile: O Olympique de Marseille, que superara o Milan, em Munique, na decisão da Copa dos Campeões Europeus, da UEFA, por 1 a 0, algumas horas antes, naquele mesmo dia.

A volta do Bicampeão da América para o Brasil, no dia 27, foi tranquila, fora o "chá de aeroporto" tomado no Chile: uma espera de quatro horas até a decolagem. Após mais três horas e cinquenta minutos de voo, cerca de 100 torcedores receberam a delegação são-paulina em Cumbica com muita festa. Os cansados jogadores, porém, não entraram muito na onda. Apenas posaram para fotos, a pedidos da imprensa, e assinaram autógrafos. Não havia tempo para comemorar. Em menos de 48 horas o Novorizontino tentaria carimbar a faixa de Campeão do Tricolor.

> Todos já tinham em mente que nem a responsabilidade nem o sonho deles terminaria por ali: com o título, conquistaram também o direito de defender o título Mundial, em Tóquio, em dezembro.

[281] FSP, 18/5.

1993 - Parte 2
Campeonato Paulista, Copa do Brasil, Torneios na Espanha, nos EUA e no México, Recopa e Supercopa

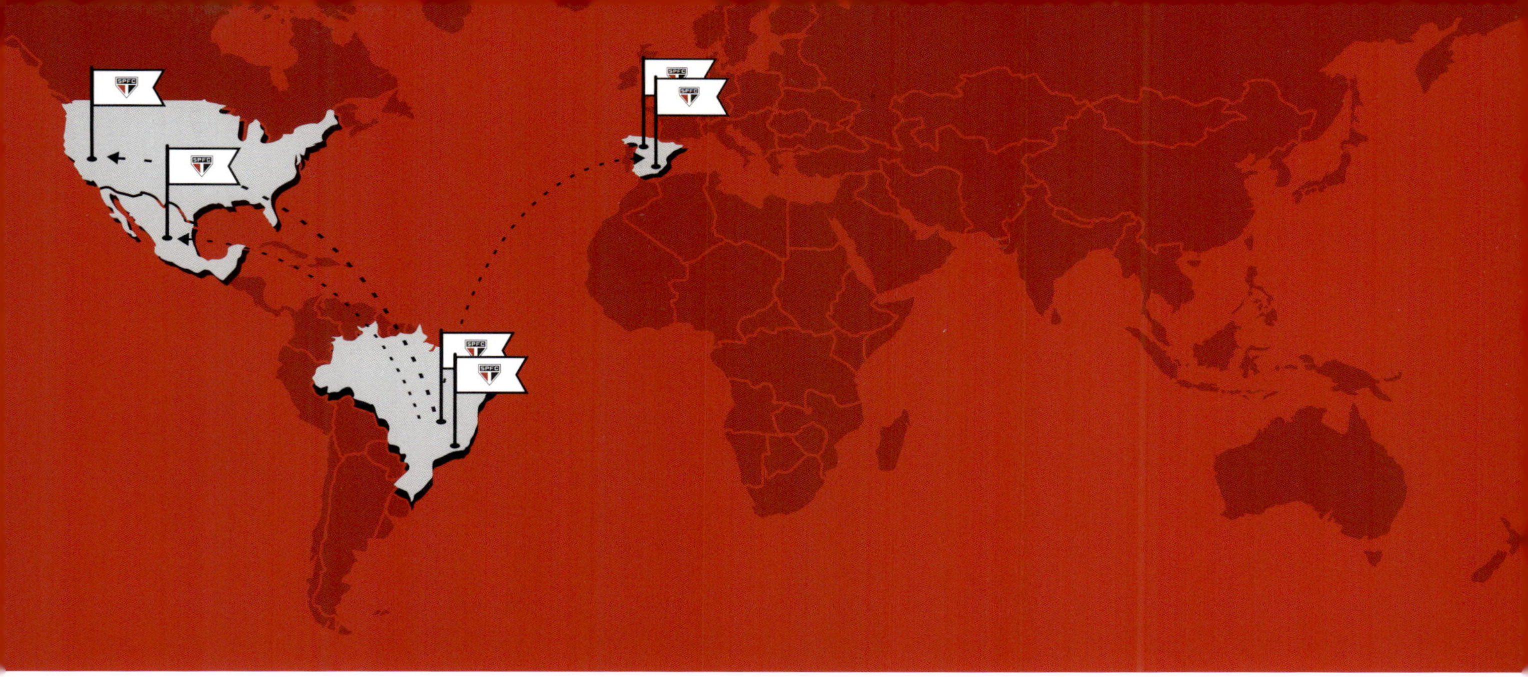

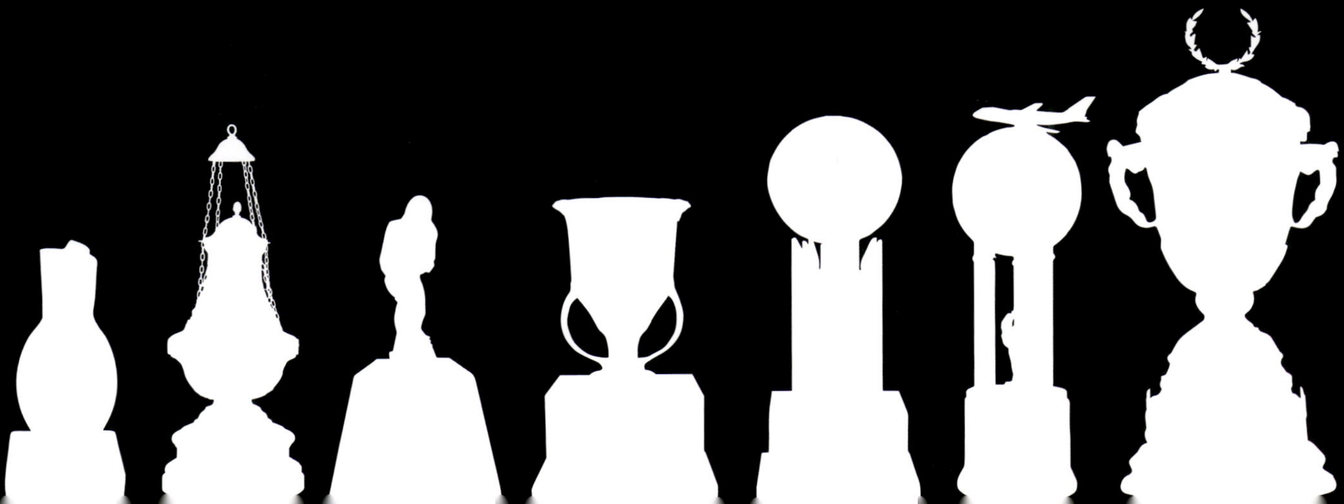

O o trio de arbitragem, com José Aparecido de Oliveira ao centro, que foi decisivo para o fim de um grande tabu contra o Corinthians.

Foto: Gazeta Press

Em razão de uma arbitragem desastrosa, o São Paulo foi derrotado no Majestoso por 1 a 0. Aos 24 minutos, Cafu, pela direita, encontrou Palhinha livre na área. O atacante, sozinho, tocou na saída do goleiro Ronaldo e estufou as redes. As imagens de televisão do lance deixam claro, sem sombra alguma de dúvida, que a jogada foi legal – não havia impedimento do craque tricolor.

[1] FSP, 28/5.

UM FIM DE CAMPEONATO PARA LÁ DE ESQUISITO

Ao contrário do que se possa imaginar em situações semelhantes, de celebrações de títulos importantes, os tricolores não estavam de ressaca, não queriam folga, queriam apenar continuar a jogar e a vencer: "Agora não quero saber, é hora de dar tudo, a nossa cabeça está mais leve", comentou Palhinha, após o desembarque.[1] A gana de vencer era justificada, ainda mais pelo resultado do jogo entre Corinthians e Santos, realizado na mesma noite da decisão continental: um empate em 0 a 0. Ou seja, a vitória contra o Novorizontino, no Morumbi, valeria ao Tricolor a liderança do grupo 2 do Paulistão.

Vítor e Ronaldo Luís, porém, estavam "estourados" e não poderiam jogar. O jeito foi retornar Cafu à antiga posição na lateral-direita e aproveitar o retorno do "último dos moicanos", como chamava a si mesmo o meio-campista Cerezo – em alusão ao filme homônimo lançado em 1992. E, nos primeiros 20 minutos da partida no estádio do Tricolor, nem parecia que esse time vinha passando por uma maratona de jogos. Um vareio de bola: 3 a 0 aplicado sem maiores esforços. Os gols foram marcados por Müller, aos sete, Palhinha, aos 11, e novamente por Müller, aos 20 minutos. Com essa folga no placar, os jogadores tiraram o pé no segundo tempo – conscientemente ou não – e o Novorizontino descontou com Sinval, aos sete minutos. Foi o necessário, com folga, para alcançar a meta pretendida: a liderança da chave no Estadual.

Apesar da boa vitória, a comissão técnica são-paulina estava preocupada. Ela constatara que o elenco entrara em uma espécie de automatismo perigoso, que poderia levar a distrações sérias durante os jogos e, assim, a resultados desfavoráveis. Tudo isso por culpa do desgaste físico. "A rotina faz com que os jogadores não tenham mais prazer em jogar", afirmou o médico Marco Antônio Bezerra. De tão cansados, eles apenas conseguem racionalizar seus objetivos, vencer e vencer sempre, mas não têm mais condições de aproveitar esses momentos. "De tão exaustos, o elenco não encontrou energias nem para festejar o título de Bicampeão", finalizou.[2] O médico definia essas características observadas nos atletas como "fadiga mental", que poderia se tornar um problema sério dali para frente: "Eles não conseguem se manter atentos ao longo dos 90 minutos. Todo esse estresse leva à falta de concentração".

O clube seguia combatendo ou minimizando esses efeitos com a melhor tecnologia e metodologia da época, por meio de dietas controladas e ricas em proteínas e carboidratos (inclusive com uma bebida chamada pelos jogadores de 'água estranha' – uma espécie de isotônico sem gosto), sessões de alongamentos e hidroginástica e uma redução drástica nos treinamentos: o elenco só treinava quando o intervalo entre os jogos era superior a 72 horas, afinal "não precisamos de jogadores para treinar, o importante é só que joguem", resumiu Moraci Sant'Anna, que concluiu: "Se o preparo físico do elenco não fosse bom, a maratona teria efeito devastador".[3]

Tudo isso era coordenado a partir do CMFAFE – Centro Médico Fisioterápico Aplicado à Fisiologia do Esporte, comandado pelo fisiologista Turíbio de Barros, no CT da Barra Funda, que tinha um só objetivo em mente: "O importante é repor o glicogênio dos músculos, que constituem 80% das reservas energéticas usadas durante uma partida".

Ainda assim, o cenário não era o ideal. "A única solução definitiva é o repouso prolongado", afirmou o médico Bezerra. As baixas pelo excesso de jogos começavam a se acumular, as distensões dos "Ronaldos" e de Vítor era a prova disso. Antes, apenas Lula havia sofrido uma contusão do tipo. "O número é muito baixo diante da massacrante exigência do calendário. Não sei o que aconteceria se não tivéssemos planejamento científico de treinos e avaliações do grupo", concluiu.[4]

No domingo, dia 30, pouco mais de 28 mil pessoas compareceram ao Morumbi para presenciar aquela partida que poderia definir o destino do Tricolor na luta pelo Tricampeonato Estadual. Um empate contra o Corinthians manteria o clube na liderança do grupo 2, com um ponto à frente deste e a dois de distância do Santos, que perdeu para o Novorizontino, de virada, por 3 a 2, em casa.

Contudo, em razão de uma arbitragem desastrosa, para dizer o mínimo possível, o São Paulo foi derrotado no Majestoso por 1 a 0, e viu o tabu de 862 minutos sem sofrer gol do rival cair junto à invencibilidade de nove partidas no clássico, como também praticamente tirar as chances do Tricolor de se classificar para a decisão do Paulistão de 1993.

O time começou a partida sofrendo com o campo encharcado, devido às fortes chuvas de horas antes, e com a grande pressão corintiana. Aos nove minutos de jogo, o time visitante já tinha um pênalti marcado para si: Gilmar derrubara Paulo Sérgio dentro da área. Zetti – que estreava um dos uniformes mais icônicos da carreira dele –, contudo, fez uma linda defesa na cobrança de Neto e im-

> **Dois minutos depois, o castigo: No contra-ataque, Viola cruzou para Neto, que concluiu para o gol. O grande detalhe de todo o lance: Neto, diferentemente de Palhinha, estava efetivamente impedido, à frente da linha defensiva tricolor no momento do passe. O gol, porém, foi validado pelo mesmo bandeirinha e pelo juiz da partida.**

[2 e 3] FSP, 30/5;
[4] OESP, 29/5.

> Para se ter uma ideia da situação, o árbitro só passou por um escrutínio e foi investigado quando confessara, em um programa na rádio Jovem Pan, no dia 10 de outubro de 1993, que recebera uma proposta de suborno pouco antes da decisão do Campeonato Paulista de 1992, dando a entender que o ato indecoroso e criminoso teria partido do Palmeiras – como dito no jornal *Folha de S.Paulo*, de 22 de outubro.

pediu a abertura do placar, garantindo mais algum tempo de seca adversária.

Pouco depois, porém, os são-paulinos equilibraram o jogo. Dinho, em um tirambaço do meio da rua, em cobrança de falta, forçou bela defesa de Ronaldo. O gol do time da casa parecia questão de tempo. Aos 24 minutos, Cafu, pela direita, encontrou Palhinha livre na área. O atacante, sozinho, tocou na saída do goleiro Ronaldo e estufou as redes. As imagens de televisão do lance deixam claro, sem sombra alguma de dúvida, que a jogada foi legal – não havia impedimento do craque tricolor. Ainda assim, o bandeirinha e o árbitro José Aparecido de Oliveira anularam o gol, que deixaria o São Paulo em situação confortável no jogo e no torneio.

Durante todo o resto do primeiro tempo e na primeira metade do segundo, ambos os times trocaram golpes entre si, mas nenhum forte o suficiente para levar o oponente ao nocaute: Zetti e Ronaldo – principalmente em um petardo de Raí, defendido no susto – iam se consagrando nas metas. Até que, aos 19 da etapa final, a maior chance tricolor na etapa: Válber, no campo defensivo, partiu para o ataque, driblou quatro marcadores rivais e tocou para Cafu na meia-esquerda. Na finalização deste, Marcelo salvou em cima da linha com a ponta do pé.

Dois minutos depois, o castigo: o mesmo Válber tentou iniciar nova jogada, mas perdeu a bola no meio de campo. No contra-ataque, Viola a cruzou para Neto, que concluiu para o gol. O grande detalhe de todo o lance: Neto, diferentemente de Palhinha, estava efetivamente impedido, à frente da linha defensiva tricolor no momento do passe. O gol, porém, foi validado pelo mesmo bandeirinha e pelo juiz da partida. O São Paulo ainda se esforçou como pode, e quase empatou a partida, mas sem Raí, extenuado, e sem Palhinha, que levara uma forte cotovelada nas costelas (foram substituídos por Catê e Cerezo), as chances pararam nas mãos do arqueiro adversário.[5]

Após o jogo, decidido absolutamente pela arbitragem de José Aparecido de Oliveira, Telê não deixou passar batido: "Ele não deveria apitar jogos do São Paulo. Não acredito em seus atos. Não sei por que deixam que ele apite nossos jogos. Sempre temos problemas".[6] Enquanto o técnico tricolor falava à imprensa, o juiz deixava o Morumbi com escolta policial, devido à revolta de torcedores, sócios e conselheiros do São Paulo nos vestiários.

Após essa tão questionável e suspeita atuação, Aparecido só voltaria a apitar mais um jogo do Tricolor em toda a história, contra o Bragantino, no Brasileirão daquele ano. Por outro lado, ele foi presenteado pela Federação Paulista de Futebol com a arbitragem do segundo jogo da final do Estadual de 1993.

Para se ter uma ideia da situação, o árbitro só passou por um escrutínio e foi investigado quando confessara, em um programa na rádio Jovem Pan, no dia 10 de outubro de 1993, que recebera uma proposta de suborno pouco antes da decisão do Campeonato Paulista de 1992, dando a entender que o ato indecoroso e criminoso teria partido do Palmeiras – como dito no jornal *Folha de S.Paulo*, de

[5] FSP, 1/6;
[6] FSP, 31/5.

22 de outubro. Ele, porém, nem ao vivo, nem depois, na justiça desportiva, revelou a procedência da oferta ilegal. O presidente do Tribunal de Justiça Desportiva, Marco Polo del Nero – ligado ao Palmeiras – arquivou o caso por falta de provas, ainda que Aparecido tenha sofrido uma consequência: fora excluído do quadro de árbitros da Federação.[7]

Com esse resultado, para grande alívio e felicidade de Eduardo José Farah, a decisão do Campeonato Paulista tinha tudo para ser entre Palmeiras e Corinthians. Telê Santana e o São Paulo, que tanto causavam dor de cabeça ao dirigente, precisariam, para se classificarem para a final, derrotar o Santos e contar com o Novorizontino, para que este arrancasse ao menos um ponto contra o Corinthians, em Novo Horizonte.

A DESPEDIDA DO REI DO MORUMBI

Sem mais rodada de competição internacional para intercalar com a agenda nacional, a Federação Paulista de Futebol marcou a última rodada da fase semifinal do Paulistão para a quinta-feira, dia 3 de junho. Assim, depois de duas semanas sem intervalo de 72 horas entre jogos, e apenas pela segunda vez em dois meses, o elenco são-paulino conseguiu três dias para descansar e repor as energias.

O clima entre todos no CT da Barra Funda, porém, era um misto de indignação e de despedida. Indignação pelo crime ocorrido sob o trino do apito no Morumbi dias antes. E de despedida pelo fato de que o jogo contra o Santos poderia ser o último de Raí com a camisa do Tricolor.

A bem da verdade, a diretoria são-paulina até tentou negociar com o PSG a liberação de Raí para atuar no Brasil por mais seis meses, mas os franceses aguardavam ansiosos pelo meia – era comum, há semanas, equipes de reportagem europeia cobrindo o dia a dia do craque do Tricolor e da Seleção Brasileira. Não houve negociação. O próprio meia, por vezes, percorreu as trilhas do CT da Barra Funda com agasalhos do time francês.

A data da viagem para a França já estava marcada: 4 de julho, após a final da Copa América. Do Brasil, Raí levaria a esposa, as filhas e uma funcionária para lhe ajudar no dia a dia no novo continente, na mala, discos de Eric Clapton, Adriana Calcanhoto, Caetano Veloso e fitas VHS com todos os seus gols pelo São Paulo: para matar a saudade. "Quando acabar o contrato de três anos com o Paris Saint-Germain, quero encerrar a carreira aqui", profetizou o ídolo.

Quanto ao jogo em si, o São Paulo encontrou mais dificuldades antes da bola rolar, enfrentando Marco Polo del Nero e o Tribunal de Justiça Desportiva, do que durante os 90 minutos com o Santos no Morumbi. É que o integrante do Tribunal impôs um jogo a mais de suspensão ao zagueiro Válber, que fora expulso contra o Santos e que cumprira a automática contra o Corinthians no primeiro turno das semifinais.

> O clima entre todos no CT da Barra Funda, porém, era um misto de indignação e de despedida. Indignação pelo crime ocorrido sob o trino do apito no Morumbi dias antes. E de despedida pelo fato de que o jogo contra o Santos poderia ser o último de Raí com a camisa do Tricolor.

[7] FT, 20/10; FSP, 22/10.

Foto: Placar

"Foi uma passagem muito boa por aqui, muito vitoriosa. Essa geração entrou para a história e eu tive a honra de participar desse grupo maravilhoso. A gente fica emocionado depois de passar tantas felicidades aqui, viver um ambiente tão gostoso como a gente vive. Sei que vou sentir muita falta disso lá, mas pretendo voltar. Com certeza, eu quero voltar."
E ele voltaria.

A defesa são-paulina tentou obter um efeito suspensivo, mas o dirigente – ligado ao Palmeiras – não o aceitou de imediato, propositalmente adiando a decisão para a segunda-feira da semana seguinte ao San-São. O Tricolor teve que recorrer, então, ao Supremo Tribunal de Justiça Desportiva para valer seu direito e conseguir a liberação do atleta para o jogo.[8]

Com apenas 15 mil pessoas no Morumbi, os descansados tricolores atropelaram o Santos, impiedosamente: 6 a 1, fora o baile e um chute na trave. A goleada começou um minuto após o Corinthians abrir o placar contra o Novorizontino, no interior: aos 23 minutos, Palhinha tabelou com Raí e, dentro da área, bateu colocado no canto esquerdo de Maurício – um lindo gol. Quatro minutos depois, Müller começou a jogada pela direita com Cafu, que centrou a bola na área, onde Raí a devolveu para Müller, que retornou a pelota para o próprio Cafu finalizar, prensado pelo zagueiro, para o gol: 2 a 0!

Sem muito o que fazer a não ser jogar um bom futebol, o Tricolor seguiu na toada e, aos 36 minutos, Raí cobrou falta na entrada da área, a bola ficou na barreira, mas, no rebote, Pintado acertou um belo voleio, no ângulo, 3 a 0! Enquanto isso, em Novo Horizonte, o breu tomou conta do jogo: o estádio Jorge Ismael de Biasi ficou às escuras por conta de três fusíveis queimados, de acordo com a explicação oficial do time da casa. O apagão levou 36 minutos para ser remediado. Dessa maneira, a partida do Tricolor acabaria antes que a do Corinthians (que acabaria com a vitória deste por 3 a 0). Nada de muito estranho perto de tudo o que já ocorrera nessa edição do Paulistão.

No segundo tempo, ao som de olés, o Tricolor colocou a disputa em banho-maria. Assim, aos 11 minutos, o Santos descontou o placar com Guga. Foi o sinal para o time são-paulino voltar à carga. Poucos minutos depois, após cobrança de tiro indireto dentro da área adversária por Raí, Palhinha completou forte e ampliou: 4 a 1. O meia-atacante voltaria a balançar as redes aos 28 minutos: Raí recuperou a bola no campo de defesa, deu um pique de meio campo e serviu, com categoria, a Palhinha, mais à frente, que só teve o trabalho de descolocar o zagueiro e o goleiro com um único drible antes de tocar a bola, quase que parando em cima da linha, para o gol, 5 a 1 para o Tricolor.

Faltava algo, todavia. Faltava o gol dele. O gol de Raí. E ele veio restando dez minutos para o fim do jogo: Palhinha encontrou o craque pelo meio, à frente da entrada da área santista. O camisa 10 deixou a bola passar por entre suas pernas enquanto rotacionava para se ajustar melhor para a finalização e se livrar do marcador: um golaço de pura classe, sem chance de defesa para Maurício: 6 a 1! E a torcida explodiu: "Raí, Raí, o terror do Morumbi".

Uma despedida no mínimo brilhante para o ídolo de toda uma geração são-paulina e um dos maiores Campeões da história do clube. E que só não foi maior e mais condigna dessa relação por causa de acontecimentos obscuros alheios ao campo de futebol. "Estou fingindo que não estou deixando o São Paulo para não

> Faltava o gol de Raí. E ele veio restando dez minutos para o fim do jogo: Palhinha encontrou o craque pelo meio, à frente da entrada da área santista. O camisa 10 deixou a bola passar por entre suas pernas enquanto rotacionava para se ajustar melhor para a finalização e se livrar do marcador: um golaço de pura classe, sem chance de defesa para Maurício: 6 a 1! E a torcida explodiu: "Raí, Raí, o terror do Morumbi".

[8] OESP, 3/6.

> Uma despedida no mínimo brilhante para o ídolo de toda uma geração são-paulina e um dos maiores Campeões da história do clube. E que só não foi maior e mais condigna dessa relação por causa de acontecimentos obscuros alheios ao campo de futebol. "Estou fingindo que não estou deixando o São Paulo para não pensar muito no assunto", Raí afirmou, emocionado, à TV Bandeirantes.

pensar muito no assunto", Raí afirmou, emocionado, à TV Bandeirantes. "Foi uma passagem muito boa por aqui, muito vitoriosa. Essa geração entrou para a história e eu tive a honra de participar desse grupo maravilhoso. A gente fica emocionado depois de passar tantas felicidades aqui, viver um ambiente tão gostoso como a gente vive. Sei que vou sentir muita falta disso lá, mas pretendo voltar. Com certeza, eu quero voltar". E ele voltaria.

INÍCIO DE UMA NOVA ERA

O futebol brasileiro é, em muitos aspectos, inexplicável. É difícil encontrar, às vezes, razão para o surgimento de tantos craques e gênios da bola neste país, ao mesmo tempo é igualmente impossível entender o calendário adotado pelas Federações, em especial na temporada de 1993.

Após uma sequência absurda de jogos nos primeiros cinco meses do ano, o São Paulo, Bicampeão Sul-Americano, enfim, encontraria alguns dias de folga: na realidade, de férias mesmo. Impedido de disputar a final do Paulistão – que nem merece mais destaque – e com o Campeonato Brasileiro previsto para começar apenas em setembro, o Tricolor teria tempo de sobra para recuperar seus atletas e, até mesmo, excursionar, fazendo uso do *status* de Campeão Mundial.

O motivo para essa lacuna na agenda de compromissos se deu pela realização de competições internacionais de seleções: a US Cup, nos Estados Unidos, a Copa América, no Equador, e seis partidas das Eliminatórias da Copa do Mundo – que, para serem concluídas, invadiriam o calendário dos clubes, de toda forma.

Dessa maneira, nem todos os craques poderiam curtir esse período sem compromissos. Boa parte do time são-paulino fora convocada pelo técnico Carlos Alberto Parreira para defender a Seleção Brasileira. A CBF, inclusive, chegara a cogitar convocar o time inteiro do Tricolor para representar o país em um dos torneios: "Para a US Cup e para a Copa América está tudo em aberto, tudo é possível". Telê, claro, havia discordado da ideia, que não foi levada adiante: "É um plano maluco, que só poderá trazer problemas para o time".[9]

No fim, foram convocados para a US Cup os atletas Cafu, Válber, Palhinha, Raí (ainda vinculado ao Tricolor), Elivélton (mesmo costumeiramente no banco de reservas são-paulino) e Müller. Os mesmos nomes foram chamados para as duas competições continentais, na sequência (Raí, todavia, já com registro pelo PSG), com o acréscimo, apenas, do goleiro Zetti, em uma das suas melhores fases na carreira. Como curiosidade, Zetti, em toda a passagem dele pelo selecionado nacional, nunca perderia um jogo sequer: foram 15 vitórias e dois empates em 17 jogos disputados entre 1993 e 1997 – em toda a história, apenas um jogador alcançou uma marca maior que a dele, neste aspecto: Giovanni, 20 partidas, entre 1995 e 1999.

Como esperado, com seis atletas convocados, o Tricolor dividiu o posto de

[9] JT, 31/3.

maior fornecedor para a Seleção Brasileira com o Palmeiras. Mas, apesar da coleção de craques, a campanha do escrete canarinho não foi das melhores: ficou com o Vice-Campeonato na US Cup, sendo superado, mesmo invicto, pela Alemanha no torneio de pontos corridos. Já na Copa América, não passou do quinto lugar, sendo eliminado nos pênaltis, pela Argentina, após um empate de 1 a 1.

Nesse entremente, a coletividade são-paulina passou por um dos maiores sustos de toda a história dessa paixão: o troféu do título Mundial de 1992 havia desaparecido!

Na segunda-feira, dia 14 de junho, após a ronda rotineira dos funcionários no Salão Nobre do clube, no Estádio do Morumbi, foi constatada a ausência de uma taça – sentida apenas pelo espaço vazio destinado a ela. A princípio, a equipe de segurança não tinha a menor ideia de que peça teria sumido. No dia seguinte, porém, constatou-se que a desaparecida era nada menos que a Coupe Européenne-Sudamericaine, o troféu oficial do Mundial de Clubes e de posse transitória. Estimado em algo entre 4 e 18 mil dólares, o troféu permaneceria em poder do Tricolor apenas até o dia 30 de setembro, quando seria devolvido aos organizadores da UEFA, Conmebol e FIFA, para ser recolocado novamente em disputa, em dezembro.[10]

O boletim de ocorrência, nº 2608/93, foi registrado no 34º Distrito Policial, na Vila Sônia, ainda no dia 14, sem especificação do item. O investigador designado, Carlos Negreiros do Amaral Filho, trabalhava com a hipótese de que o sumiço do prêmio tinha se dado no feriado de *Corpus Christi*, na quinta-feira anterior, e que tenha sido perpetrado por algum ex-funcionário, recentemente demitido.[11]

Foram alguns dias de angústia, mas com o caso explodindo na mídia na quinta-feira, dia 17, não foi de se estranhar o desfecho antecipado dessa história: o Troféu perdido/furtado foi encontrado à 1h da madrugada do dia 19 de junho, pelo vigia Antônio Tomás Nunes Santos. Ele se encontrava embrulhado em folhas de jornal (datadas de 27 de fevereiro de 1993), quando fora resgatado de um banheiro masculino próximo à lanchonete do piso superior, à beira das piscinas, no edifício dos ginásios poliesportivos.

O local, que recebia a Feira Internacional Japão-São Paulo Futebol Clube, teve ampla movimentação de sócios e funcionários até a meia-noite e a polícia não conseguiu identificar um suspeito. O importante, porém, foi o que escreveram em um grande quadro-negro da área social: "Achamos a taça" – conforme as informações divulgadas pela Folha de S.Paulo, de 20 de junho.

O caso motivou o reavivamento de uma antiga ideia de Mesquita Pimenta: a construção um espaço próprio para o resguardo e preservação de toda a *memorabilia* do clube, ou, como inicialmente era chamado pelo presidente: um "taçódromo". "Vamos construir este museu ao lado do auditório Monsenhor Bastos. Será um museu moderno, onde ficará toda a história do São Paulo", afirmou o dirigente.[12] No ano seguinte, no dia 28 de março, esse sonho fora concluído e inaugurado

> Após uma sequência absurda de jogos nos primeiros cinco meses do ano, o São Paulo, Bicampeão Sul-Americano, enfim, encontraria alguns dias de folga. Impedido de disputar a final do Paulistão e com o Campeonato Brasileiro previsto para começar apenas em setembro, o Tricolor teria tempo de sobra para recuperar seus atletas e, até mesmo, excursionar, fazendo uso do *status* de Campeão Mundial.

[10] FSP, 17/6 e 20/6;
[11] FSP, 18/6;
[12] OESP, 29/3; AGE, 29/6.

como Memorial do São Paulo Futebol Clube, batizado, em 16 de fevereiro de 2004, como Memorial Luiz Cássio dos Santos Werneck.

Quanto ao troféu original do Mundial, ele acabou sendo devolvido antecipadamente, no dia 11 de julho, aos promotores da Tentsu, permanecendo exposto em uma galeria de Tóquio até dezembro.[13]

De volta à normalidade, a pausa na agenda serviu também para o Tricolor definir questões comerciais e esportivas estratégicas: um novo patrocinador máster de camisa e os compromissos da turnê internacional da equipe até a estreia no Campeonato Brasileiro.

NOVO PATROCINADOR E NOVO ÍDOLO

No dia 24 de junho, o São Paulo firmou as bases contratuais com a TAM, originalmente Transportes Aéreos Marília, para um patrocínio de 110 mil dólares mensais – cerca de 8 milhões de cruzeiros. Por ano, o montante chegava a 1,32 milhão de dólares, com possíveis adicionais para o custeio do salário de Telê Santana e de alguns jogadores de maior renome.[14]

A parceria com a TAM – atualmente parte da gigante multinacional LATAM –, veio em boa hora. O antigo patrocinador, a IBF (Indústria Brasileira de Formulários), que deveria pagar 85 mil dólares por mês ao Tricolor, estava já a seis sem fazer depósito algum na conta do clube. A situação era tão absurda que um diretor chegara a afirmar que "O São Paulo estava começando a patrocinar a IBF, e não o contrário".[15]

Além disso, a referida empresa se encontrava em grave situação financeira decorrida da participação dela em negócios com o governo federal investigados pela "CPI do PC Farias". O departamento jurídico do São Paulo teve que recorrer à Justiça, e ao artigo 1.092 do Código Civil, para rescindir o contrato com a IBF, que foi notificada a pagar, até o dia 22 de junho, os 9,8 bilhões de cruzeiros que devia ao clube (algo entorno de 2 milhões de dólares) – o que, claro, não ocorreu –, deixando o Tricolor livre para assinar com outra empresa.

Urgia, ao São Paulo, então, encontrar novo e mais confiável apoiador. O presidente Mesquita Pimenta havia, antes, negociado com os bancos Bradesco e Nacional, além da montadora de automóveis italiana FIAT e indústria eletrônica Sony, japonesa.[16] A concorrente que mais perto chegou de assinar, porém, foi outra empresa japonesa do ramo de eletrônicos, a Panasonic. O projeto, porém, envolvia a instalação de um megatelão no estádio do Morumbi, no valor de 6,5 milhões de dólares, e o acordo não andou.

A relação do clube com Rolim Adolfo Amaro, dono da TAM, foi decisiva para o contrato: ambos se tornaram próximos de tanto que o Tricolor fretava as aeronaves da empresa para viagens. "Nosso relacionamento com a TAM sempre foi muito bom. Conhecemos até as tripulações... Para se ter uma ideia, nos voos

> No dia 24 de junho, o São Paulo firmou as bases contratuais com a TAM, originalmente Transportes Aéreos Marília, para um patrocínio de 110 mil dólares mensais – cerca de 8 milhões de cruzeiros. Por ano, o montante chegava a 1,32 milhão de dólares, com possíveis adicionais para o custeio do salário de Telê Santana e de alguns jogadores de maior renome.

[13] AGE, 7/7;
[14] FT, 25/6; FSP, 10/8;
[15] FT, 25/6;
[16] FSP e FT, 24/4; OESP, 10/8.

Foto: Reprodução / Folha de S. Paulo

A TAM apresentaria (ver página 136) um conjunto peculiar de camisas: seriam vetadas.

NOVO PATROCÍNIO TRICOLOR

A companhia de aviação TAM é o novo patrocinador do São Paulo. O contrato foi assinado ontem e é válido por dois anos —só vale para publicidade nas camisas do futebol profissional. O clube receberá US$ 110 mil mensais. O patrocinador sugeriu um novo desenho para a camisa, que foi mostrado por modelos. A diretoria acha difícil a mudança.

até as toalhas das bandejas têm o distintivo e o hino do São Paulo impressos", comentou o diretor Márcio Aranha.[17]

Faltava, porém, apenas o principal de tudo: assinar o contrato. Por causa de uma viagem de Mesquita Pimenta à Europa, para tratar de questões administrativas e financeiras com Keith Cooper, da ISL (subsidiária da Dentsu), um dos organizadores do Mundial, o ponto final dessa história ainda demoraria mais algum tempo. E, com isso, o Tricolor ainda atuaria mais alguns jogos com a marca IBF no peito.

Com esse lado parcialmente arranjado, a diretoria também decidiu o que o time faria até o começo do Brasileirão. Preferiu-se excursionar, realizando uma série de amistosos internacionais pela Europa e América a tomar parte no revivido – embora natimorto – Torneio Rio-São Paulo, competição tapa-buraco criada de improviso por Farah e Eduardo Viana, o "Caixa D'Água", presidente da FERJ.

A decisão era mais do que acertada, não apenas em termos de prestígio mundial, como também financeiro: era esperado que o clube faturasse cerca de 800 mil dólares – 45 bilhões de cruzeiros – com os jogos internacionais, ao passo que, mesmo chegando à final do torneio regional, o máximo lucro obtido pelo clube seria na casa dos 80 mil dólares – 4,5 bilhões de cruzeiros.[18]

As escalas do time são-paulino, então, seriam na Espanha, para o Troféu Santiago de Compostela, em junho; nos Estados Unidos, para o Torneio Cidade de Los Angeles, e no México, para o Troféu Jalisco, em agosto; e de novo Espanha, no mesmo mês, para mais quatro competições amistosas: Troféu Teresa Herrera, Troféu Cidade de Albacete, Troféu Colombino e Troféu Ramón de Carranza. Em julho, ainda, haveria a realização da Copa de Ouro Sul-Americana, oficialmente Copa de Ouro Nicolás Leoz, competição da Conmebol que envolveria os Campeões da entidade em 1992: o São Paulo (vencedor da Copa Libertadores), o Cruzeiro (Supercopa), o Atlético Mineiro (Copa Conmebol) e o Boca Juniors (Copa Master da Supercopa).

> "Nosso relacionamento com a TAM sempre foi muito bom. Conhecemos até as tripulações... Para se ter uma ideia, nos voos até as toalhas das bandejas têm o distintivo e o hino do São Paulo impressos", comentou o diretor Márcio Aranha.

[17] DP, 25/6;
[18] DP, 25/6.

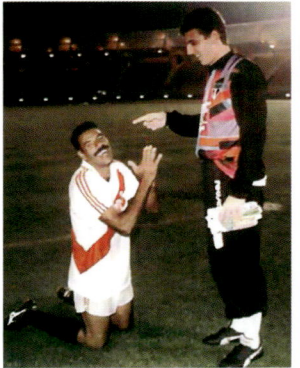

> **A mescla de juventude e experiência deu muito certo e, na primeira partida da excursão, o São Paulo goleou o Tenerife – que havia impedido os títulos do Real Madrid no Campeonato Espanhol em 1992 e em 1993.**

A turnê começaria, todavia, sem a presença do técnico Telê Santana, no já tradicional esquema de renovação de "contrato" e de merecidas férias. Muito se cogitou, na época, entre os profissionais de imprensa, que o técnico Carlos Alberto Silva poderia retornar para uma terceira passagem dele no comando do clube. A única coisa certa, contudo, era que o treinador Campeão da Copinha, e responsável tanto pelo Expressinho quanto pelo Sub-20 do Tricolor, Márcio Araújo, seria aquele que escalaria o time são-paulino na primeira partida após a despedida de Raí: o primeiro jogo de uma nova era, que, curiosamente, começou com Rogério Ceni no gol, na estreia dele na categoria principal.

Desfalcado também pelos jogadores integrantes da Seleção Brasileira, o Tricolor acabaria promovendo não só a estreia do goleiro, como também a do atacante Guilherme, contratado por empréstimo do Marília, por 70 mil dólares (e que havia marcado oito gols no Paulistão), e do meio-campista Juninho, originário do Ituano, onde conquistou grande destaque, inclusive em atuações contra o próprio São Paulo (ele marcara o gol do empate, por 3 a 3 no Morumbi, em julho de 1992).

A mescla de juventude e experiência (tomaram parte no time Ronaldão, Pintado e Cerezo, por exemplo) deu muito certo e, na primeira partida da excursão, o São Paulo goleou o Tenerife – que havia impedido os títulos do Real Madrid no Campeonato Espanhol em 1992 e em 1993 – por 4 a 1, com direito a quatro gols do estreante Guilherme! Um recorde que somente seria igualado em 2010, por Fernandinho. Como prêmio, os tricolores ganharam o Troféu Xacobeo: a quarta conquista de 1993.

Foto: Arquivo Histórico do São Paulo F.C.

O torneio na Espanha marcou a estreia de Rogério Ceni, que salvou Cerezo e propiciou a Ronaldão erguer o troféu de Campeão.

De quebra, Rogério Ceni ainda defendeu um pênalti, cobrado por Dertycia: o primeiro da imensa lista de 50 defesas que acumularia na carreira. Aliás, foi por meio de penalidades que o Tricolor faturou o Troféu Santiago de Compostela no jogo seguinte, contra o River Plate, após o placar de 2 a 2 no tempo normal.

De quebra, Rogério Ceni ainda defendeu um pênalti, cobrado por Dertycia: o primeiro da imensa lista de 50 defesas que acumularia na carreira. Aliás, foi por meio de penalidades que o Tricolor faturou o Troféu Santiago de Compostela no jogo seguinte, contra o River Plate, após o placar de 2 a 2 no tempo normal.

Dinho, Gilmar, Matosas e Ronaldo Luís marcaram, enquanto Astrada mandou o dele para fora e Rogério Ceni se consagrou novamente, defendendo a cobrança de Corti, 4 a 3. A atuação de gala do novato valeu homenagem de Cerezo, que se ajoelhou perante o futuro ídolo são-paulino por lhe salvar a pele: o veterano havia desperdiçado um pênalti no tempo normal e outro na decisão.

De volta ao Brasil, com mais um grande troféu na bagagem, a comitiva são-paulina foi recepcionada mais por jornalistas do que por torcedores, todos interessados no possível grande craque que se avistava e que substituiria o ídolo Raí: Rog... Ou melhor: Guilherme. "Nunca vou esquecer esses gols. Queria chegar no São Paulo e ser Campeão de alguma coisa. Consegui. Estou feliz e muito assustado com tudo isso."[19]

Enquanto os tricolores rejubilavam-se com mais um título (a quinta conquista no ano), o futuro adversário na luta pelo título Mundial em Tóquio, o Olympique de Marseille, via-se em maus lençóis. Um caso de suborno no valor 45 mil dólares, e praticado por um dos atletas do clube, Jean Jacques Eydelie, e pelo diretor Jean-Pierre Bernes, para que jogadores do pequeno Valenciennes facilitassem a vitória do time francês em confronto do Campeonato Nacional, fora exposto e as consequências judiciais e esportivas à entidade seriam enormes.

O clube acabaria condenado pelo caso e perderia não só o título Fran-

[19] AGE, 30/6.

> O futuro adversário na luta pelo título Mundial em Tóquio, o Olympique de Marseille, via-se em maus lençóis. Um caso de suborno no valor 45 mil dólares, praticado por um dos atletas do clube e por um diretor, para que jogadores do pequeno Valenciennes facilitassem a vitória do time francês em confronto do Campeonato Nacional, fora exposto e as consequências judiciais e esportivas à entidade seriam enormes.

cês, como também seria eliminado das competições da UEFA da temporada 1993/1994. Com o avançar das investigações, ainda seria rebaixado para a segunda divisão da Liga Nacional em 1994/1995. Mas a principal consequência dos acontecimentos com o Olympique, para o Tricolor, foi a exclusão do time de Marseille da disputa do título Mundial, em Tóquio, anunciada pelo secretário-geral da FIFA, Joseph Blatter, no dia 27 de setembro de 1993.

Com o impedimento dos franceses, a UEFA indicou o time do Milan para a decisão de dezembro. E, apesar de ser considerado um adversário ainda mais perigoso, os são-paulinos apreciaram a escolha: quanto mais difícil, melhor. "Enfrentar o Milan será um atrativo maior para o público e um jogo mais difícil para o São Paulo. O time do Milan é mais forte do que o do Olympique", comentou Telê, que havia presenciado uma partida do adversário quando visitara a Itália em janeiro. "O time raciocina e põe a bola no chão. Tem um poder de marcação bem eficiente. Eles marcam sob pressão e diminuem os espaços para o adversário". O confronto era há muito esperado. O próprio time italiano havia convidado o Tricolor para um jogo de entregas de faixas mútuas entre abril e junho de 1993, mas não houve data disponível comum a ambos. Em dezembro, então, colocariam à prova o título de melhor time de futebol do mundo.[20]

Mas essa decisão ainda estava longe, e o Tricolor ainda visava a outras conquistas internacionais. Basicamente, o mesmo time vitorioso no Troféu Santiago de Compostela tomou parte na Copa de Ouro, iniciada no dia 7 de julho, em confronto contra o Boca Juniors, na Argentina. A principal diferença, porém, encontrava-se no banco de reservas, com o retorno de Telê Santana ao comando do time.

O técnico mais uma vez se acertara verbalmente com a diretoria são-paulina, garantindo a permanência no posto ao menos até a decisão do Mundial Interclubes, em dezembro. Ele nem mesmo criara caso com a possibilidade de assumir a Seleção Brasileira, no lugar de Parreira, haja vista que ele era a preferência nacional em caso de substituição, conforme pesquisa do Datafolha. "Meu ciclo na Seleção já passou. Não quero mais isso", resumiu.[21]

Na Bombonera, o Tricolor suportou a pancadaria do time local o quanto deu, e quase se saiu bem-sucedido nessa missão. Contudo, com um gol aos 42 minutos do segundo tempo de Martínez, o time voltou ao Brasil com uma derrota por 1 a 0, o que seria crucial para o restante do certame.

Na partida de volta, no Pacaembu, O São Paulo devolveu a derrota ao time argentino, vencendo no tempo normal pelo mesmo placar, graças a um gol de Matosas, aos 28 minutos da etapa final. A vaga para a final do torneio seria decidida, então, na prorrogação. Entretanto, não seria uma prorrogação normal. A competição testaria uma recente inovação aprovada pela International Board: a chamada "morte súbita"; ou, em termos eufemísticos, o "gol de ouro": aquele que marcasse o primeiro gol neste tempo extra sairia vitorioso.

[20] DP, 4/2 e 15/7; FSP, 7/3;
[21] AGE, 30/6.

Foto: Gazeta Press

Com a saída de Márcio Araújo, Telê passou a contar com a ajuda de Muricy Ramalho para comandar o Expressinho do Tricolor.

E Martínez, mais uma vez, balançou as redes, logo no primeiro minuto da prorrogação, pondo fim às chances de conquista de mais um torneio internacional por parte dos tricolores. Outra cicatriz deixada pelo confronto foi a no nariz de Rogério Ceni. Fraturado, ele necessitou de cirurgia para correção.[22]

PAUSA PARA REESTRUTURAÇÃO

A triste eliminação também marcou as despedidas de Pintado e Vítor. O volante se transferiu para o Cruz Azul, do México, ao custo de 650 mil dólares livres para os cofres tricolores. Já o lateral-direito se mudou para Madrid, onde defenderia o Real, após o São Paulo receber 300 mil dólares pelo empréstimo.[23]

O time espanhol estava interessado mesmo era em contratar Cafu, mas fora convencido pelo presidente Mesquita Pimenta a levar o colega dele temporariamente, afinal, o ponta era peça-chave para o Tricolor até dezembro. Depois do Mundial, a situação poderia mudar.[24]

Outros atletas Campeões que deixaram o Morumbi foram o zagueiro Adílson, para o Guarani; e o atacante Macedo (depois de passagem pelo Cádiz), primeiramente para o Internacional (até ser dispensado por indisciplina) e depois para o Cruzeiro, ambos emprestados. Posteriormente, em outubro, Elivélton, encostado por Telê mesmo antes da convocação para a Seleção, acabaria emprestado ao Nagoya Grampus Eight, do Japão.[25]

As baixas também surgiram entre os integrantes da comissão técnica entre o primeiro e o segundo semestres: A Parmalat fizera uma proposta irrecusável à Valdir de Moraes, que há três anos trabalhava no Tricolor: o cargo de gerente de futebol e um salário de cinco mil dólares mensais. Márcio Araújo também se demitira, após receber proposta do Corinthians para assumir o Sub-20 do clube. Para o comando do time Júnior, o São Paulo promovera o técnico e ex-jogador Muricy Ramalho, que estava no Juvenil. Com ele, subira o doutor José Sanchez

Com o avançar das investigações, ainda seria rebaixado para a segunda divisão da Liga Nacional em 1994/1995. Mas a principal consequência dos acontecimentos com o Olympique, para o Tricolor, foi a exclusão do time de Marseille da disputa do título Mundial, em Tóquio. Com o impedimento dos franceses, a UEFA indicou o time do Milan para a decisão de dezembro.

[22] NP, 13/7;
[23] AGE, 14/7;
[24] FT, 13/7;
[25] FT, 12/10.

de Aquino, que passou a integrar o departamento médico no lugar de Marco Antônio Bezerra e de Héldio Fortunato Gaspar de Freitas. Os fisioterapeutas Sidnei Scapucin Negrão e Marcos Kimura também deixaram o clube.[26] Como preparador de goleiros, Jair Santos assumiu a posição, embora a diretoria tenha tentado repatriar o ex-goleiro Roberto Rojas – que há muito necessitava de apoio – para a função. A ideia foi posta de lado pela reação negativa vinda da CBF.[27]

Nessa altura, a torcida e a imprensa receavam que o Tricolor estivesse em processo de desmanche. Fato veemente negando pelo presidente Mesquita Pimenta. Telê, contudo, teria problemas: "Vou procurar soluções caseiras. Para o lugar do Pintado, por exemplo, tenho três nomes: Mona, Doriva e Marcos Adriano, que será treinado nessa função", confessou. Alguns dias depois, Luís Carlos Goiano chegou do Novorizontino, por empréstimo, para essa mesma posição. Já na lateral-direita, Pavão foi trazido da base.[28]

Enquanto pensava no que fazer, o técnico são-paulino preparava o time para uma partida beneficente em prol da Cruz Vermelha em Lima, no Peru, no dia 17 de julho, contra um Combinado Peruano ou o Sporting Cristal – fontes divergem –, mas o confronto foi adiado por falta de voo direto para a capital peruana. A alternativa, paga pelos contratantes, era via uma longa e tortuosa escala em Miami, com acréscimo de quatro horas no passeio.[29]

O azar do destino acabou se mostrando providencial. Pela viagem não concretizada ter virado notícia no Peru, o clube acabou descobrindo que o jogo, parte de uma certa Copa Solidariedade, seria uma espécie de "golpe", armado por um tal Pedro do Nascimento, que já havia engabelado o Goiás, no começo de junho: "Uma funcionária desta entidade nos telefonou para dizer que o nome da Cruz Vermelha estava sendo usado indevidamente e que ela nada tinha a ver com o jogo", revelou o assessor Newton Freire.[30]

Com a lacuna aberta no calendário, jogadores e funcionários apreciaram mais alguns dias de folga, após aquele primeiro semestre insano: "Isso é um milagre", brincou Cerezo, que dizia nem saber o que fazer com o tempo livre. Por sua vez, o massagista Hélio Santos, proprietário de uma chácara na região de Campinas, tinha tudo já traçado: "Vou ver galinhas e a minha vaquinha".[31]

Já Moraci Sant'Anna e Altair Ramos foram convidados para apresentar os trabalhos que desenvolviam com recursos tecnológicos da Microsoft na Feira de Informática do Anhembi, no estande da empresa, que fornecia ao Tricolor o *notebook* 386 – o novo microcomputador a serviço da comissão técnica desde o 6 a 1 no Santos – e o *software* Access, tão necessários no dia a dia da comissão técnica.[32]

Até mesmo Telê arranjou um *"freela"* paralelo, como comentarista da rede de televisão SBT para partidas da Seleção Brasileira, acompanhando in loco os jogos no exterior contra Equador (0 a 0) e Bolívia (derrota por 2 a 0), válidos pelas Eliminatórias da Copa.[33]

> Uma notícia explodiu como uma bomba no clube: no dia 2 de agosto, Zetti fora suspenso preventivamente pela FIFA por um teste *antidoping* dele ter apontado rastros de um componente derivado da folha de coca após o jogo da Seleção Brasileira contra a Bolívia, em La Paz, no dia 25 de julho.

[26] FT, 28/7; DP e NP, 28/9;
[27] AGE, 30/7, 31/7 e 28/8; DP, 30/8;
[28] FT, 15/7; AGE, 24/7;
[29] AGE e OESP, 16/7;
[30] AGE e FT, 22/7;
[31] DP, 25/7;
[32] GE, 15/7 e 18/7;
[33] DP, 28/7.

Antes do fim do mês de julho, porém, todos já estavam de volta ao batente e a falta de jogos do Tricolor motivou a torcida são-paulina a comparecer até aos treinamentos da equipe na Barra Funda. No jogo-treino contra o Nacional, vencido por 3 a 0, no dia 29, mais de mil torcedores lotaram a pequena arquibancada do CT.

Os tricolores ainda demorariam a ver o time em campo novamente no Morumbi. O São Paulo passou o mês de agosto inteiro no exterior, e ainda sem os principais ídolos no time, a serviço do escrete canarinho. E foi a respeito de um desses selecionados que uma notícia explodiu como uma bomba no clube.

CHÁ DE PREOCUPAÇÃO E CHÁ DE AEROPORTO

No dia 2 de agosto, Zetti fora suspenso preventivamente pela FIFA por um teste *antidoping* dele ter apontado rastros de um componente derivado da folha de coca após o jogo da Seleção Brasileira contra a Bolívia, em La Paz, no dia 25 de julho. O jogador Rimba, da equipe adversária, também foi acusado no mesmo exame. Ambos poderiam acabar suspensos do futebol por até dois anos.

Todos ficaram surpresos com o fato e absolutamente ninguém no clube e ninguém de respeito no meio esportivo acreditou na possibilidade de o goleiro ter utilizado alguma substância proibida. "Acredito em tudo, menos que o Zetti tenha se dopado", afirmou Telê, que cogitou até sabotagem.[34]

Todos, tanto do São Paulo, quanto da CBF, defenderam veementemente o arqueiro. A CBF valeu-se até de contatos com o Governo Federal e a Polícia Federal para elaborar a defesa do jogador, que afirmara que a única coisa que havia feito fora tomar um chá, servido a todos da delegação brasileira: "No dia anterior ao jogo, tomei um chá no hotel, mas todos os jogadores também tomaram. Não sei que chá é esse".[35]

A referida bebida era um trimate, combinação que reúne folhas de coca, maçã e anis, costumeiramente utilizada para combater os efeitos da falta de ar sentida na altitude dos Andes pela população local. Tanto que o chá era servido gratuitamente aos visitantes no aeroporto da capital boliviana.[36]

Depois da vida inteira de Zetti, e dos familiares, ter sido revirada de ponta a ponta pela imprensa, a contraprova do exame, realizada em um espectrofotômetro de massa, no Instituto de Ciências Esportivas de Madrid, na Espanha, na sexta-feira, dia 6 de agosto, atestou o que todos sabiam: o goleiro não havia se dopado.

Em nota oficial, a FIFA concluiu: "Agora, com elementos essenciais desta investigação aprofundados, ficou demonstrado com quase absoluta certeza de que os dois jogadores não cometeram nenhuma contravenção às normas da FIFA relativas ao *doping*... De fato, foi concluído que os traços de cocaína vieram de um chá, o trimate, geralmente bebido na Bolívia para combater os efeitos nefastos da altitude, tendo como ingrediente folhas de coca. Dessa forma, a Comissão Or-

> A referida bebida era um trimate, combinação que reúne folhas de coca, maçã e anis, costumeiramente utilizada para combater os efeitos da falta de ar sentida na altitude dos Andes pela população local. Tanto que o chá era servido gratuitamente aos visitantes no aeroporto da capital boliviana. Dessa forma, a Comissão Organizadora da FIFA decidiu anular imediatamente a suspensão.

[34] AGE, 3/8;
[35] AGE, 3/8; FSP, 5/8;
[36] FT, 4/8.

> A diretoria são-paulina, enfim, promoveu o evento de assinatura de contrato com o novo patrocinador principal do time: a TAM. O evento, realizado no dia 9 de agosto, na sala de embarque da companhia no aeroporto de Congonhas, contou com uma apresentação inusitada: 24 modelos femininas desceram de um avião Fokker-100 trajando uniformes bem distintos.

ganizadora da FIFA, através de sua Subcomissão para Assuntos Urgentes, decidiu anular imediatamente a suspensão".[37]

A única punição ficou à CBF (uma multa de 25 mil francos suíços, cerca de 1,35 milhão de cruzeiros), por permitir que os atletas fossem expostos a alimentos potencialmente prejudiciais ao exame *antidoping*.[38] Faltou, contudo, um pedido de desculpas, pois o sensacionalismo do caso, mesmo que por poucos dias, acabaria por atrapalhar a trajetória do goleiro na Seleção Brasileira, justamente quando ele vivia o auge da carreira.

Mais tranquila após a resolução do caso de Zetti, a diretoria são-paulina, enfim, promoveu o evento de assinatura de contrato com o novo patrocinador principal do time: a TAM. O evento, realizado no dia 9 de agosto, na sala de embarque da companhia no aeroporto de Congonhas, contou com uma apresentação inusitada: 24 modelos femininas desceram de um avião Fokker-100 trajando uniformes bem distintos: um predominantemente branco; outro, vermelho, criados pelo estilista Gustavo Rosa – que já tentara emplacar uma nova coleção do tipo, em 1992 – e propostos pela empresa para serem as novas vestimentas do time.[39]

O diretor Fernando Casal de Rey, entretanto, garantiu que nada daquilo viria a ser utilizado: "Tudo estratégia de marketing". Segundo ele, não havia a menor possibilidade de se tornarem peças oficiais de jogo: "Nem agora, nem no futuro. A gente pode mudar perfumarias como a gola e manga para acompanhar os cortes modernos, mas a tradição na questão da camisa é muito forte no São Paulo e não pretendemos desafiá-la", concluiu.[40]

Com o uniforme tradicional – e ainda com a estampa do antigo patrocinador, a IBF, o Tricolor iniciara a jornada internacional, retomando a rotina de conquistas. No dia 7 de agosto, nos Estados Unidos, o time venceu o América do México por 4 a 3, com gols de Matosas (2), Ronaldão e Dinho – este no minuto final –, e faturou o Troféu Cidade de Los Angeles. Dois dias depois, já em Guadalajara, no México, o Tricolor superou o Chivas nos pênaltis – 6 a 5, com Gilberto garantindo a vitória com a defesa da cobrança de Arellano –, após empate no tempo normal em 1 a 1 – gol marcado por Ronaldão nos acréscimos –, e levantou o Troféu Jalisco. A delegação, nesses dois torneios, foi composta por 18 jogadores: Rogério Ceni, Gilberto, Murilo, Gilmar, Lula, Ronaldão, Marcos Adriano, Ronaldo Luís, André Luiz, Luis Carlos Goiano, Dinho, Cerezo, Matosas, Juninho, Jamelli, Catê, Cláudio Moura e Guilherme. Foram, aliás, o sexto e sétimo troféus conquistados na temporada.

Se na primeira perna da turnê, a campanha tinha sido bem-sucedida, o mesmo não pode ser dito do trecho final do passeio. Na Espanha, o Tricolor não obteve novos títulos, mesmo contando com o reforço do lateral-direito Jura, contratado por empréstimo junto ao Guarani. O time sentira a falta de Cerezo, que sofreu um estiramento na coxa no primeiro tempo do jogo no México e retornou ao Brasil para tratamento.

---

[37] FT, 7/8;
[38] FSP, 18/8;
[39] DP, 10/8;
[40] OESP, 11/8.

Mais dois novos troféus internacionais para o Tricolor em 1993.

O Tricolor iniciara a jornada internacional, retomando a rotina de conquistas. No dia 7 de agosto, nos Estados Unidos, o time venceu o América do México por 4 a 3 e faturou o Troféu Cidade de Los Angeles. Dois dias depois, já em Guadalajara, no México, o Tricolor superou o Chivas nos pênaltis – 6 a 5, após empate no tempo normal em 1 a 1.

Nos dias 13 e 14 de agosto, após vencer a Lazio, da Itália, por 3 a 1 na abertura do Troféu Teresa Herrera, em La Coruña, o São Paulo encarou o Barcelona, em uma espécie de revanche para os locais, e perdeu por 1 a 0 na decisão da competição, em razão de um gol de cabeça marcado pelo brasileiro Romário – recente aquisição do clube catalão.

"Sem vários titulares que estão na Seleção Brasileira, estamos tentando dar entrosamento a um novo time que deve disputar o Campeonato Brasileiro", justificava o técnico são-paulino, que teria um novo desfalque para o próximo jogo: o goleiro Rogério Ceni foi dispensado do amistoso para retornar ao Brasil por razões familiares: a mãe, gravemente enferma, faleceria pouco tempo depois.[41] Em Albacete, no dia 18 de agosto, Telê resolveu poupar alguns jogadores e levou a campo um time quase reserva, em um grupo que já era considerado misto pela falta dos selecionáveis. Resultado, derrota frente ao Albacete Balompié por 3 a 1 (gol de Cláudio Moura).

Após o jogo, Telê desentendeu-se com o goleiro Gilberto, o zagueiro Lula e o lateral Marcos Adriano. Disciplinador, o técnico não tolerou os atos, segundo ele, de indisciplina dos atletas durante a folga dada aos jogadores após a derrota (teriam retornado ao hotel às 3h30 da madrugada). Os três foram cortados e enviados de volta ao Brasil – em breve, todos seriam desligados do clube, mesmo Lula, que há pouco, em julho, fora adquirido em definitivo junto ao Famalicão, de Portugal, por 195 mil dólares.[42] "Saímos de teimosos, para vermos um show numa praça, a convite de um primo do Matosas", reconheceu o guarda-redes. Lula, por sua vez, não via nada demais no ocorrido: "Fomos tomar ar puro. Jogador não é escravo".[43]

[41] OESP, 16/8; AGE, 18/8;
[42] AGE, 15/7; NP, 24/8;
[43] DP, 24/8.

1993 - Parte 2: Campeonato Paulista, Copa do Brasil, Torneios na Espanha, nos EUA e no México, Recopa e Supercopa

> Na estreia do Troféu Ramón de Carranza, o Tricolor enfrentaria o Palmeiras, de Vanderlei Luxemburgo. Logo a um minuto, Jamelli abriu o placar. Foi, então, que a estranha arbitragem de Juan Andujar Oliver começou a estragar o confronto: aos 20 minutos de jogo, o juiz expulsou o zagueiro Ronaldão, e antes ainda do fim da primeira etapa, também o volante Dinho. Depois mais dois jogadores não identificados (nem o árbitro soube dizer quem), além de Telê e Moraci Sant'Anna.

[44] DP, 25/8; FT, 27/8;
[45] FT, 8/5; DP, 14/7; FT, 20/8.

Palmeiras é finalista com a ajuda do juiz

Foto: Reprodução / Diário Popular

PELO MUNDO
PAULO CEZAR CORREA

CADIZ (Espanha) — Graças à desastrosa atuação do árbitro Andujar Oliver, que saiu de campo vaiado pela própria torcida espanhola, e a falha do goleiro Rogério no final do jogo, o São Paulo perdeu ontem, em Cadiz, para o Palmeiras, por 2 a 1. O resultado colocou o Verdão na final do Torneio Ramon de Carranza e o time disputa hoje o título com o Cadiz — se ganhar conquistará o seu terceiro título este ano e a quarta taça na Espanha. O Tricolor brigará pelo terceiro lugar com o Atlético de Madri.

O São Paulo começou o jogo com muita disposição. Aos 30 segundos, Jamelli aproveitou-se de uma falha de Alexandre Rosa e do goleiro Sérgio para fazer 1 a 0. Explorando as jogadas em velocidade, o time dava muito trabalho ao Palmeiras. Mas, aos 18 minutos, o árbitro pisou na bola ao expulsar o médico do Tricolor e o zagueiro Ronaldão.

Para piorar as coisas para o São Paulo, que passou a ser dominado pelo adversário, Dinho foi expulso no final do primeiro tempo. Isso obrigou o time a se armar na defesa para a fase final. Foi exatamente isso que o técnico Telê Santana fez, com Matosas atuando como se fosse um zagueiro.

Pressionando, o gol do Verdão era apenas uma questão de tempo. E ele veio aos sete minutos, através de Jean Carlo. Sem forças para sair ao ataque, o São Paulo se defendia de qualquer maneira, enquanto que o adversário não tinha capacidade para converter sua superioridade em gols. Aos 35 minutos, Gilmar quase marcou o segundo gol são-paulino. O zagueiro chutou despretenciosamente para o gol e o palmeirense Sérgio por pouco não engoliu um frango. O gol da vitória do Palmeiras veio aos 44 minutos, quando Mazinho chutou, Rogério soltou a bola e Maurílio marcou.

Depois do jogo o árbitro doido disse ainda que havia expulsado mais dois ou três jogadores (nem ele soube dizer quem era, mas suspeita-se que sejam Jura e Matosas), além do técnico Telê e do preparador físico Moraci Santana.

Palmeiras 2 x São Paulo 1

Torneio Ramon de Carranza
Local: Estádio Ramon de Carranza, em Cadiz, Espanha
Árbitro: Andujar Oliver, auxiliado por Chirino Rivera e Martinez Abril
Gol: Jamelli, aos 30 segundos do primeiro tempo; Jean Carlo, aos 7, e Maurílio, aos 44 minutos do segundo tempo

EQUIPES
PALMEIRAS — Sérgio; Gil Baiano (Cláudio), Tonhão (Paulo Sérgio), Alexandre Rosa e Roberto Carlos; César Sampaio, Amaral (Maurílio), Mazinho e Jean Carlo; Edmundo e Edilson. **Técnico:** Wanderley Luxemburgo

SÃO PAULO — Rogério; Jura, Gilmar, Ronaldão e André Luis; Luís Carlos Goiano, Dinho, Matosas e Jamelli; Catê (Doriva) e Cláudio (Murilo). **Técnico:** Telê Santana
Ocorrências: Ronaldão e Dinho foram expulsos

A comissão técnica defendeu a posição: "Não viemos para a Espanha a passeio. Elaboramos uma programação que foi seguida à risca pelo grupo, mas os três resolveram jogar tudo para o alto e foram curtir a madrugada", pontuou Telê, que concluiu: "Quem dera todos os escravos tivessem as mesmas mordomias e recebessem o mesmo que eles. Ficam nos melhores hotéis, viajam em excelentes condições e recebem diárias em dólar. Se isso é escravidão, é melhor eles irem procurar emprego em outro lugar".[44]

O entrevero com Gilberto já tinha histórico: em maio, o goleiro reclamara dos treinamentos de Telê e abandonara uma atividade. Arrependido, depois chorou na concentração. Em junho, na reapresentação após as "férias", chegou atrasado e perdeu espaço no time para Rogério Ceni. Pela dispensa de Gilberto, Rogério, mesmo de luto, acabou retornando à Europa, ao lado de Doriva, a pedido do treinador, para a sequência da excursão.[45]

O time se recuperou um pouco e se saiu melhor no Troféu Colombino, em Huelva, na Espanha, mas a derrota nos pênaltis para a Sampdoria de Gullit (4 a 3, após 1 a 1 no tempo normal, com gol de Ronaldão) logo na estreia impediu melhor sorte no torneio: o clube ficou com a terceira posição no certame, após vencer o Sevilla – sem Maradona –, por 1 a 0, gol de Cláudio Moura.

Restava, então, apenas o Troféu Ramón de Carranza, e na estreia desse torneio, no dia 28 de agosto, o Tricolor enfrentaria o Palmeiras, de Vanderlei Luxemburgo, que não contaria com Antônio Carlos, Zinho e Evair, que atuavam pela Seleção; o São Paulo também estava desfalcado de seis jogadores, pelo mesmo motivo.

Ainda assim, os tricolores começaram bem o jogo e, logo a um minuto, Jamelli aproveitou uma falha da defesa adversária e abriu o placar. Foi, então, que a estranha arbitragem de Juan Andujar Oliver começou a estragar o confronto e a destruir o esquema tático são-paulino: aos 20 minutos de jogo, o juiz expulsou o zagueiro Ronaldão, e antes ainda do fim da primeira etapa, também mostrou o cartão vermelho para o volante Dinho.

Dessa maneira, o segundo tempo foi de absoluta pressão, com o meia Matosas tendo que jogar de zagueiro. Aos sete minutos, a defesa não suportou e Jean Carlo empatou a partida. O Tricolor se segurou como deu, mas curiosamente quase ficou à frente novamente no marcador aos 35 minutos, em chute despretensioso de Gilmar que quase legou ao goleiro Sérgio um frango.

A falha, porém, veio de Rogério Ceni, faltando um minuto para o fim da peleja: o arqueiro deu rebote em um chute de Mazinho, que Maurílio finalizou para o gol. "Palmeiras é finalista com a ajuda do juiz" foi a manchete do *Diário Popular* de 29 de agosto, resumindo o confronto, que contou ainda com mais expulsões de tricolores para a coleção de Andujar Oliver: mais dois jogadores não identificados (nem o árbitro soube dizer quem), além de Telê, Moraci Sant'Anna.

Claro que Telê não deixaria barato e saiu cuspindo cobras para cima do homem de preto: "É uma vergonha. Não sei como vibram quando vencem um time reserva. Eu teria vergonha de ganhar dessa maneira, o juiz não serve nem para apitar briga de galo". Moraci foi mais longe na acidez: "Ele foi o 12º jogador do Palmeiras e a melhor figura em campo", ironizou. O goleiro Rogério não se conteve: "É um safado e não tem capacidade de apitar nenhum jogo".[46]

O diretor Márcio Aranha revelou, depois, uma estranha atitude do árbitro antes do jogo: ele fora ao vestiário dos são-paulinos e lhes exigiu ver os passaportes. Obviamente, os atletas não estavam com eles naquela hora (o novo diretor palmeirense, Valdir de Moraes, estava com eles para trâmites com a Federação local), e isso iniciou um tumulto, uma situação tão esdrúxula que nunca ninguém ali já havia presenciado antes.[47]

Do outro lado, o goleiro Sérgio reconheceu que o árbitro fora um desastre, mas deu de ombros: "O erro dele, felizmente, aconteceu do lado oposto". Cipullo, diretor palmeirense, foi na mesma linha: "Se o juiz é fraco, não temos nada a ver com isso". Por fim, Luxemburgo, magoado, afirmara que Telê não era mais amigo dele, por atribuir ao Palmeiras parte da responsabilidade do que acontecera no campo, como também por, supostamente, tê-lo deixado a falar sozinho, com o braço ao vento, quando fora cumprimentá-lo – Telê negou que tenha agido assim.[48]

Com outros dois atletas expulsos, Gilmar e Matosas, o Tricolor se despediu da Espanha perdendo para o Atlético de Madrid, na disputa de terceiro e quarto lugar do Troféu Ramón de Carranza, no dia 29 de agosto. Como consolação, o rival perdeu o título nos pênaltis para o pequeno Cádiz e, da Europa, o Alviverde nada de bom trouxe de volta – ficou com o Vice até mesmo da Copa Parmalat.

No jantar de despedida, organizado pelos promotores do evento, integrantes de São Paulo e Palmeiras tiveram que dividir o ambiente. Em certo momento, o empresário Todé deixou a mesa dos convivas palestrinos e se encaminhou

> "É uma vergonha. Não sei como vibram quando vencem um time reserva. Eu teria vergonha de ganhar dessa maneira, o juiz não serve nem para apitar briga de galo", falou Telê. Moraci foi mais longe na acidez: "Ele foi o 12º jogador do Palmeiras e a melhor figura em campo", ironizou. O goleiro Rogério não se conteve: "É um safado e não tem capacidade de apitar nenhum jogo".

[46 e 47] DP, 29/8;
[48] AGE, 31/8; FT, 3/9.

ao lugar onde estava Telê. "Não ficou trinta segundos e foi literalmente expulso pelo técnico, que o mandou voltar para a companhia de gente que arma resultados no mundo inteiro", confidenciou um dos presentes ao jornal *Diário Popular*, de 1º de setembro.

A temporada internacional não foi tão positiva nem mesmo no aspecto financeiro, ao menos, não tanto quanto o clube projetava inicialmente (pois o obtido ainda era um mundaréu de dinheiro). A cota estipulada de 90 mil dólares por jogo com os contratantes teve que ser reduzida para 60 mil por causa das ausências dos astros selecionáveis do São Paulo.[48]

REMODELANDO A CASA

A excursão à Península Ibérica foi importante, ao menos, por um significativo fato: graças a ela, o clube conseguiu acertar a contratação por empréstimo (até junho de 1994) do lateral-esquerdo Leonardo com o Valencia. Ex-atleta do próprio Tricolor, Leonardo estava no grupo da Seleção Brasileira e estaria à disposição de Telê após a disputa das Eliminatórias da Copa do Mundo.[49]

De volta ao Brasil, os tricolores encontraram novidades no Morumbi, onde não pisavam desde o 6 a 1 sobre o Santos, em junho. Tanto por causa das imposições da FIFA para sedes de jogos das Eliminatórias da Copa, quanto por conta do incidente de superlotação causado no jogo contra o Corinthians, no dia 30 de maio, e por decorrentes demandas da Coordenadoria de Controle e Uso de Imóveis (CONTRU), o São Paulo investiu 20 milhões de cruzeiros (cerca de 220 mil dólares) em melhorias no Cícero Pompeu de Toledo – 14 milhões do próprio bolso, e seis milhões provenientes do apoio de uma cervejaria.

Todos os setores do estádio ganharam novas placas de sinalização e passaram a ser identificados por cores. Todas as entradas ganharam catracas de acesso para ingressos com tarjas eletromagnéticas. Todo o espaço de circulação de torcedores foi desobstruído de quiosques ou quaisquer que fossem os empecilhos. Também foram instalados para-raios. "Desde que foi construído, o Morumbi nunca teve torres de proteção atmosférica... Agora foram construídas seis e até os estacionamentos estão protegidos", comentou Carlos Alberto Venturelli, da CONTRU.[50]

Para a imprensa, a diretoria são-paulina deu especial atenção, fornecendo uma ampla gama de novidades: foi construída uma sala para entrevistas coletivas, batizada com o nome do ilustre locutor e radialista tricolor dos anos 1940, 1950, 1960 e 1970, Geraldo José de Almeida. Também foram disponibilizados três telefones fixos de discagem internacional e foram instalados quatro orelhões pela TELESP, companhia telefônica do Estado de São Paulo, para uso dos jornalistas.[51]

A maior intervenção, contudo, foi no gramado, ou melhor, por baixo dele:

> De volta ao Brasil, os tricolores encontraram novidades no Morumbi. A maior intervenção, contudo, foi no gramado, ou melhor, por baixo dele: o clube instalara um moderno sistema de irrigação mecanizado – aposentando as mangueiras de superfície –, tal qual já existia em Wembley, em Londres, e no Rose Bowl, em Pasadena, nos arredores de Los Angeles.

[48] FSP, 16/8;
[49] DP, 16/8; OESP, 18/8;
[50] DP, 18/8;
[51] DP, 19/8.

o clube instalara um moderno sistema de irrigação mecanizado – aposentando as mangueiras de superfície –, tal qual já existia em Wembley, em Londres, e no Rose Bowl, em Pasadena, nos arredores de Los Angeles.[52]

A empreitada, que contou com outras medidas de adequação de público impostas pela CONTRU, teve uma consequência inesperada: pela primeira vez na história, a capacidade de público do Estádio do Morumbi foi reduzida para menos de 100 mil pessoas: exatamente 97.442.

A inauguração do "novo" Morumbi se deu no dia 22 de agosto, quando o estádio recebeu a Seleção Brasileira para um confronto contra o Equador, em partida válida pelas Eliminatórias da Copa do Mundo. O Brasil venceu por 2 a 0, com gols de Dunga e Bebeto, mas, por contar apenas com Müller como atleta tricolor entre os titulares (além do ex, Raí), com Cafu e Palhinha entrando apenas no decorrer da partida, o técnico Carlos Alberto Parreira teve que escutar muitos gritos de "Telê, Telê".

Já o Tricolor teria três jogos em sequência para matar as saudades de casa: contra o Internacional, na estreia do Brasileirão de 1993, no dia 6 de setembro; o clássico, contra o Corinthians, no dia 12; e contra o Bahia, no dia 18. O elenco também contaria com reforços, ou retornos, especiais para os dois primeiros embates: Zetti, Cafu e Palhinha.

Os três foram dispensados da Seleção Brasileira para que atuassem nestas partidas do São Paulo, ficando fora do escrete nacional contra a Venezuela no Mineirão, no dia 5, e retornando à disposição de Parreira apenas para a rodada final contra o Uruguai, no Maracanã, no dia 19. A bem da verdade, os três vinham sendo pouco utilizados pela CBF, permanecendo no banco e perdendo ritmo de jogo.

Para a terceira partida no Brasileiro, o time ainda contaria com o retorno de Válber, que fora cortado em definitivo da Seleção por indisciplina. O atacante Müller foi dispensado da equipe nacional pelo mesmo motivo, mas este se encontrava contundido. Ambos deveriam ter permanecido em tratamento médico na Granja Comary, mas foram acusados por Parreira de abandonar a concentração.

Müller se defendera, afirmando que o médico Lídio de Toledo afirmara que a dor que sentia não era nada, com base apenas em uma ultrassonografia. Desconfiado, Müller procurou a comissão médica do Tricolor para um exame mais detalhado, especificamente uma ressonância magnética. O jogador revelou que a CBF sequer constatara e tratara de modo apropriado a contusão, uma ruptura de três centímetros em um músculo da coxa direita.[53] E a mesma situação ocorrera com Válber. O zagueiro, que tinha residência perto do alojamento da Seleção, explicou: "Eu não me recuperava da lesão nas costas e achava que estava atrapalhando. Fui para minha casa".[54]

De toda maneira, de volta ao Campeonato Brasileiro: nestes primeiros confrontos sérios, sem a presença do craque Raí, o time de Telê encontrou dificulda-

> Para a imprensa, a diretoria são-paulina deu especial atenção, fornecendo uma ampla gama de novidades: foi construída uma sala para entrevistas coletivas, batizada com o nome do ilustre locutor e radialista tricolor dos anos 1940, 1950, 1960 e 1970, Geraldo José de Almeida.

[52] JT, 18/8;
[53] NP, 15/9; FT, 14/9;
[54] FSP e FT, 16/9; NP, 15/9.

> A diretoria e comissão técnica apostaram na chegada de Leonardo e na aquisição, por empréstimo, no valor de 500 mil dólares, com o Bordeaux, da França, do atacante Valdeir, mais conhecido como *"The Flash"*. Ambos, jogadores de peso e que também estavam defendendo o Brasil nas Eliminatórias.

des, mas conseguiu superá-las – sempre, porém, no final dos jogos. Contra o Internacional, o São Paulo começou na frente, com um gol de Matosas, na metade do primeiro tempo, mas, antes do apito do árbitro para o intervalo, o Internacional já havia virado o jogo. No segundo tempo, Dinho, de pênalti, e o novato Jura, para além dos 90 minutos, reconduziram o time à vitória.

O Majestoso foi ainda mais disputado, e acirrado, principalmente, por causa das farpas trocadas entre os treinadores: Telê e Mário Sérgio há muito não se bicavam, mas as pazes fizeram ao se cumprimentarem antes de a bola rolar. Depois de uma primeira etapa zerada e quase toda a segunda da mesma forma, o time do Parque São Jorge abriu o placar aos 38 minutos, e foi só aos 44 que o uruguaio Matosas, com um gol chorado, que ultrapassou a linha da meta por alguns centímetros, empatou o jogo. "Posso até não ter jogado bem, mas marquei um gol importante", resumiu Matosas, tanto a atuação dele quanto o que foi o clássico.[55]

O Bahia impingiu a mesma provação aos tricolores, que só conseguiram se livrar da retranca adversária novamente no crepúsculo da hora: Dinho, aos 43, e Guilherme, aos 44 da etapa final, definiram a vitória por 2 a 0. Era sinal de que o grupo carecia de reforços.

A diretoria e comissão técnica já esperavam por isso, e apostaram na chegada de Leonardo e na aquisição, por empréstimo, no valor de 500 mil dólares, com o Bordeaux, da França, do atacante Valdeir, mais conhecido como *"The Flash"*. Ambos, jogadores de peso e que também estavam defendendo o Brasil nas Eliminatórias.[56]

Os dois só tiveram a situação regularizada, porém, para a quarta rodada do Brasileirão, um jogo contra o Flamengo, no Maracanã, no dia 22 de setembro. E a estreia, infelizmente, não foi das melhores: os "donos da casa" venceram por 2 a 0, com direito a falha de Zetti no último gol. "Fiquei todo esse tempo sem jogar, perdi o ritmo, e principalmente a autoconfiança", justificou.[57]

De maneira geral, era senso comum que a Seleção Brasileira fez mal aos são-paulinos, por um motivo ou por outro (ritmo de jogo ou condição física). Mas, àquela altura da competição, o resultado não era preocupante. O time ainda teria outros dez jogos pelo grupo A do torneio por realizar, e se classificariam para a fase seguinte três equipes.

A RECOPA SUL-AMERICANA

Uma maior atenção de todos seria requerida pela próxima competição internacional que o Tricolor tomaria parte, pois, embora ela ainda nem iniciada, já refletisse o problema recorrente da temporada de 1993: a bagunça do calendário.

Por causa da disputa das Eliminatórias da Copa e da decorrente falta de datas (embora elas sobrassem em julho e agosto), a solução encontrada pela Conmebol e CBF para a realização da Recopa Sul-Americana de 1993 foi aproveitar

[55] AGE, 13/9;
[56] JT, 3/9;
[57] JT, 24/9.

Foto: Placar

Leonardo, depois de uma passagem pelo Valencia, da Espanha, chegara ao Tricolor com o peso de "substituir" o consagrado Raí.

que a disputa já seria entre dois clubes brasileiros, o Tricolor e o Cruzeiro, para fazê-la valer por dois torneios. Ou seja, transformar um dos jogos também em uma rodada do Brasileirão.

Ou seja, a partida realizada no dia 26 de setembro entre São Paulo e Cruzeiro, no Morumbi, pelo Campeonato Brasileiro, foi também o jogo de ida da decisão da Recopa. Coisas do calendário e do futebol sul-americano.

A Recopa era, relativamente, um torneio novo, instituído pela Conmebol apenas em 1989, para colocar em confronto os Campeões dos principais torneios promovidos pela entidade: o vencedor da Copa Libertadores e o vencedor da Supercopa João Havelange, mais conhecida como Supercopa da Libertadores ou ainda Supercopa Sul-Americana (que, por sua vez, reunia todos os Campeões da história da Copa Libertadores).

O confronto seria um duelo de titãs, de pesos-pesados do futebol da América do Sul: São Paulo, Campeão da Libertadores de 1992, e Cruzeiro, Campeão da Supercopa de 1992. Contudo, na prática, muito pela falta de organização local, o que se viu foram duas partidas com pouco apelo atrativo e baixo público.

Para a primeira partida, Telê estava desfalcado de quatro atletas: o lateral-direito Jura; o volante Luís Carlos Goiano e o polivalente Matosas, contundidos no jogo anterior, contra o Flamengo; e Müller, lesionado há mais tempo e cujo retorno tardaria ainda mais. Restou ao comanWdante são-paulino armar o time no 3-5-2, com Válber como líbero e Cafu e Leonardo pelas pontas, e tentar jogadas velozes com Valdeir, e de profundidade com o centroavante Guilherme.

Na prática, não deu muito certo. A partida acabou em um 0 a 0 pragmático, devido à falta de entrosamento na nova formação tática e ao cansaço de Palhinha, que não conseguiu nutrir o ataque como se esperava. De todo modo, Telê não encontrou justificativas válidas para a atuação do time. "Foi uma vergonha. Não aguento mais desculpas. O jogador é escalado para jogar."[58] Pelo lado

> **A solução encontrada pela Conmebol e CBF para a realização da Recopa Sul-Americana de 1993 foi aproveitar que a disputa já seria entre dois clubes brasileiros. A partida realizada no dia 26 de setembro entre São Paulo e Cruzeiro, no Morumbi, pelo Campeonato Brasileiro, foi também o jogo de ida da decisão da Recopa. Coisas do calendário e do futebol sul-americano.**

[58] JT e FSP, 27/9.

1993 - Parte 2: Campeonato Paulista, Copa do Brasil, Torneios na Espanha, nos EUA e no México, Recopa e Supercopa

Fotos: Placar

> **Apesar dos lances de pressão, os tricolores souberam se postar em campo e reduzir o risco cruzeirense. "Do meio-campo para trás, o time foi impecável e só poderia ter sido melhor no ataque", comentou Telê. O título seria decidido nos pênaltis.**

cruzeirense, o destaque foi o jovem Ronaldo, de 17 anos, que deu trabalho ao sistema defensivo tricolor, chegando a acertar a trave de Zetti.

Depois de o técnico são-paulino dar muitas broncas e cobrar seriedade do elenco – no período entre os jogos – e de um almoço entre todos os jogadores para demonstração de união e comprometimento – e acabar com a famigerada "crise" alardeada pela imprensa –, o time viajou para Belo Horizonte no mesmo dia do jogo final. Assim, na quarta-feira, dia 29, foi a vez de o Mineirão receber o embate entre as duas agremiações.

O Tricolor foi a campo com duas alterações nominais e três táticas: Guilherme, apagado no primeiro jogo, deu lugar ao meia Juninho, o que fez Palhinha tomar posição no ataque. André Luiz também assumiu o posto de Leonardo, na lateral esquerda. Recém-contratado, o craque deixara o campo lesionado, no jogo de ida.

As mudanças melhoraram o time, que dominou a partida nos primeiros minutos. Juninho quase abriu o marcador, após cruzamento de Cafu, no início do jogo. Contudo, jogando em casa, o Cruzeiro tratou de se impor e passou a controlar o ritmo do confronto. Dinho salvou uma bola em cima da linha, aos 25 minutos. No segundo tempo, o atacante Ronaldo novamente acertou a trave são-paulina.

Apesar dos lances de pressão, os tricolores souberam se postar em campo e reduzir o risco cruzeirense. "Do meio-campo para trás, o time foi impecável e só poderia ter sido melhor no ataque", comentou Telê. Com o apito final do juiz, o título seria decidido nos pênaltis.[59]

Os mandantes começaram perdendo, logo de cara, duas cobranças. Paulo

[59] FSP, 30/9.

Roberto, para fora, e Ronaldo – que havia carimbado a trave uma vez em cada jogo, no tempo regulamentar – teve o chute defendido pelo goleiro Zetti. Assim, como todos os são-paulinos acertaram as primeiras quatro penalidades (Dinho, Cafu, Válber e Ronaldão), não houve necessidade de cobrar a última tentativa: 4 a 2 no placar e mais um caneco internacional para levar ao Morumbi, o oitavo na temporada!

A conquista da Recopa foi um ponto de virada na trajetória da equipe são-paulina no segundo semestre de 1993. A palavra crise sumira do vocabulário da imprensa e dos torcedores. O clima de descontração voltou a reinar no dia a dia do CT, ou da piscina do Projeto Acqua – a comissão técnica atirada à água, nas comemorações, que o diga.[60]

A goleada em cima do recém-Campeão da Copa Conmebol de 1993, o Botafogo, no Maracanã, veio para confirmar a mais nova boa fase e pôr fim à curta série de três jogos sem balançar as redes. Com um time mais completo e organizado, mais acostumado ao 3-5-2 que manteve Cafu na ala direita, Cerezo e Juninho pelo meio e Palhinha e Valdeir no ataque, o Tricolor não tomou conhecimento do time carioca, principalmente na segunda etapa. Cerezo, no primeiro tempo, Valdeir e Palhinha (duas vezes), no tempo final, foram os marcadores na vitória por 4 a 0 no dia 3 de outubro.

Quem vinha, cada vez mais, conquistando posição de destaque e chamando a responsabilidade nas partidas era o pequeno Juninho, que, para tanto, passava por um rígido programa de ganho de massa muscular, tal qual Palhinha cumprira no passado. Com o iminente retorno de Müller, porém, Telê se encontrava

> A conquista da Recopa foi um ponto de virada na trajetória da equipe são-paulina no segundo semestre de 1993. A palavra crise sumira do vocabulário da imprensa e dos torcedores. O clima de descontração voltou a reinar no dia a dia do CT.

[60] AGE, 1/10.

1993 - Parte 2: Campeonato Paulista, Copa do Brasil, Torneios na Espanha, nos EUA e no México, Recopa e Supercopa

no dilema de escolher quem perderia o lugar no time. "A nossa equipe é cheia de craques e é claro que eu prefiro jogar entre eles. Mas quem escala é o Telê e não ficarei chateado se tiver de ir para o banco", comentou o jogador.[61]

A solução encontrada por Telê foi voltar ao 4-4-2 e acabar com o esquema de líbero. Assim, Cafu voltou a ser lateral-direito e quem perdeu o lugar no time foi Válber – que necessitou se ausentar do grupo para acompanhar a cirurgia da irmã, que sofrera um acidente de carro no Rio de Janeiro.[62]

EM BUSCA DA TRÍPLICE COROA

Com o meio-campo formado por Dinho, Cerezo, Juninho e Palhinha, e o ataque por Valdeir e Müller, o São Paulo estreou na Supercopa dos Campeões da Copa Libertadores no dia 6 de outubro, no Morumbi, com uma boa vitória sobre o Heptacampeão Sul-Americano, o Independiente da Argentina: 2 a 0, gols de Éber Moas (contra), e Valdeir. Detalhe, o time portenho vinha de uma sequência de 24 jogos sem perder![63]

Em 1993, a Supercopa seria disputada no sistema eliminatório simples, o popular "mata-mata". E a vitória por dois gols de saldo representou uma boa vantagem para o jogo de volta, em Avellaneda, no dia 13 de outubro. E a vaga para as quartas de final do torneio foi ratificada sem sustos com o empate por 1 a 1 (gol novamente marcado por Valdeir), cedido apenas no finzinho do jogo.

Antes disso, no dia 10 de outubro, o Tricolor empatou por 3 a 3 com o Bragantino, no Pacaembu, em um jogo eletrizante, cujo time do interior abriu 3 a 0 no placar e ainda desperdiçou uma penalidade, mas que contou com uma imensa reação do time mandante, graças a Dinho (de pênalti), ainda no fim do primeiro tempo; a Valdeir, que balançara a rede no início da segunda etapa; e a Palhinha, que igualara o marcador faltando cinco minutos para o apito final.

O São Paulo, aliás, mandou a partida no Estádio Municipal de São Paulo por causa da montagem do palco para os shows de Michael Jackson no Morumbi, nos dias 15 e 17 de outubro, e para a apresentação de Madonna, no dia 3 de novembro, realizados pela empresa DCSet, conforme divulgado pelo *Jornal da Tarde*, em 9 de outubro.

Essas apresentações musicais parariam a cidade e tomariam conta de todas as conversas e noticiários antes, durante e depois das atuações dos pops stars internacionais. Filas gigantes se formavam nos pontos de venda de ingressos (em shoppings da cidade), cujos preços variavam de 1,9 mil cruzeiros reais – moeda implementada no Brasil em 1º de agosto de 1993 –, para arquibancada, a 7,3 mil cruzeiros reais para cadeira superior nas atuações de Michael Jackson; e de 2,2 mil cruzeiros reais, para arquibancada, a 19 mil cruzeiros reais, em setor vip, para a exibição da Madonna.[64]

Mais de 226 mil pessoas compareceram às três apresentações no estádio

> Pelo Campeonato Brasileiro e Supercopa, o São Paulo, mandou partidas no Estádio Municipal de São Paulo por causa da montagem do palco para os *shows* de Michael Jackson no Morumbi, nos dias 15 e 17 de outubro, e para a apresentação de Madonna, no dia 3 de novembro.

[61] DP, 5/10;
[62] FT, 9/10;
[63] OESP, 15/10;
[64] FSP, 5/10.

são-paulino – cerca de 70 mil no primeiro dia; 70 mil, no segundo; e 86 mil, no terceiro. Estima-se que o São Paulo tenha arrecadado 200 mil dólares com o aluguel do espaço para os eventos – 120 mil pelos dois dias de *show* do Michael Jackson, e 80 mil pelo da Madonna. "Precisaríamos de 40 clássicos como o de sábado para arrecadar esse dinheiro", comentou o diretor de manutenção Ubirajara Jarbas de Souza.[65]

Assim, sem poder utilizar o Morumbi, o time são-paulino teria que jogar o clássico contra o Corinthians, no dia 16 de outubro, e a partida de ida das quartas de final da Supercopa contra o Grêmio, no dia 20, no Pacaembu. No primeiro, em nova partida truncada e com expulsões – de Cerezo, por parte do São Paulo, e de Válber, por parte do rival –, o Tricolor foi superado por 1 a 0, placar que pôs fim à maior série invicta do time na temporada – igualando outra entre março e abril.

O meio-campista reconhecera o erro de se envolver na expulsão do adversário, atingindo Simão no lance: "Eu estava alterado e não deveria ter agido daquela maneira. Devia simplesmente passar a mão no traseiro de Válber e deixar tudo para lá". Na realidade, o jogador reconhecera que entrara em campo nervoso por causa do falecimento de um amigo.[66]

Contudo, quem "pagou o pato" pela derrota foi o zagueiro Gilmar, que perdeu a vaga entre os titulares para Válber – que assumiria de vez a posição, deixando o posto de líbero de lado, até o fim da temporada. Mesmo assim, e contando também com o retorno do Dinho no lugar de Doriva, após suspensão, o São Paulo não conseguiu um grande resultado contra o Grêmio: ficou apenas no empate, por 2 a 2 – gols de Cafu e de Dinho, mais uma vez de pênalti. Na descida para os vestiários, os jogadores ouviram vaias da torcida e escutaram gritos por "Raí, Raí" e "Pintado".[67]

Se dentro das quatro linhas, momentaneamente o clube não se encontrava na melhor fase; fora dele, a diretoria fazia questão de prestar homenagens àqueles que levaram a entidade até o patamar que alcançara nos últimos tempos. Na noite de 22 de outubro, sexta-feira, o São Paulo promoveu um evento de gala em honra e memória aos Campeões Paulistas de 1943, cuja efeméride completava 50 anos.

A histórica conquista ficou perpetuada como aquela cuja moeda caiu em pé, em alusão ao "causo" que dizia que, para se definir o Campeão Estadual, no início dos anos 1940, bastava se atirar uma moeda ao ar e constatar, depois da queda, se a face do item dera "cara" ou "coroa". Caso fosse a primeira, o vencedor seria o Corinthians; caso fosse a segunda, seria o Corinthians. E o São Paulo? Só se a moeda caísse em pé, respondiam. Pois ela caiu e não parou mais de cair dessa maneira.

A festividade no ginásio do Morumbi contou com o ator Lima Duarte como anfitrião, sorteio de prêmios e apresentação do comediante Ronald Golias. Compareceram ao evento os Campeões de 1943 Caxambu, Doutor, Bauer e Noronha. Também foram homenageados De Sordi, Darío Pereyra, Roberto Dias, Mauro,

> Estima-se que o São Paulo tenha arrecadado 200 mil dólares com o aluguel do espaço para os eventos – 120 mil pelos dois dias de *show* do Michael Jackson, e 80 mil pelo da Madonna. "Precisaríamos de 40 clássicos como o de sábado para arrecadar esse dinheiro", comentou o diretor de manutenção Ubirajara Jarbas de Souza.

[65] FSP, 19/10;
[66] OESP e DP, 19/10;
[67] DP, 22/10.

Zizinho, Zezé Moreira, o atleta Adhemar Ferreira da Silva e o pugilista Éder Jofre, entre outros. Todos foram condecorados com a comenda da Ordem da Moeda, recebendo também um pequeno troféu representado com uma moeda em pé. Leônidas e Luizinho, doentes, não puderam comparecer, mas o cantor Sílvio Caldas, um dos responsáveis pela chegada do Diamante Negro ao Tricolor, representou o craque.[68]

De volta à "atualidade"... Para se classificar à semifinal do torneio internacional, o Tricolor teria que obter um resultado positivo na casa do adversário. Ou melhor, no Beira-Rio, estádio do arquirrival do Grêmio, pois o tricolor gaúcho fora punido pela Conmebol com a interdição do Estádio Olímpico devido a acontecimentos ocorridos na partida contra o Peñarol, quando a brigada militar entrara em conflito com os atletas do time uruguaio após o fim do encontro.

"Se pudermos vencer tudo, como no ano passado, vamos vencer", comentara o técnico Telê antes do início dessa eliminatória, que se recusara a pôr culpa na sorte ou no azar – o supersticioso treinador abandonara até mesmo o uso da tradicional camiseta vermelha durante as partidas. "Do que adianta sorte se não fazemos gols?", comentara.[69]

Com essa mentalidade e motivado a pôr fim na sequência incômoda de cinco jogos sem vencer – alcançada dias antes, quando empatara por 0 a 0 com o Bragantino, em Bragança, pelo Brasileirão –, que, na quarta-feira, dia 27 de outubro, o Tricolor entrou em campo disposto a reencontrar o caminho da vitória e a obter a classificação para a semifinal da Supercopa.[70]

E, graças a um lance genial do talentoso Palhinha, o São Paulo atingiu esse objetivo. Aos sete minutos do segundo tempo, Valdeir avançou para a área e passou a bola para Palhinha, que, com um corta-luz, a deixou seguir livre para Cerezo finalizar e estufar as redes do Grêmio, definindo o placar final da partida, silenciando os mais de 30 mil torcedores no Beira-Rio, e assegurando a vaga do time em mais uma semifinal internacional.

Embora avançasse na competição da Conmebol, o Tricolor patinava no certame nacional. Depois de empatar com o Bragantino, fora de casa, o time emplacou, ainda, outros dois empates seguidos longe de seus domínios: contra o Bahia, em Aracaju (1 a 1), no dia 30 de outubro, e contra o Cruzeiro, no Mineirão (mesmo placar), no dia 5 de novembro.

O São Paulo, apesar de tudo, ainda estava na luta do Brasileirão, afinal, três clubes (dos oito na disputa do grupo A) se classificariam para a próxima fase e o Tricolor estava no bolo, com Internacional, Flamengo e Bragantino – o Corinthians já estava qualificado. Este cenário levou Telê, e mesmo a diretoria, a priorizar a Supercopa, já que, novamente, a agenda ficaria apertada, com jogos marcados de 48 em 48 horas – foram seis jogos em 12 dias, entre 3 e 14 de novembro.

"A Supercopa é mais importante, pois uma vitória consolidaria o nome do clube internacionalmente. Além disso, por causa das cotas de TV (100 mil dóla-

> A meta era um feito inédito: a conquista da Tríplice Coroa Sul-Americana. Nenhum clube, antes, havia conquistado a Copa Libertadores, a Recopa, e a Supercopa em uma mesma temporada – até porque duas das três competições eram recentes.

[68] AGE e DP, 24/10;
[69] FSP, 26/10;
[70] JT, 20/7.

res a cada fase), torna-se mais vantajosa economicamente que o Brasileirão, afirmou o diretor Fernando Casal de Rey, falou para o jornal *Folha da Tarde* em 3 de novembro. A meta era um feito inédito: a conquista da Tríplice Coroa Sul-Americana. Nenhum clube, antes, havia conquistado a Copa Libertadores, a Recopa, e a Supercopa em uma mesma temporada – até porque duas das três competições eram recentes.

QUESTÕES INTERNAS

Telê só não largou mão do torneio nacional, colocando um time misto ou reserva em campo, porque isso não seria ético: "O problema é que fazendo isso nós estaríamos beneficiando um e prejudicando outro, que também briga pela vaga..., mas é certo que essa maratona vai me obrigar a fazer algumas modificações".[71]

Com o foco em mais um troféu internacional, e com Leonardo recuperado de estiramento muscular e pela primeira vez atuando como meio-campista titular nesta passagem, o São Paulo foi ao Pacaembu, no dia 3 de novembro, enfrentar os colombianos do Atlético Nacional, de Medellín, buscando, se não uma goleada, um placar confortável para encarar a partida de volta, no exterior. Saiu do Municipal, contudo, com um curto 1 a 0, obtido apenas aos 32 minutos do segundo tempo por intermédio de Müller.

Pouco, haja vista o caminhão de gols perdidos nos 90 minutos e os perrengues que o adversário passara com a viagem: o voo deles, da Aeroperu, fora cancelado e sofreram um bocado para conseguirem lugares com a Varig: só chegaram ao Brasil no dia da partida.[72] Sabedora disso, parte da torcida pegou no pé de alguns jogadores tricolores, vaiando-os a torto e a direito, mesmo com a vitória. "Se isso continuar, prefiro ir embora do São Paulo", retorquiu Palhinha. Telê, ao tomar conhecimento do que fora dito, deu de ombros: "Se quiser, pode ir", teria afirmado.[73]

O autor do gol da vitória, porém, constatara a evolução no time: "Há mais entrosamento, estamos melhorando. Só não podemos perder tantos gols". Pena que o próprio atacante, no dia seguinte, deu uma bola fora: não se reapresentou no CT da Barra Funda, não deixando alternativa para Telê: "Desobedeceu a uma ordem e está afastado. E se reintegrarem ele sem uma desculpa muito boa, eu prefiro ir embora".[74]

Questionado, o jogador procurou não dar detalhes, até conversar com o presidente do clube, e só argumentou que estava "sem cabeça para jogar futebol. Saturado. Preciso de um tempo para ter tranquilidade. Não estou em condições de jogar. Posso até prejudicar o time".[75]

Com pouco mais de um mês para o Mundial, o São Paulo tinha uma espécie de crise para contornar. Sem Müller, o São Paulo, como dito, empatara com o Cruzeiro em Belo Horizonte – apesar de jogar melhor e uma bola na trave, de Leonardo, quase dar a vitória ao time. Um resultado que mantivera o time fora

> "Há mais entrosamento, estamos melhorando. Só não podemos perder tantos gols". Pena que o próprio atacante, no dia seguinte, deu uma bola fora: não se reapresentou no CT da Barra Funda, não deixando alternativa para Telê: "Desobedeceu a uma ordem e está afastado. E se reintegrarem ele sem uma desculpa muito boa, eu prefiro ir embora".

[71] FT, 3/11;
[72] DP, 3/11;
[73] FSP, 5/11;
[74] FSP, 4/11; OESP, 5/11;
[75] FSP, 5/11.

Foto: Nelson Coelho / Placar

> "Não aceitei dormir na concentração depois do jogo com o Nacional e por isso não apareci. Reconheci meu erro. O São Paulo precisa de mim e eu preciso do São Paulo, e o acordo tem de acontecer entre nós", confessou e profetizou o jogador.

da zona de classificação no Brasileirão – empatado com o Bragantino, na quarta posição, com 12 pontos, mas com um jogo a menos e a apenas um ponto de distância do terceiro lugar.

Cientes de que algo precisava ser feito, e que Müller e Telê se entendessem, a diretoria são-paulina deu todo o apoio ao técnico são-paulino. "A punição acontecerá sem dúvida", afirmara Fernando Casal de Rey, que dizia, porém, que isso não poderia prejudicar o clube, que os dois envolvidos conversariam e que, no momento correto, a sanção seria aplicada.

O que havia irritado Müller foi o esquema adotado não somente por Telê, mas pela direção tricolor, organizado para o time suportar a maratona de jogos. Os atletas teriam a obrigação de jantar no CT sempre após os jogos noturnos, para melhor controle da reposição de nutrientes e recuperação das condições físicas. Os solteiros se concentrariam no alojamento, enquanto os casados seriam dispensados após a ceia. "Não aceitei dormir na concentração depois do jogo com o Nacional e por isso não apareci. Reconheci meu erro. O São Paulo precisa de mim e eu preciso do São Paulo, e o acordo tem de acontecer entre nós", confessou e profetizou o jogador.[76]

O caso foi superado após intervenção do grupo de jogadores, que intercederam pelo atacante, e com um pedido de desculpas de Müller, cara a cara com o treinador em uma reunião que durou mais de uma hora, além de, claro, aplicação de uma multa no valor de 40% do salário do atacante, cerca de oito mil dólares, que deveria ser revertida à tradicional "caixinha" do elenco.[77] "O Müller é como um filho para mim. Ele se redimiu ao conversar comigo. Entendeu que havia desrespeitado a mim e aos jogadores. Só aceitei a volta porque eles pediram", finalizou Telê.[78]

[76] JT, 6/11;
[77] DP, 7/11; FT, 8/11; NP e FSP, 9/11;
[78] FSP, 8/11.

Assim, com águas passadas, o São Paulo voltou ao Morumbi, já livre das tralhas dos eventos musicais, e venceu o Flamengo – concorrente pela vaga no Brasileirão e reforçado, enfim, com o rancoroso Renato Gaúcho – com autoridade: 2 a 0, gols marcados justamente por Müller e Palhinha, no segundo tempo.

Na comemoração do primeiro tento, o goleador selou a paz com o treinador tricolor defendendo-o dos apupos da torcida flamenguista, mandando-os se calar: "Eles estavam xingando e vaiando o Telê, o que não aceito. Os flamenguistas deveriam se preocupar mais com o time deles, e não com o nosso treinador", explicou. O Flamengo, aliás, encontrava-se com salários atrasados e sob ameaça de greve do elenco.[79]

O time dominou não somente o placar, mas todos os atributos técnicos da partida: da posse de bola e passes certos a lançamentos e finalizações. O destaque individual, porém, coube a Juninho, que incendiou o jogo após substituir Dinho, aos 25 minutos do segundo tempo. A vitória levou o time à vice-liderança do grupo A, com 14 pontos – restando duas rodadas a serem disputadas – e deu mais tranquilidade aos tricolores para o embate contra o Atlético Nacional, na Colômbia, no dia 10 de novembro.

Quem passou por momentos nada tranquilos, mais próximos do terror, contudo, foi o meia Matosas, que fora assaltado e sequestrado no próprio carro por três meliantes na Avenida Miruna, em Moema, até ser largado a pé no meio da Marginal Pinheiros, em São Paulo, depois de duas horas de apreensão, na noite de 7 de novembro, domingo.[80] "Foi o momento em que senti mais medo em toda a minha vida", afirmou o uruguaio, que dissera também ter sido reconhecido: "Ele disse que era são-paulino, mas tinha uma filha doente e precisava do dinheiro". Fora o susto, os momentos de tensão e a perda do carro, de 300 dólares e 5 mil cruzeiros reais, o atleta nada sofreu.[81]

Na Colômbia, a delegação são-paulina soube da convocação de Cafu e Müller, por Carlos Alberto Parreira, para o amistoso da Seleção Brasileira contra a Alemanha, no dia 17 de novembro – o que só tornaria mais complicada a agenda destes jogadores frente ao número de jogos que ainda teriam até o fim da temporada, especialmente se o Tricolor alcançasse a final da Supercopa.

Na luta por essa vaga, o São Paulo começou bem, não sentindo a pressão da torcida rival nem do forte time do Atlético Nacional – em parte, fornecedor da Seleção Colombiana que fez sucesso nas Eliminatórias da Copa do Mundo, goleando a Argentina por 5 a 0 em Buenos Aires, quando atuaram o defensor Herrera e o meia Gabriel Gómez.

Palhinha, aos seis minutos do primeiro tempo, abriu o placar para o Tricolor, depois de boa jogada construída pela esquerda por Leonardo. O time ampliara ainda mais a vantagem que possuía contra os locais, mas a chuva apertou, assim como o volume de jogo colombiano. Assim, perto do final do primeiro tempo, o atacante Aristizábal – que futuramente ainda faria sucesso com a camisa

O caso foi superado após intervenção do grupo de jogadores, que intercederam pelo atacante, e com um pedido de desculpas de Müller, cara a cara com o treinador em uma reunião que durou mais de uma hora. "O Müller é como um filho para mim. Ele se redimiu ao conversar comigo. Entendeu que havia desrespeitado a mim e aos jogadores. Só aceitei a volta porque eles pediram", finalizou Telê.

[79] FSP, 8/11;
[80] FT, 9/11;
[81] NP, 9/11.

são-paulina – empatou a partida, resultado que ainda classificaria os visitantes.

Então, aos 13 minutos do segundo tempo, depois de cruzamento de Tréllez para Zuñiga, o Atlético Nacional virou o jogo. A vantagem são-paulina desaparecera e o time apenas conseguiu suportar até o fim dos 90 minutos. A vaga para a final da Supercopa seria decidida nos pênaltis. E ali, a estrela de Zetti mais uma vez brilharia. Não, ele não defendeu nenhuma cobrança. "Desta vez não peguei nenhum, mas pelo menos assustei", brincou o goleiro, após a resolução da disputa. A série de tiros começou com Dinho marcando o gol e Tréllez mandando para fora. Depois, Leonardo, Gavíria, Cafu e Escobar acertaram as redes (pelo lado de dentro), mas Válber bateu mal e perdeu sua chance, igualando o embate.

Osório, Müller e Castañeda fecharam as cinco cobranças iniciais de cada lado, convertendo os chutes. Gilmar, pelo São Paulo, abriu a sequência alternada marcando o gol e jogando a responsabilidade para cima de Aristizábal, que falhou e mandou uma pancada no travessão de Zetti, que seguia sem nunca ter perdido uma decisão do tipo pelo Tricolor. Fim de jogo, vitória são-paulina nos pênaltis, 5 a 4 e mais uma final Sul-Americana para almejar a conquista!

O adversário do São Paulo na decisão da Supercopa era um velho conhecido do time: o Flamengo, já despachado pelos tricolores na Copa Libertadores e superado no Brasileirão alguns dias antes. Para se colocarem como postulantes ao título, os cariocas superaram o Olimpia, do Paraguai; o River Plate, da Argentina; e o Nacional, do Uruguai, uma tríplice eliminação de respeito.

Só não havia muito tempo para comemorar. Além de terem ficado presos na alfândega de Medellín por um longo período, os tricolores ainda teriam as duas rodadas finais da primeira fase do Brasileirão por decidir, e o primeiro jogo seria fora de casa, no dia 12 de novembro, em Porto Alegre, contra o Internacional.

Pela questão do condicionamento físico, Telê fez como sempre agiu nestes momentos: conversou com cada jogador e verificou a situação de cada atleta antes de escalar o time, com a comissão técnica. Mais uma vez, ninguém queria deixar escapar a chance de jogar. Ainda assim, era nítido o desgaste da equipe. A diretoria, por sua vez, até aumentou a premiação, o "bicho" pela vitória, a fim de estimular o elenco.

O Tricolor, porém, não conseguiu superar esses empecilhos, nem o time do Internacional, plenamente. Trouxe do Beira-Rio um ponto pelo empate por 1 a 1 – gol marcado por Leonardo no primeiro tempo. Como o resultado fora construído fora de casa, não foi um mau negócio, ainda mais porque todas as outras partidas ou terminaram empatadas (Botafogo 1 a 1 Bragantino e Flamengo 1 a 1 Bahia), ou resultaram em derrota de um pleiteante (Corinthians 2 a 1 Cruzeiro).

Assim, o clube se mantivera na segunda colocação do grupo A, com 15 pontos (empatado com o Flamengo, logo atrás), e à frente do quarto lugar, o próprio time gaúcho, dono de 14 pontos. Na derradeira rodada, o São Paulo definiria o futuro em casa, contra o Botafogo; enquanto o Flamengo enfrentaria o Corin-

Foto: Placar

Zetti em ação no Campeonato Brasileiro. Pelo Tricolor, até 1993, ele não perdeu uma disputa sequer de títulos nos pênaltis.

Gilmar, pelo São Paulo, abriu a sequência alternada marcando o gol e jogando a responsabilidade para cima de Aristizábal, que falhou e mandou uma pancada no travessão de Zetti, que seguia sem nunca ter perdido uma decisão do tipo pelo Tricolor. Fim de jogo, vitória são-paulina nos pênaltis, 5 a 4 e mais uma final Sul-Americana para almejar a conquista!

thians, no Rio; o Cruzeiro receberia o Internacional, em Belo Horizonte; e o Bragantino encararia o Bahia, no Marcelo Stéfani. Tudo estava em aberto, mas um empate garantiria uma vaga à próxima fase ao time do Morumbi, desde que o Internacional não vencesse o Cruzeiro por seis ou mais gols de diferença.[82]

O Tricolor, porém, flertou um pouco com o azar. Enquanto no Cícero Pompeu de Toledo o jogo não saía do zero, em Minas Gerais o Cruzeiro ia vencendo o Internacional, primeiro por 1, depois por 2, depois por 3, e depois 4 a 0, até os 23 minutos do segundo tempo... Mais um pouco e a situação do São Paulo poderia se complicar, e olha que o time jogava com um a mais, pois Nelson, do Botafogo, fora expulso por cotovelada em Palhinha no início do segundo tempo.

Paulinho McLaren, porém, descontou para o Internacional e aliviou a barra para os são-paulinos. Por fim, Müller resolveu acabar com essa história, aos 43 minutos da etapa final, e decretou a vitória do Tricolor e a classificação do time para a fase semifinal do Brasileirão. Após repescagens, as chaves formadas para a decisão do Campeonato Nacional foram as seguintes: no grupo E estariam Vitória, Corinthians, Santos e Flamengo; no F, os integrantes seriam Palmeiras, São Paulo, Guarani e Remo.

Antes de tudo isso, porém, o mais importante: as finais da Supercopa!

[82] DP, 13/11.

A DECISÃO DA SUPERCOPA: PARTE I

No último treinamento do time, antes do primeiro jogo da decisão contra o Flamengo, Telê ensaiou cobranças de falta, ora com o cobrador passando para Dinho chutar pelo meio, ora servindo para o remate de Leonardo, pela esquerda. Durante a atividade, o técnico são-paulino parecia mais descontraído, mas sem perder o toque "ranzinza". "Palhinha, é para você cabecear a bola e não deixá-la bater na sua cabeça", repetia ao jogador.[83]

Costumava-se dizer, aqui e acolá, que o humor do treinador, no dia a dia do CT, variava conforme o resultado das partidas de tênis que ele travava com o goleiro reserva, habitual oponente. Provavelmente, Rogério Ceni se dera mal naquele dia.[84] Agora, quando Telê perdia... Certa ocasião, no início de março de 1993, Macedo e Vítor passaram duas horas só executando cruzamentos. O aproveitamento deles na função estava muito baixo: de cada dez tentativas, apenas uma saía da maneira correta. Telê, muito irritado, não deixou por menos: "Se eu tentar dez vezes, acerto todas". Ele não ficou só na ameaça: cruzou dez vezes corretamente, conforme o prometido e testemunhado por um repórter do *Diário Popular*.[85]

E não eram apenas os jogadores a "padecer" com a impaciência do técnico. "Quando pode, Telê apronta também para a diretoria. Ano passado, quando o São Paulo desembarcou no Equador para jogar contra o Barcelona, pelas semifinais da Libertadores, ele deixou um deles a pé. Ele entrou no ônibus e perguntou quem estava faltando. Quando soube que era o tal diretor e a mulher que ainda não haviam entrado, ele ordenou: 'Fecha a porta. Esse aí não veio para jogar mesmo'. O ônibus seguiu para o hotel e ninguém chiou", revelou um dirigente.[86]

Desde 1990 no Tricolor, há muito tempo todos passaram a entender e principalmente compreender esse estilo do treinador. O massagista Hélio Santos, por exemplo, valorizava o espírito de Telê: "Quando ele veio para cá, estavam fazendo uma horta ali onde hoje é o campo três. Se um dia ele sair daqui, espero que alguém tão cuidadoso quanto ele chegue para tomar conta. Os diretores dão todo apoio, mas a gente não sabe o que pode acontecer aqui numa outra administração. Chato ou não, o Telê é fundamental para que essa estrutura não caia".[87]

O próprio Telê, ao contrário de detratores ou de alguns jogadores que não se adaptaram ao estilo dele, não se considerava um chato, apenas alguém cuidadoso, algo que poderia ser visto, por exemplo, na relação do treinador com a manutenção dos gramados: "Qualquer pessoa que gosta de futebol chega aqui e deseja jogar num gramado desses. Quando cheguei, esses campos não estavam em boas condições. Se eu descuidar, acaba virando bagunça. Isso não é ser chato, é ser cuidadoso".[88]

De toda forma, com um bom astral no ambiente do grupo, o Tricolor encerrou a preparação para enfrentar o Flamengo, que, embora não fosse considera-

[83] FSP, 17/11;
[84] DP, 23/10;
[85] DP, 4/3;
[86, 87 e 88] FT, 30/3.

Janta, Moraci Sant'Anna, Zetti, Ronaldão, Cafu, Dinho, Cerezo e Altair Ramos; Hélio Santos, Müller, Doriva, Palhinha, Válber, André Luiz e Leonardo.

do o favorito, tinha a favor dele o histórico de nunca ter perdido uma decisão de campeonato nacional ou internacional até ali.

Repetindo o time escalado contra o Botafogo, ou seja: Zetti; Cafu, Valber, Ronaldão e André Luiz; Doriva, Dinho, Cerezo e Leonardo; Palhinha e Müller, Telê teve que ouvir críticas por deixar o garoto Juninho, que vinha incendiando as partidas, mais uma vez no banco. "Não adianta a torcida ficar gritando o nome do Juninho. Eu sei que ele joga bem. Mas sempre que o tenho usado no final da partida, contra um adversário já cansado, ele dá nova vida ao time. É importante colocá-lo no momento certo", remendava o treinador, justificando que era a melhor tática enquanto o atleta "não encorpava".[89]

O relevante era que a fórmula vinha dando certo. E, assim, o time partiu para aquilo que seriam dois jogos memoráveis, tanto lá, no Rio, quanto cá, em São Paulo. Na primeira partida, no Maracanã, no dia 17 de novembro, os tricolores começaram insinuantes, com toques rápidos e triangulações constantes, com muito apoio dos laterais. Em um desses lances, aos 15 minutos, o zagueiro Júnior Baiano falhou e André Luiz roubou a bola, avançando até a área e tocou para Leonardo apenas completar para as redes e abrir o marcador: 1 a 0 Tricolor!

Atrás no placar, o Flamengo foi para a frente e passou a comandar o ritmo do jogo, desperdiçando algumas chances nas mãos de Zetti. Aos 35 minutos, porém, Marquinhos fez boa jogada individual, livrando-se da marcação e finalizando com um bonito chute de fora da área, no ângulo do goleiro são-paulino, 1 a 1.

No segundo tempo, com chuva, campo molhado e bola escorregadia, Marquinhos se tornaria o homem do jogo logo no primeiro minuto: em um chute descompromissado, tentou a sorte frente a Zetti, que viu a bola quicar na frente dele, e a deixou escapar na sequência. Com a falha do arqueiro, o Flamengo virou o jogo, 2 a 1.

> **Telê teve que ouvir críticas por deixar o garoto Juninho, que vinha incendiando as partidas, mais uma vez no banco. "Não adianta a torcida ficar gritando o nome do Juninho. Eu sei que ele joga bem. Mas sempre que o tenho usado no final da partida, contra um adversário já cansado, ele dá nova vida ao time. É importante colocá-lo no momento certo."**

[89] FT, 17/11.

Foto: Nelson Coelho / Placar

> Foi um ótimo jogo. A opinião foi compartilhada por Telê: "Nos primeiros 30 minutos estávamos perfeitos. Mas, depois eu falei para eles: nós levantamos o defunto, pois diminuímos o ritmo e demos força ao Flamengo. Depois que a luz voltou, porém, começamos a jogar bem novamente e conquistamos um resultado importante. Agora, decidiremos em São Paulo".

O camisa nº 1 do Tricolor, porém, iria se redimir brevemente: em contra-ataque, Nélio saiu cara a cara com o goleiro, que efetuou ótima defesa e impediu que os donos da casa ampliassem. E não foi apenas uma vez, mas duas: pouco depois, sozinho na área, Nélio se viu enquadrado por Zetti, que ficou com a bola.

A pressão flamenguista seguia, mesmo atuando com um homem a menos em campo desde a expulsão de Júnior Baiano, após entrada criminosa, por trás, em Cafu, aos quatro minutos da etapa final. Aos poucos, porém, o Tricolor foi se encontrando no jogo e passou a ameaçar a meta de Gilmar, que fora forçado a fazer duas ótimas defesas em lance de Palhinha e pancada de Leonardo.

Faltando pouco menos de 15 minutos para o fim, uma pausa no ritmo alucinado do jogo: uma queda de energia no sistema de iluminação dos refletores do Maracanã levou a uma parada de 19 minutos na decisão. Corrigido o problema, na volta só deu São Paulo e Valdeir, que entrara no lugar de Cerezo, e mandou uma bola que tirou tinta da trave adversária.

Na sequência, Juninho, que entrara no lugar de Palhinha, fez o que Telê pretendia. Com o fôlego novo, não tardou para o Tricolor alcançar o tão pretendido gol aos 41 minutos: Juninho lançou Cafu pela direita, este cruzou rasteiro para a pequena área, onde encontrou justamente o pequeno meio-campista, que entrou de carrinho no lance e mandou a bola para o fundo das redes: 2 a 2!

Foi um ótimo jogo. A opinião foi compartilhada por Telê: "Nos primeiros 30 minutos estávamos perfeitos. Mas, depois eu falei para eles: nós levantamos o defunto, pois diminuímos o ritmo e demos força ao Flamengo. Depois que a luz voltou, porém, começamos a jogar bem novamente e conquistamos um resultado importante. Agora, decidiremos em São Paulo".[90]

Entre o primeiro e o segundo jogo das finais, entretanto, o São Paulo teria

[90] AGE, 18/11.

Foto: Ronaldo Kotscho / Placar

Com três jogos no intervalo de cinco dias, sendo um deles uma final de campeonato, o Tricolor apenas empatou no Choque-Rei: ponto que faria falta.

Dois dias depois, 21 de novembro, o Morumbi, com mais de 55 mil pessoas, recebeu o primeiro Choque-Rei do ano pela competição nacional. O Palmeiras, que não teve outro compromisso desde o fim da primeira fase do Brasileirão, tendo usufruído, assim, de uma semana inteira de folga, enfrentou um Tricolor, que vinha de uma sequência de seis jogos em doze dias, ainda mais desgastado por uma final eletrizante, 96 horas antes.

embates contra o Guarani e Palmeiras, ambos pela fase semifinal do Brasileirão. Todos em intervalos de 48 horas. Dessa maneira, a comissão técnica mandou o time reserva para Campinas – apenas o goleiro Zetti e o zagueiro Válber, entre os titulares, tomaram parte nesse embate. E nem assim o Tricolor fez feio: com um gol de Guilherme, nos acréscimos do primeiro tempo, venceu o time da casa, do craque Djalminha, por 1 a 0.

Dois dias depois, 21 de novembro, o Morumbi, com mais de 55 mil pessoas, recebeu o primeiro Choque-Rei do ano pela competição nacional. O Palmeiras, que não teve outro compromisso desde o fim da primeira fase do Brasileirão, tendo usufruído, assim, de uma semana inteira de folga, enfrentou um Tricolor, que vinha de uma sequência de seis jogos em doze dias, ainda mais desgastado por uma final eletrizante, 96 horas antes.

Detalhe: enquanto enfrentava o Guarani, o Palmeiras poderia ter completado a rodada jogando contra o Remo, em Belém: mas não. O jogo contra o time paraense ficou apenas para o dia 28 de novembro. Deliberadamente, a tabela do Brasileirão prejudicou um lado e favoreceu outro. Tudo normal. Nada demais.

Com a bola rolando, o Tricolor, mesmo desgastado fisicamente, fez um bom jogo. Começou atrás no placar, logo cedo, aos dois minutos: Palhinha fora desarmado no meio de campo por Edmundo, que avançou sem contestação e passou para Edílson tirar o primeiro zero do marcador. O São Paulo não tardou a reagir e, três minutos depois, Cerezo iniciou a jogada, passando para Müller, que foi derrubado por Antônio Carlos no meio de campo. O árbitro nada marcou e na sequência do lance a bola sobrou livre para Leonardo encher o pé, de fora da área, e marcar um golaço, empatando o jogo, 1 a 1.

O clássico seguiu lá e cá, com os ataques consagrando Sérgio e Zetti. O golei-

> **Assim, na noite de quarta-feira, 24 de novembro de 1993, o Morumbi recebeu mais de 65 mil torcedores que acompanharam outra partida sensacional entre São Paulo e Flamengo – talvez a melhor de toda a temporada do futebol brasileiro. O Tricolor foi escalado com Zetti; Cafu, Válber, Ronaldão e André Luiz; Doriva, Dinho, Cerezo e Leonardo; Müller e Palhinha.**

ro são-paulino saiu de campo com ao menos quatro excepcionais defesas, realmente espetaculares, mas o resultado não foi alterado novamente e a disputa terminou empatada. Grande destaque do jogo, Zetti, valorizava a sequência de partidas e a oportunidade de se manter sempre afiado: "Jogando dia sim, dia não, eu adquiro uma forma muito boa e em condições de ter atuações como essa".[91]

Valdir de Moraes, preparador de goleiros – naquele momento dirigente palmeirense –, do outro lado do muro, sempre ressaltava que a grande característica de Zetti era estar mais bem posicionado. O goleiro não era adepto de pontes espalhafatosas, quando desnecessárias: "Quem faz ponte é engenheiro e quem voa é passarinho. Goleiro não é ator para dar show, ele só deve aparecer quando necessário", dizia.[92]

Por sua vez, a análise do técnico são-paulino levava outros pontos em consideração: "A gente está jogando um dia e descansando outro. Por isso houve uma queda no desempenho da equipe na etapa complementar, mas nem assim deixamos de criar chances de gol. Vejam só. O Palmeiras ficou sete dias parado, preparando-se para nos enfrentar. Portanto, os dois times vivem momentos distintos".[93]

A DECISÃO DA SUPERCOPA: PARTE II

Era o retrato da verdade. E o momento do São Paulo era a expectativa do jogo de volta da decisão da Supercopa, contra o Flamengo, no dia 24 de novembro. A partida, porém, correu risco de não ser realizada no Morumbi. No clássico contra o Palmeiras, uma laje de cimento, de 19,5 x 79,5 centímetros, rompeu de um dos degraus da arquibancada onde a torcida visitante se encontrava, caindo por dentro da armação de cimento, acima do piso de concreto daquele anel.

A imprensa, sensacionalista, causou um furdunço daqueles, chegando a afirmar que um torcedor ficara pendurado pela cintura, correndo risco de cair de uma altura de quatro, diziam uns, ou dez metros, diziam outros – o que era impossível, afinal o rompimento foi da estrutura de um degrau, que não possui nem 50 centímetros, e não do piso de concreto que sustenta a arquibancada.[94] O incidente, apesar de lamentável e inadmissível, não era grave sob o aspecto estrutural, e após vistorias da CONTRU e da empresa Falcon Bauer, uma reforma local foi conduzida e o estádio foi liberado para a final contra o Flamengo.[95]

Assim, na noite de quarta-feira, 24 de novembro de 1993, o Morumbi recebeu mais de 65 mil torcedores que acompanharam outra partida sensacional entre São Paulo e Flamengo – talvez a melhor de toda a temporada do futebol brasileiro. O Tricolor foi escalado com Zetti; Cafu, Válber, Ronaldão e André Luiz; Doriva, Dinho, Cerezo e Leonardo; Müller e Palhinha. No banco, ficaram Rogério, Gilmar, Jura, Juninho e Guilherme.

O time tentou pôr pressão nos visitantes, perdendo chances de gols com Cafu e Müller, mas foi o Flamengo que abriu o placar, aos nove minutos, com o desa-

[91] FT, 22/11;
[92] OESP, 25/4;
[93] AGE, 22/11;
[94] JT, 22/11; AGE, 23/11;
[95] AGE, 24/11.

feto de Telê, Renato Gaúcho, mergulhando de cabeça após desvio na área em cobrança de escanteio. Em situação diametralmente oposta a ocorrida na primeira partida, agora era o São Paulo que teria que buscar a virada no marcador.

Durante todo o primeiro tempo, o time martelou a defesa flamenguista em busca do gol, que iniciaria essa arrancada, principalmente com Müller e Cafu, enquanto os visitantes apelavam para a violência – como o lance para expulsão cometido por Renato Gaúcho sobre Doriva, duas vezes, punido apenas com cartão amarelo. Nélio também atingira o volante com uma cotovelada, que causara uma fissura no nariz do jogador.[96]

Na jogada área, essencialmente em escanteios, o Flamengo levava perigo, chegando a acertar a trave de Zetti ainda na primeira etapa. No segundo tempo, Telê mexeu no time, cumprindo seu pensamento tático, para a alegria da torcida: Juninho entrou no lugar de Cerezo. E o jogo foi outro: o São Paulo passou a ser muito mais assertivo e preponderante, ainda que os visitantes tentassem aprontar nos contra-ataques.

Aos 16 minutos, porém, a técnica dos tricolores se sobressaiu: Juninho serviu a Müller, bem-marcado. O atacante encontrou Leonardo avançando pelo meio, na entrada da área, e devolveu a bola para o ex-lateral arrematar de primeira, seco e rasteiro, direto para o fundo das redes, um belo gol: 1 a 1 no placar.

Müller, Cafu e Palhinha seguiram infernizando o goleiro Gilmar, que espalmara para fora os lances. Zetti, em chute de Nélio, não deixou por menos, defendendo com os pés, salvando o Tricolor com perfeição. O jogo estava lá e cá! Logo na sequência à intervenção do goleiro são-paulino, aos 34 minutos, Palhinha fez ótima assistência, encontrando Juninho avançando pelo meio da zaga adversária. O meio-campista não finalizou direito com a perna canhota, e a bola foi marota, mansa, e quicando em direção ao arqueiro Gilmar, que não esperava a falha no chute, e também falhou, aceitando o gol da virada são-paulina: 2 a 1 para o Tricolor.

Não houve tempo nem para respirar, imagina comemorar. O Flamengo não desistiu e, aos 36 minutos, Marquinhos, na característica dele de sempre bater bem de longe, arriscou mais uma vez e acertou o canto direito de Zetti, não dando chances para o goleiro. Jogo empatado novamente, 2 a 2. "Que jogo fantástico no Morumbi", foram as palavras de Galvão Bueno, na transmissão da TV Globo, ao constatar a similaridade com o jogo de ida e a sequência inversa dos gols marcados – e no caso do Tricolor, marcado pelos mesmos autores. E ainda havia tempo para mais.

Na saída da bola, Juninho disparou pela esquerda e bateu, dessa vez, forte, cruzado, para a redenção de Gilmar, que performara uma grande defesa. A bola, porém, passou ainda a poucos centímetros da cabeça de Guilherme, substituto de Palhinha. "Haja coração", gritara o locutor – talvez a primeira vez proferindo o que viria a ser um bordão dele.

O mesmo Guilherme ainda teria outra oportunidade incrível: Müller foi lan-

> Tricolor 1 a 0; Flamengo empatou, 1 a 1; Tricolor 2 a 1 e não houve tempo nem para respirar, imagina comemorar. Flamengo de novo, 2 a 2. "Que jogo fantástico no Morumbi", foram as palavras de Galvão Bueno, na transmissão da TV Globo. "Haja coração", gritara o locutor – talvez a primeira vez proferindo o que viria a ser um bordão dele.

[96] DP, 26/11.

Fotos: Nelson Coelho / Placar

> Caberia a Müller, que, caso anotasse, decretaria a vitória são-paulina. O atacante foi para a bola e bateu rasteiro, com categoria e sem chances para o goleiro Gilmar: 5 a 3 para o Tricolor! Festa para os mais de 65 mil são-paulinos presentes no Morumbi! O nono título no ano! E a Tríplice Coroa Sul-Americana era do São Paulo!

çado na ponta esquerda e, já na linha de fundo, tocou para o lado oposto, dentro da pequena área, onde o atacante vindo de Marília chegara de carrinho, quase debaixo do arco. A bola, porém, saiu, manhosa e devagar, rente à trave esquerda do gol de Gilmar, rendido no lance.

Em um jogo que poderia continuar para sempre, de tão bem jogado, os 90 minutos, infelizmente, esgotaram-se. A decisão da Supercopa de 1993 se daria por meio de penalidades máximas! Os tricolores começaram chutando e Dinho marcou o primeiro, batendo uma bomba no canto direito. Rogério, do Flamengo, empatou, chutando rasteiro à esquerda. Leonardo pôs o São Paulo a liderar, cobrando alto, com classe, quase no ângulo. Já Marcelinho, o Carioca, desperdiçou o tiro, na trave direita de Zetti, que nem se mexera. Vantagem para o Tricolor!

Cafu marcou o terceiro, deslocando o goleiro, mandando a bola à direita, e mantendo o São Paulo em 100% de aproveitamento. Marquinhos, depois, descontou: 3 a 2. André Luiz, com uma pancada no centro do gol, e Gelson, quase defendido por Zetti, anotaram os deles, ficando 4 a 3 o resultado parcial.

A cobrança decisiva caberia a Müller, que, caso anotasse, decretaria a vitória são-paulina. O atacante foi para a bola e bateu rasteiro, com categoria e sem chances para o goleiro Gilmar: 5 a 3 para o Tricolor! Festa para os mais de 65 mil são-paulinos presentes no Morumbi! O nono título no ano! E a Tríplice Coroa Sul-Americana era do São Paulo!

Dois desses três títulos, aliás, definiram automaticamente o adversário do Tricolor na disputa pela Recopa de 1994: o Botafogo, vencedor da Copa Conmebol de 1993, afinal, o clube era o detentor dos troféus da Libertadores e da

O Troféu da Supercopa marcou a conquista da Tríplice Coroa Sul-Americana.

Supercopa, que tradicionalmente concediam um posto para essa contenda.

A conquista da Supercopa, obtida via penalidades, também veio para consagrar o histórico do goleiro Zetti na modalidade. Em decisões do tipo, o arqueiro nunca havia perdido uma sequer com a camisa são-paulina: vencera o Chivas, em 1990; o Newell's, em 1992; o Peñarol, em 1992; o Cruzeiro, em 1993; o Atlético Nacional, em 1993; e agora o Flamengo – que currículo!

O foco de todos, no festejo, porém, estava em Juninho, que mais uma vez desnivelara o jogo após pisar em campo. Dessa vez, ainda deixara o dele na rede adversária: "Quando eu recebi a bola do Palhinha e invadi a área, tentei desviá-la do Gilmar. Depois, só a vi no momento em que ela já estava entrando devagarzinho. Foi inacreditável". Ainda afirmou que os rivais tentaram desestabilizá-lo, por ser novato: "Eles estavam tentando nos intimidar. Quando eu entrei na partida, o Flamengo estava vencendo e o Casagrande ficou me xingando, falando que eu não iria estragar a festa deles. Mas vejam só o que aconteceu", concluiu o jogador, que dedicou o título ao pai.[97]

Não exatamente como na conquista da Libertadores de 1992, mas a torcida também invadiu o campo para a conquista do título continental, aos gritos de "Um, dois três, Campeão mais uma vez". A feliz confusão impediu a tradicional volta olímpica e os mais exaltados tricolores até tentaram jogar o técnico Telê Santana para o alto, como costumeiramente faziam com técnicos da NBA, a liga de basquetebol norte-americana. O técnico, porém, conseguiu demovê-los da ideia e escapar, depois, para o vestiário, onde só queria apreciar uma cervejinha gelada, enquanto atendia a imprensa.

A conquista veio para consagrar o histórico do goleiro Zetti: em decisões do tipo, o arqueiro nunca havia perdido uma sequer com a camisa são-paulina: Chivas, em 1990; o Newell's, em 1992; o Peñarol, em 1992; o Cruzeiro, em 1993; o Atlético Nacional, em 1993; e agora o Flamengo – que currículo!

[97] AGE, 26/11.

Libertadores, Recopa e Supercopa. Não havia como discordar: o Tricolor era o dono da América.

> **Questionado se faltava algo para Telê conquistar pelo Tricolor, respondera: "Não há limite. Quero vencer todas as competições que disputo". Do lado de fora, ouvia-se a festa dos jogadores, regada a *champagne*, e os gritos da torcida de "Fica, Telê! Fica, Telê!". O técnico não iria para lugar nenhum, salvo Tóquio, no Japão, com o São Paulo.**

⁹⁸ AGE, 26/11;
⁹⁹ FT, 24/11.

Questionado se faltava algo para Telê conquistar pelo Tricolor, respondera: "Não há limite. Quero vencer todas as competições que disputo". Do lado de fora, ouvia-se a festa dos jogadores, regada a *champagne*, e os gritos da torcida de "Fica, Telê! Fica, Telê!". O técnico não iria para lugar nenhum, salvo Tóquio, no Japão, com o São Paulo.[98]

Não houve tempo, porém, para a tradicional celebração oficial, em algum restaurante ou churrascaria chique da cidade. Em 48 horas, os felizes Campeões teriam que se bater com o Remo, ali mesmo no Morumbi (pelo menos). Não teriam festa, mas os bolsos estariam cheios: cada jogador foi premiado com um "bicho" de dez mil dólares pelo título.[99]

É até incrível o que veio a seguir: sem pausa até para viver a própria vida, direito, os tricolores venceram o Remo, no dia 26 de novembro, por 2 a 0 (gols de Müller e Palhinha), e, dois dias depois, também bateram o Guarani, novamente em casa, por 3 a 2 – gols de Palhinha, Juninho e Cafu –, sempre com o time considerado titular. E foi além, apenas com um intervalo de um dia a mais do que as já corriqueiras 48 horas (por causa da viagem para Belém), o Tricolor venceu mais uma vez o Remo, no dia 1º de dezembro, por 1 a 0 – gol de André Luiz.

Emplacar três vitórias desse porte, contra oponentes de uma fase semifinal de Brasileirão, após um título fantástico e uma sequência extremamente debilitante de jogos, foi um feito fantástico. Porém, não o suficiente para levar o time para mais uma decisão nacional.

No dia 4 de dezembro, o São Paulo, enfim, fora derrotado: 2 a 0 para o Palmeiras, muito mais inteiro fisicamente. O Tricolor terminou a fase semifinal com nove pontos obtidos no grupo dele, enquanto os rivais somaram 10, classificando-se para a final do certame. Não fosse a zona que era o calendário do futebol brasileiro em 1993, talvez o Tricolor tivesse tido melhor sorte na competição nacional. Não que a torcida são-paulina tenha se incomodado com o destino desse torneio.

PLACAR

EDIÇÃO HISTÓRICA

Nº 1089-A   CR$ 500,00

EXTRA POSTER GIGANTE DO SÃO PAULO CAMPEÃO DA SUPERCOPA DE 1993

AS FICHAS DE TODOS OS HERÓIS DO TÍTULO

A CONQUISTA INÉDITA JOGO A JOGO

SÓ DÁ ELE NA AMÉRICA

1993 - Parte 2: Campeonato Paulista, Copa do Brasil, Torneios na Espanha, nos EUA e no México, Recopa e Supercopa

1993 - Parte 3
Mundial Interclubes

166	MOMENTOS QUE ANTECEDEM A GLÓRIA
170	UM REENCONTRO ESPECIAL E A CHEGADA DO RIVAL
174	INTERCÂMBIO CULTURAL E VELHOS CONHECIDOS
176	O ÚLTIMO TREINO ANTES DA DECISÃO: CLIMA QUENTE NOS BASTIDORES
178	A ANSIEDADE TOMA CONTA
184	90 MINUTOS DE CONSAGRAÇÃO PARA A HISTÓRIA
200	COMISSÃO TÉCNICA, DIRETORIA E JOGADORES

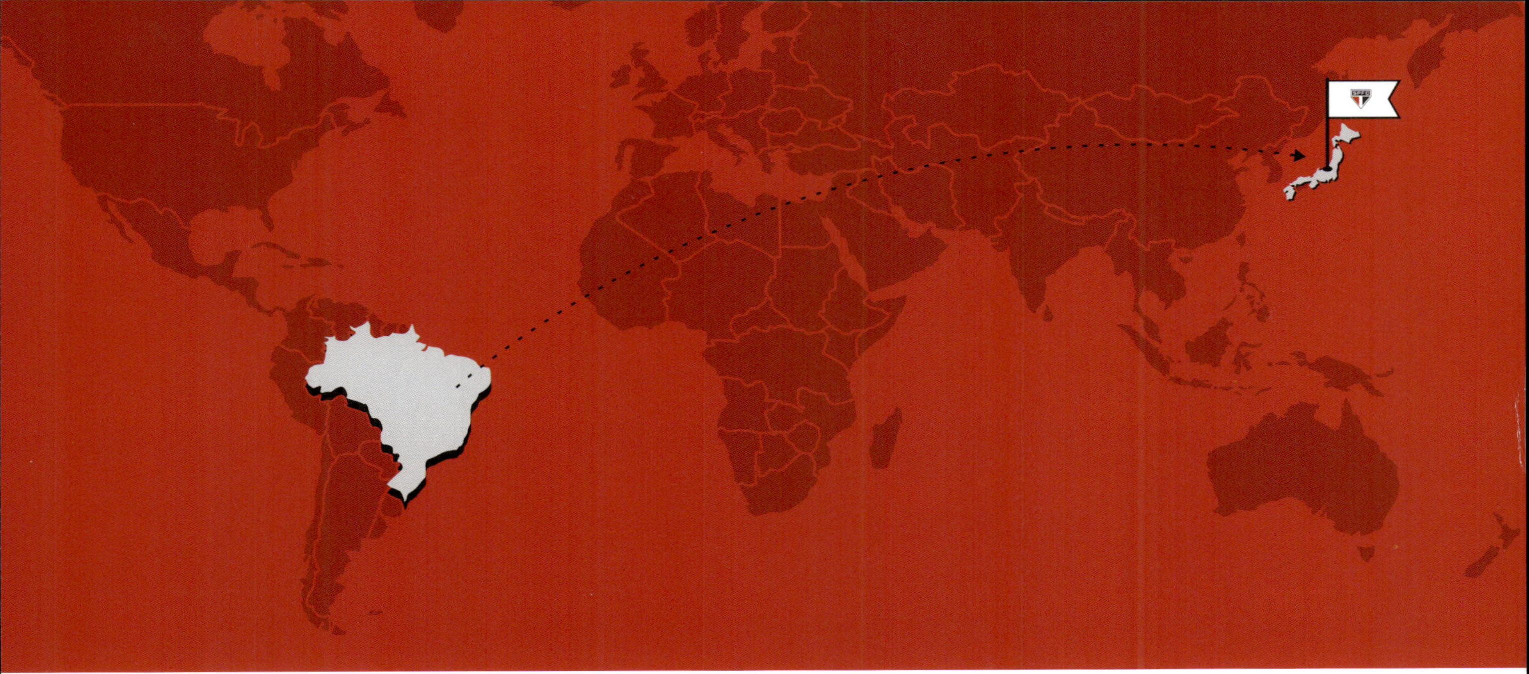

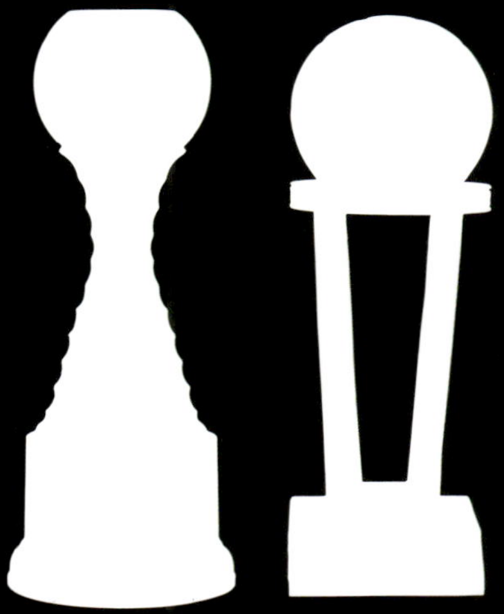

Fotos: Reprodução / Jornal Notícias Populares, o Estado de S. Paulo e Folha da Tarde

> O voo 836 da Varig, que levaria os tricolores à Terra do Sol Nascente por meio de um Boeing 747, teria uma longa jornada pela frente. A única escala foi em Los Angeles, nos Estados Unidos, onde a comitiva ficou retida por cerca de duas horas, devido a questões técnicas e burocráticas normais de viagens desse tipo.

MOMENTOS QUE ANTECEDEM A GLÓRIA

Cerca de 700 torcedores são-paulinos esperavam no saguão do portão 26, do aeroporto de Cumbica, a delegação do clube que embarcaria para o Japão perto de uma hora da madrugada de domingo, 5 de dezembro. A comitiva são-paulina, que veio diretamente do Morumbi e há poucas horas havia enfrentado e sido derrotada pelo Palmeiras, na última rodada do Brasileirão de 1993, chegou por volta das 23h40, com 20 atletas: Zetti, Rogério, Jura, Cafu, Válber, Gilmar, Ronaldão, Ronaldo Luís, André, Dinho, Doriva, Cerezo, Luís Carlos Goiano, Leonardo, Palhinha, Müller, Guilherme, Matosas, Juninho e Valdeir. Contudo, foi o técnico Telê Santana o mais assediado pela torcida. Telê, sorridente, teve de ser escoltado por policiais para conseguir embarcar, separando-o dos torcedores que lhe pediam autógrafos incessantemente.

O resultado ruim obtido no Choque-Rei e as reclamações contra o árbitro daquela partida, Dionísio Roberto Domingos, dominaram as entrevistas dos jogadores com a imprensa. Mas o novato Juninho, recentemente contratado em definitivo, era pura animação com o que de fato importava: a chance de ser Campeão do Mundo pelo Tricolor. "A gratidão é enorme para mim. Não esperava que algo assim aparecesse tão rápido em minha vida."[1]

Ronaldão, que devido à recepção calorosa dos torcedores quase se perdeu da esposa e por pouco partiu sem se despedir, ainda comentou ao *Diário de S. Paulo* que: "O resultado negativo não pode e nem deve abalar a gente. O nosso grupo é responsável e vai brigar pelo Bicampeonato em Tóquio. Acabamos de conquistar um título Sul-Americano inédito (Supercopa) e ninguém pode se esquecer de que estávamos envolvidos numa maratona de jogos".

O voo 836 da Varig, que levaria os tricolores à Terra do Sol Nascente por

---

[1] OESP, 6/12.

meio de um Boeing 747, teria uma longa jornada pela frente. A única escala foi em Los Angeles, nos Estados Unidos, onde a comitiva ficou retida por cerca de duas horas, devido a questões técnicas e burocráticas normais de viagens desse tipo. Válber, no avião, brincava, dizendo conhecer uma maneira mais fácil de chegar ao Japão: "A gente podia ficar parado num helicóptero lá em São Paulo mesmo e esperar a Terra girar. No momento em que o Japão passasse embaixo, a gente pulava de paraquedas".[2]

Na bagagem, os tricolores levaram ao Japão, claro, o tradicional feijão brasileiro – no Japão não faltaria arroz –, mas também muita carne, cerca de 80 quilos, ofertada pelo frigorífico Bordon.[3] Após quase 25 horas de viagem, o São Paulo chegou à cidade de Tóquio às 13h50, no fuso local (1h50, no Brasil), do dia 6 de dezembro, desembarcando no aeroporto de Narita. Chovia e a temperatura não poderia ser mais contrastante com a do verão brasileiro: cinco graus.

O desgaste físico e o cansaço pelo deslocamento eram ainda agravados pelo fato de os atletas terem encarado, dias antes, o trajeto Belém-São Paulo para uma partida contra o Remo, como também por terem atuado, como dito, na última rodada do Brasileirão de 1993 no dia em que rumaram ao Oriente.

A delegação são-paulina, chefiada pelo presidente José Eduardo Mesquita Pimenta, hospedou-se no Hotel Prince e, como em 1992, treinaria todos os dias no conjunto Kodaira, da Tokyo Gas – distantes 60 km um do outro, quase duas horas de carro no trânsito da metrópole. Em 1993, contudo, os jogadores não sofreriam com a falta de lugar para repousar no período entre os treinos – foram adquiridas camas para o complexo. No ano anterior, os atletas relaxavam sobre tatames mesmo. Aliás, foi de grande importância à comitiva tricolor o auxílio prestado pelos funcionários de empresas brasileiras radicadas no Japão, principalmente do Banco do Brasil, da VARIG, e da Associação Central Nipo-Brasileira.

Telê tinha dois problemas para os primeiros treinamentos no Japão: Cafu e Doriva deixaram o Brasil contundidos, o primeiro com dores no ombro direito, devido a uma queda no jogo contra o Palmeiras, e o segundo com uma lombalgia aguda. Por esse motivo, aliás, o técnico são-paulino preferiu levar 20 jogadores ao torneio, e não somente os 18 atletas previamente inscritos na competição – Ronaldo Luís e Matosas foram incluídos de última hora.

O técnico tricolor sofria também com o assédio da JFA, a Federação Japonesa de Futebol, que tentava cooptá-lo para o cargo da Seleção Nipônica, no lugar do holandês Hans Ooft. "Não tenho muita vontade de vir para cá, por isso pedi esta quantia (US$ 200.000,00 livres, de salário). Se eles aceitarem, venho. Se não quiserem, fico no Brasil. Meu contrato termina junto com a decisão do Mundial com o Milan. E estamos conversando (com o São Paulo), mas ainda não acertamos nada", afirmou Telê.[4] Na conferência de imprensa realizada no Tokyo Prince Hotel. Nessa coletiva também estiveram à mesa o presidente José Eduardo Mesquita Pimenta e o goleiro Zetti, representando os atletas.

> **Após quase 25 horas de viagem, o São Paulo chegou à cidade de Tóquio às 13h50, no fuso local (1h50, no Brasil), do dia 6 de dezembro, desembarcando no aeroporto de Narita. Chovia e a temperatura não poderia ser mais contrastante com a do verão brasileiro: cinco graus.**

[2] AGE, 7/12;
[3] AGE, 19/11;
[4] AGE, 7/12.

Fotos: Arquivo Histórico do São Paulo F.C.

Outra preocupação da comissão técnica era com o fuso horário. A fim de impedir que os atletas trocassem o dia pela noite, por causa da diferença de 12 horas, Moraci Sant'Anna marcou treinamentos para aquela mesma tarde, não deixando que caíssem no sono antes da hora.

[5] DP, 7/12.

Ainda no Brasil, aliás, Fernando Casal de Rey já havia reconhecido que negociações estavam em curso. "O nosso contrato com ele termina no dia 31. Ele está cansado e já comunicou à diretoria do clube sua vontade de ficar parado durante o primeiro semestre. Não temos como competir com os dólares dos japoneses, mas se Telê optar por permanecer no Brasil, seu clube continuará sendo o São Paulo."[5]

Outra preocupação da comissão técnica era com o fuso horário. A fim de impedir que os atletas trocassem o dia pela noite, por causa da diferença de 12 horas, Moraci Sant'Anna marcou treinamentos para aquela mesma tarde do dia 6, não deixando que caíssem no sono antes da hora. Esse foi um dos motivos para que o Tricolor chegasse ao Japão com uma semana de antecedência em relação à data da decisão. Os organizadores do torneio queriam que o time embarcasse somente na terça-feira, dia 7, e chegassem a Tóquio na quinta-feira, dia 9, o que certamente abalaria a adaptação dos jogadores.

Depois de aplicar uma sessão de 40 minutos de corrida leve, exercícios e alongamentos físicos, Moraci assumiu outra tarefa: a de inspetor de quartos. Às 20h, zanzou de aposento em aposento, verificando e impedindo que os atletas dormissem antes da hora combinada, às 23h. A tática deu certo e o preparador físico tirou do cochilo Müller, Guilherme e André Luiz.

Quem não deu trabalho, ou melhor, quem não deu esse tipo de trabalho foi Válber. Talvez entediado, resolveu brincar com o extintor de incêndio e acabou causando uma pequena traquinagem. "O Válber não tinha intenção, mas acabou batendo na chave e o extintor acionou. Tivemos que sair correndo do quarto. Lá se foi nosso descanso", tripudiou André. Cafu completou: "Esse Válber é mesmo danado". A confusão não deu em nada, somente os funcionários do hotel que tiveram muito trabalho para limpar tudo, sem entender direito o que havia acontecido.

O dia 7 de dezembro marcou o primeiro dia de treinos com bola em solo japonês. Logo cedo, às 10h, sob um frio de 10 graus, os são-paulinos se alinharam em campo para a preleção do técnico Telê Santana e consequente bate-bola: um simples dois toques entre os times titular e reserva.

Bom, não foi isso o que o comandante são-paulino havia planejado, inicialmente. O treino seria tático (um trabalho especialmente elaborado para furar a linha de impedimento milanista), mas a presença de certo elemento considerado um "espião italiano" alterou a programação. "Pois não, cavalheiro, o que o senhor deseja aqui?", perguntou Fernando Casal de Rey ao inoportuno e aparente jornalista. *"Io sono l'osservatore de la Squadra Italiana"*, respondeu o espião, tentando se passar por analista da Seleção Italiana, conforme relatou O Estado de S. Paulo em 8 de dezembro. Por lá ficou, todavia. A imprensa internacional, de modo geral, tinha correspondentes ali e pouco podia ser feito, àquela altura. Para o dia seguinte, porém, os funcionários do hotel garantiriam o treino secreto.

A pausa no treinamento foi um oferecimento de dirigentes da JFA e da J-League, que presentearam os atuais Campeões Mundiais com um almoço onde deixaram claro o interesse em tirar Telê Santana do Tricolor. O presidente José Eduardo Mesquita Pimenta transpareceu indignado: "Eles nem querem esperar a decisão com o Milan para procurar um acerto com o Telê". Percebendo a inconveniência da hora e do pedido, Telê saiu contrariado e afirmando: "Eu não quero saber de proposta agora, só depois da final".[6]

Ausente da primeira parte do treino pela forte lombalgia que sentia, Doriva pediu autorização ao médico são-paulino, Dr. Sanchez, para recorrer a um tratamento então pouco conhecido no Brasil, a acupuntura. "Se não fizer bem, mal não fará. Mas sei que 70% dos casos de lombalgia são curados com a aplicação do método de acupuntura". Liberado, o volante buscou auxílio com um ex-são-paulino radicado no Japão. Na verdade, um ex-são-paulino japonês: Musashi.[7]

Uma pausa no treinamento foi um oferecimento de dirigentes da JFA e da J-League, que presentearam os atuais Campeões Mundiais com um almoço onde deixaram claro o interesse em tirar Telê Santana do Tricolor. O presidente José Eduardo Mesquita Pimenta transpareceu indignado: "Eles nem querem esperar a decisão com o Milan para procurar um acerto com o Telê".

[6] JT, 8/12;
[7] AGE, 8/12.

> A segunda parte do treinamento não diferiu da primeira. Novamente dois toques, com alguns minutos de chutes a gol. Telê ainda estava encucado com os possíveis espiões rivais: "Não vai entrar mais ninguém. Conheço bem os italianos. Eles estão de olho em nosso trabalho... Eu falo que ninguém vai entrar no treino, mas os jornalistas do Brasil estão liberados".

UM REENCONTRO ESPECIAL E A CHEGADA DO RIVAL

Musashi Mizushima jogou nas categorias de base do Tricolor entre 1985 e 1988, chegando a atuar no time Expressinho (onde fez uma partida oficial pelo clube) e tomar parte no elenco Campeão Estadual de 1985. O jogador japonês não fez muito sucesso no Brasil – defendeu ainda o São Bento e a Portuguesa –, mas em sua terra natal inspirou uma personagem e uma obra muito famosa na década de 1990: Oliver Tsubasa, de Supercampeões (Ozora Tsubasa, de *Captain Tsubasa*, no original).

Com a orientação de Musashi, Doriva tratou-se com o especialista em acupuntura, *sensei* Ichiwata, nas dependências do Prince Hotel. "Aqui todos os times de futebol trabalham com um profissional especializado em acupuntura", comentou o único ex-jogador japonês da história tricolor.

Os problemas médicos seguiam, porém. Cafu e Juninho também perderam o treino com bola (apenas trotaram em volta do gramado) e foram levados pelo Dr. Sanchez, à tarde, junto a Doriva, à clínica médica Xax, da Tokyo Gas, para exames e radiografias.

A segunda parte do treinamento não diferiu da primeira. Novamente dois toques, com alguns minutos de chutes a gol. "Não posso fazer mais que isso. Contra o Milan vamos completar nosso 97º jogo do ano. Fizemos quase o dobro do número de jogos do Milan", afirmou Telê, que ainda estava encucado com os possíveis espiões rivais: "Não vai entrar mais ninguém. Conheço bem os italianos. Eles estão de olho em nosso trabalho... Eu falo que ninguém vai entrar no treino, mas os jornalistas do Brasil estão liberados".[8]

[8] AGE, 8/12.

Tarde da noite no Japão, a delegação recebeu a notícia da convocação da Seleção Brasileira para o amistoso contra o México, no dia 16, pouco tempo depois da decisão do Mundial, marcada para o dia 12. O técnico Carlos Alberto Parreira chamou nada menos que oito atletas são-paulinos para a partida: Zetti, Cafu, Ronaldão, Leonardo, Dinho, Válber, Palhinha e Müller.

Dessa maneira, sagrando-se Campeões ou não, os oito são-paulinos embarcariam de Tóquio diretamente para Guadalajara, no México. Os jogadores, porém, somente tomaram conhecimento da lista no dia seguinte, quando a imprensa veio interpelá-los. "Verdade, cara? Foi a melhor notícia que poderia receber logo de manhã", disse Leonardo ao repórter do *Diário Popular* em 9 de dezembro, sem se preocupar com o futuro cansaço: "Seleção é Seleção. Vou com ela para onde tiver de ir". Alguns, porém, estavam mais preocupados se poderiam levar as esposas, que ali estavam, ou o que usariam na excursão: "Puxa, eles deveriam me avisar antes. Estou sem roupa de viagem", retrucou Palhinha.

O aparentemente mais decepcionado, ou melhor, aflito, foi Müller. O jogador havia se casado no final de novembro e, até então, não havia podido desfrutar da lua de mel com a esposa. "Mas Seleção a gente tem de respeitar, dar valor".[9] Dinho, contudo, por ser a novidade da convocatória, estava radiante. Ao descer do café, já alertado pelos colegas, encontrou os jornalistas com a felicidade estampada no rosto: "Só espero ter a oportunidade de mostrar o meu valor. Quero ser lembrado também para a Copa do Mundo".[10]

A quarta-feira, dia 8, amanheceu ainda mais fria (quatro graus) e com o tempo cerrado. No decorrer do dia, cairia uma chuva intermitente, por vezes forte, que agravaria a sensação térmica. Alguns chegaram a temer pela neve. O uruguaio Matosas, único integrante da delegação são-paulina a ter presenciado um campo todo branco, lembrou que esteve no banco do jogo do Peñarol contra o Porto, na decisão do Mundial de 1987, nessas condições.

O treino, ao contrário dos anteriores, foi pesado. Telê exigiu muito dos jogadores, cobrando que dessem, no máximo, um toque na bola. Perguntado se a ideia era envolver os adversários à base da velocidade, o treinador são-paulino foi além: "O que eu quero é que eles valorizem a posse de bola. O São Paulo tem que ficar com a posse de bola. Se de repente não for possível chegar à frente, pode voltar tocando a bola. Mas o que não pode é perder a posse de bola".[11]

Novamente, Doriva, Cafu e Juninho não integraram a atividade, o que provocou nova mudança no planejamento da comissão técnica são-paulina, que se preparava para um treino coletivo entre titulares e reservas. Sem a participação dos três, adiou-se essa ideia para o dia seguinte. A maior preocupação era com o volante, que corria risco de ser cortado do elenco. As alternativas para a posição, caso fossem necessárias, eram Luís Carlos Goiano, Toninho Cerezo e, talvez, até Matosas.

O Milan chegou ao Japão por volta das 13h, nessa mesma quarta-feira. Hospedados no Hotel Okura, os italianos treinaram ainda à tarde no Centro Cultural de Esportes Nishigaoka. Capello estava cauteloso, mas confiante. "Para vencer, temos de apresentar forma física superior à do jogo contra o Torino. O São Paulo está mais forte do que nunca. Por isso, se a equipe controlar na meia hora inicial, será possível vencer."

[9] JT, 9/12;
[10] DP, 9/12;
[11] AGE, 9/12.

> Talvez o mais importante jogador do time rival, Baresi afirmou que a competição definia algo maior que o título Mundial: "Para nós, esta não é a decisão de um título qualquer. É um ponto decisivo na carreira de cada um, do treinador ao último reserva... Ou teremos a continuidade do grande Milan ou será o fim de um período de ouro".

O Milan chegou ao Japão por volta das 13h, nessa mesma quarta-feira. Hospedados no Hotel Okura, os italianos treinaram ainda à tarde no Centro Cultural de Esportes Nishigaoka. O técnico Fábio Capello levou 18 atletas para a competição: os goleiros Rossi e Ielpo; os defensores Baresi, Tassotti, Galli, Costacurta, Nava, Panucci, Maldini e Desailly; os meias Orlando, Donadoni, De Napoli e Albertini; e os atacantes Massaro, Papin, Savicevic e Raducioiu. Eram cinco as ausências sentidas: Simone, Boban, Lentini, Brian Laudrup e Van Basten (contundido havia mais de seis meses).

Capello estava cauteloso, mas confiante. "Para vencer, temos de apresentar forma física superior à do jogo contra o Torino. O São Paulo está mais forte do que nunca. Por isso, se a equipe controlar o São Paulo na meia hora inicial, será possível vencer". A equipe italiana vinha de vitória no último jogo da Lega Calcio, 1 a 0 sobre o Torino, que valeu a liderança da competição.[12] Os *"rossoneri"* também eram os primeiros colocados do grupo que contava com Porto, Werder Bremen e Anderlecht, na Copa dos Campeões da Europa.

Talvez o mais importante jogador do time rival, Baresi afirmou que a competição definia algo maior que o título Mundial: "Para nós, esta não é a decisão de um título qualquer. É um ponto decisivo na carreira de cada um, do treinador ao último reserva... Ou teremos a continuidade do grande Milan ou será o fim de um período de ouro".[13]

Apesar dos desfalques e de ter chegado à competição não com o status de Campeão, devido à punição ao Olympique de Marseille, vencedor do velho continente de 1993, o Milan era uma equipe de altíssimo nível, base da Seleção Italiana Vice-Campeã Mundial em 1994 e com um histórico de três títulos Mundiais obtidos, dois, então, bem recentes. (1969, 1989 e 1990).

O São Paulo, por sua vez, não deixava por menos. Era o atual Campeão Mundial e vinha de três conquistas continentais nessa temporada, sem falar nas goleadas sobre os gigantes Barcelona e Real Madrid. Assim, não era de se estranhar o fato de que todos os 62 mil ingressos tivessem sido vendidos com larga antecedência. No dia 13 de outubro, toda a carga foi esgotada, vendida por meio de um sistema de telefone em um intervalo de apenas dez horas. Os preços variaram de 700 ienes, para estudantes, até nove mil ienes, para cadeira reservada; algo entre 6,50 e 83 dólares ou 1,5 mil e 22 mil cruzeiros reais.[14] No mercado paralelo, ainda era possível encontrar alguns pares nas mãos de algum *"tafuya"*, cambista local, porém, por um preço muito mais salgado: US$ 420,00, cerca de 110 mil cruzeiros reais.[15]

Telê, contudo, talvez por necessidade de conter ímpetos de euforia e pôr os pés dos seus comandados no chão, via ressalvas: "Não posso negar. O time agora é bom, mas aquele que venceu o Barcelona era um pouquinho melhor. Hoje em dia não é fácil repor peças. Um time de futebol é bem diferente de um carro, para o qual você pode comprar uma peça nova e pôr no lugar da velha e funcionar sem

---

[12] JT, 7/12; AGE, 9/12;
[13 e 14] FT, 11/12;
[15] FSP, 7/12.

The 14th TOYOTA EUROPEAN/SOUTH AMERICAN CUP

AC MILAN
[ACミラン]

SÃO PAULO FC
[サンパウロFC]

AC MILAN [ITALY] VS SÃO PAULO FC [BRAZIL]

12/12 SUN 12:00 KICK OFF
TOKYO NATIONAL STADIUM

主催:国際サッカー連盟 ヨーロッパサッカー連盟 南アメリカサッカー連盟　主管:(財)日本サッカー協会　後援:トヨタ自動車株式会社

qualquer problema... No caso do São Paulo, ficamos sem o Raí e o Pintado, jogadores que tinham características diferentes, e agora, mesmo com a entrada de outros jogadores que querem acertar, fica difícil a engrenagem voltar a funcionar bem."[16]

INTERCÂMBIO CULTURAL E VELHOS CONHECIDOS

Foi restando apenas três dias de treinamento antes da decisão que a comissão técnica tricolor pôde contar com o elenco completo para o primeiro treino coletivo e tático em solo japonês. Mais que isso, era o primeiro treinamento do tipo que os são-paulinos realizavam em quase um mês, bem turbulento por viagens e jogos. Ao menos, naquela quinta-feira, dia 9, não choveu e a temperatura chegou a aprazíveis 14 graus com um solzinho tímido.

Outra boa notícia foi que os três atletas que frequentavam o departamento médico foram liberados e Telê pôde, finalmente, escalar os times titular e reserva assim: titulares: Zetti; Cafu, Válber, Ronaldão e André Luiz; Doriva, Dinho, Toninho Cerezo e Leonardo; Müller e Palhinha (o mesmo time da decisão da Supercopa, contra o Flamengo); reservas: Rogério Ceni; Jura, Gilmar, Matosas e Ronaldo Luís; Luís Carlos Goiano, Juninho e Musashi; Valdeir, Guilherme, Tel e Imai.

Sim, o time reserva foi escalado com 12 atletas, talvez para compensar a qualidade técnica dos desconhecidos Tel e Imai. E Musashi, como dito, era ex-atleta do clube. Apesar do elemento a mais em campo, o grupo "B" não resistiu às investidas do elenco "A" durante os 90 minutos do jogo-treino, em que Telê insistiu em trabalhos para furar a linha de impedimento típica dos milanistas. "Eles fazem a linha burra com facilidade e sempre com Baresi no comando". Placar final: 5 a 0 para os titulares.[17]

O primeiro gol nasceu da tabela de André e Müller, que passou para Palhinha tocar mais à esquerda, onde encontrou Leonardo pronto para finalizar forte e à meia altura, no canto direito de Rogério. Após lançamento de Zetti, com as mãos, Cerezo tabelou com Palhinha, que lançou Cafu pela direita, o lateral se livrou do adversário e anotou, 2 a 0. O terceiro tento foi o mais bonito da disputa: Leonardo tocou e Palhinha, da entrada da área, encobriu o goleiro Rogério Ceni com categoria. Müller marcou o quarto gol dos titulares depois de outra jogada envolvente de André com Doriva, pela esquerda. Por fim, Zetti cobrou tiro de meta, a bola sobrou para Cafu cruzar na área e Matosas rebater. Cerezo chutou forte e deu os números finais para a peleja.

Durante essa atividade na Tokyo Gas, em Kodaira, a delegação são-paulina recebeu a visita de Zico e Edu Marangon, que atuavam no futebol japonês, à época. Zico e Cerezo eram amigos de velhos tempos: ambos foram comandados por Telê Santana na Copa do Mundo de 1982. Depois do treino, os jogadores foram dispensados de compromissos oficiais. Ou seja, foram fazer compras (os selecionáveis aproveitaram a folga também para aprontar documentos e renovar vistos).

> **Foi restando apenas três dias de treinamento antes da decisão que a comissão técnica tricolor pôde contar com o elenco completo para o primeiro treino coletivo e tático em solo japonês. Mais que isso, era o primeiro treinamento do tipo que os são-paulinos realizavam em quase um mês, bem turbulento por viagens e jogos.**

[16] FT, 10/12;
[17] AGE, 9/12.

Foto: Arquivo Histórico do São Paulo F.C.

Mas estar livre dos deveres não queria dizer que teriam um dia fácil. "Sobreviver" em uma terra com língua e costumes diferentes pode ser um grande empecilho. Mesquita Pimenta relembrou aos colegas de delegação do que havia ocorrido com Elivélton, ali no mesmo hotel, um ano antes: de folga, o atleta tentou solicitar um prato diferente, que não constava no cardápio e, sem conseguir se fazer compreender, fazia mímica e soletrava, gaguejando em português, como não poderia deixar de ser, o que pretendia comer: "TO-MA-TE". Ficou sem.

"Dinho comprou uma mini TV colorida e Leonardo investiu num moderno aparelho de CDs. Também Zetti comprou um gravador. A rigor, de todos que estavam presentes, apenas o técnico Telê Santana, que não gosta de gastar, não comprou nada. Telê foi à loja apenas para ganhar o videolaser que foi dado pela Aiwa." Uma coincidência nesse passeio foi que a delegação tricolor encontrou a italiana no mesmo local, também fazendo compras.[18]

Cerezo, aliás, ficou ressentido com os antigos colegas de trabalho, que em momento algum cumprimentaram o jogador: "Joguei tanto tempo na Itália e eles sabem quem sou. Mas são assim mesmo. Eles discriminam os sul-americanos. Pensam que têm o rei na barriga. Mas a resposta nós vamos dar em campo."[19]

Nas longas duas horas da viagem de volta até o Tokyo Prince Hotel, os são-paulinos dividiram o ônibus com jornalistas e assistiram a um VHS produzido pelo Kashima Antlers com os gols de Zico. Foi um presente dado pelo jogador a Leonardo. Ao fim do especial, foi a vez dele, sempre ele, Válber, quebrar o gelo e soltar: "Tá vendo, Palhinha, como se faz gol? Acho que deu pra aprender, né?". Palhinha retrucou sem perder a linha: "É porque não jogo contra zagueiro como você, senão eu já era o maior artilheiro do Brasil", para a descontração de todos a bordo.

> **Nas longas duas horas da viagem de volta até o Tokyo Prince Hotel, os são-paulinos dividiram o ônibus com jornalistas e assistiram a um VHS produzido pelo Kashima Antlers com os gols de Zico. Foi um presente dado pelo jogador a Leonardo. Ao fim do especial, foi a vez dele, sempre ele, Válber, quebrar o gelo e soltar: "Tá vendo, Palhinha, como se faz gol? Acho que deu pra aprender, né?".**

[18] AGE, 10/12;
[19] AGE, 11/12.

1993 - Parte 3: Mundial Interclubes

> Ao cair da noite, Telê jantou com Saburo Kawabuchi, presidente da JFA, e com Tokyaki Suzuki, presidente da J-League. Os japoneses não podiam se conter na tentativa de contratar Telê para dirigir os "samurais azuis". Na realidade, Telê não chegou a jantar. Em 15 minutos deixou o recinto: "Minha cabeça está voltada para a decisão do Mundial".

Mesmo com a distração em vídeo, os jogadores demonstravam impaciência com o trânsito de Tóquio, tanto que até a extrema calma do motorista em meio ao caos do tráfego irritava os brasileiros. "Esse país só tem uma coisa de errado: eles fazem tudo certinho, ninguém erra", brincou Cafu.[20]

Ao cair da noite, o técnico jantou com Saburo Kawabuchi, presidente da JFA, e com Tokyaki Suzuki, presidente da J-League. Os japoneses não podiam se conter na tentativa de contratar Telê para dirigir os "samurais azuis". Desconcertado, Telê disse que não gostaria de tratar daquilo naquele momento. "Mas não teve outro jeito. Os japoneses pediram licença ao presidente do São Paulo e aceitei conversar agora. Se a proposta for boa para as duas partes, chegaremos a um acordo."[21]

Contudo, nessa reunião o treinador não firmou compromisso com os estrangeiros, rejeitando, basicamente, o contrato longo, de quatro anos. Na realidade, Telê não chegou a jantar. Em 15 minutos deixou o recinto, conforme o relatado no *Diário Popular* em 10 de dezembro: "Minha cabeça está voltada para a decisão do Mundial. Minha preocupação no momento é com o Milan e a transferência ou não para o Japão está nas mãos do Caboclo (ex-dirigente são-paulino, amigo e assessor pessoal do treinador)".

Casal de Rey tinha confiança de que o São Paulo não perderia o técnico são-paulino para ninguém: "Ele está muito enraizado no São Paulo e não quer sair do Brasil". O fato é que, no dia seguinte, a imprensa já noticiou que a Federação Japonesa havia encerrado as negociações, não chegando a acordo com Telê.[22] No entanto, outro integrante da comissão técnica estaria deixando o Tricolor naquele momento. Ou, ao menos, não permaneceria mais 100% no clube: Moraci Sant'Anna havia acertado a volta para a Seleção Brasileira. O consagrado preparador possuía uma pendência trabalhista contra a CBF, desde a Copa do Mundo de 1986, que foi sanada para que fosse possível essa nova passagem. O profissional só não sabia ainda quando deveria se apresentar a Carlos Alberto Parreira: muito provavelmente com os tricolores convocados para o amistoso do dia 16.

O ÚLTIMO TREINO ANTES DA DECISÃO: CLIMA QUENTE NOS BASTIDORES

Nas páginas dos jornais japoneses da sexta-feira, dia 10, só se via, além dos caracteres estranhos aos jogadores brasileiros, fotos dos atletas italianos. A imprensa local cedia amplo espaço a matérias e mais matérias sobre o Milan e pouco destaque ao Tricolor. "Melhor assim... É melhor a gente entrar em campo como zebra", comentou Toninho Cerezo para *A Gazeta Esportiva* em 11 de dezembro. O fato não era de se estranhar, de forma alguma. Apesar de o São Paulo ser o atual Campeão do Mundo, os jogos do clube, do Campeonato Brasileiro

[20] OESP, 10/12;
[21] DP, 9/12;
[22] OESP, 10/12.

ou de torneios continentais, não eram costumeiramente exibidos no Japão – diferentemente das partidas da Lega Calcio ou da UEFA.

Se os são-paulinos despertavam menos interesse midiático no Oriente em relação ao Milan, o mesmo não ocorria, obviamente, no Brasil. Galvão Bueno, locutor da TV Globo e que havia chegado a Tóquio no dia anterior, em conversa com Dirceu Cabral, de *A Gazeta Esportiva*, em 11 de dezembro, disse: "A Globo atinge um nível de audiência espetacular na madrugada de domingo durante a transmissão do Mundial". O fato foi confirmado após a final. O Ibope, entre 1h e 3h30 da madrguada, alcançaria incríveis 41 pontos (para se ter ideia, o primeiro jogo da decisão do Brasileiro entre Palmeiras e Vitória, às 17h de um domingo, chegou a, no máximo, 37 pontos).

Logo cedo, Telê começou o treino, no Conjunto de Kodaira, da Tokyo Gas. O time titular do coletivo não sofreu alterações: Zetti; Cafu, Válber, Ronaldão e André Luiz; Doriva, Dinho, Cerezo e Leonardo; Müller e Palhinha. Precavida, a comissão são-paulina decidiu também dedicar-se às cobranças de pênaltis à exaustão. Dinho e André Luiz foram os que se saíram melhor nos testes. Ronaldão, porém, preocupou: de três tentativas, mandou duas bolas na trave e uma para fora. Caso fosse necessário, a lista provável de batedores nas penalidades seria composta pelo citado Dinho, Müller, Cafu, Válber e Leonardo. E vale lembrar que, até ali, Zetti nunca havia perdido uma decisão por pênaltis.

Depois do exercício, Palhinha apontou dores no joelho e André Luiz sentiu uma torsão lombar depois de colidir com Jura, mas nada grave em nenhum dos dois casos. Foi a última atividade são-paulina no centro de treinamento nessa "turnê". Na despedida, o elenco presenteou os garotos das categorias de base da Tokyo Gas com material esportivo do clube: camisas de treino, calções, alguns equipamentos e um ou outro par de chuteiras. Foi uma alegria geral para aqueles rapazes, que também eram funcionários da companhia energética e não tinham acesso a vestimentas de tal tipo.

A delegação também se despediu da cearense Célia Ouba, da paraense Franscisquinha e da baiana Pureza: cozinheiras durante toda a estadia são-paulina na Tokyo Gas. Célia, curiosamente, era, na verdade, integrante de um grupo de bailarinas que faziam performances por todo o Japão. "Mas arrumei esse bico na cozinha só para poder ficar mais perto dos jogadores brasileiros."[23]

À tarde, o elenco ganhou nova folga e o passeio da vez foi para conhecer a fábrica de produtos esportivos da Mizuno, situada no centro de Tóquio. Lá, Leonardo adquiriu uma bicicleta. "Fiquei ligado nas linhas arrojadas dessa bike", comentou, afirmando planejar longas pedaladas com ela pela orla carioca.[24]

Enquanto isso, os dirigentes são-paulinos tentavam contornar o mal-estar criado pela Federação Paulista de Futebol, que havia suspendido, por 30 dias, o diretor Fernando Casal de Rey por conta das reclamações que ele fizera sobre a arbitragem e a organização dos campeonatos Brasileiro e Paulista, em que teria

> Foi a última atividade são-paulina no centro de treinamento nessa "turnê". Na despedida, o elenco presenteou os garotos das categorias de base da Tokyo Gas com material esportivo do clube: camisas de treino, calções, alguns equipamentos e um ou outro par de chuteiras. Foi uma alegria geral para aqueles rapazes, que também eram funcionários da companhia energética e não tinham acesso a vestimentas de tal tipo.

[23] JT, 9/12;
[24] OESP, 14/12.

proposto a criação de uma liga independente. Revoltados, os outros seis diretores de futebol do Tricolor, Márcio Aranha, Herman Koester, José Dias da Silva, Jorge Magalhães, Kalef João Francisco e Ademir Scarpim, uniram-se a Casal de Rey e chegaram a cogitar que o clube se desfiliasse da Federação Paulista de Futebol e que isso fosse proposto ao Conselho Deliberativo, no próximo dia 22.

A situação só foi apaziguada com a intervenção do presidente Mesquita Pimenta: "Pedir desfiliação é perder o direito de disputar competições internacionais. Desfiliar-se da Federação Paulista de Futebol significa renunciar à Copa Libertadores da América, à Supercopa, à Recopa Sul-Americana... A desfiliação seria a última decisão a ser tomada. Esse negócio de Liga é muito bonito, mas ainda é matéria nova. Ela veio com a regulamentação da Lei Zico e merece ser melhor estudada".[25]

Com o ânimo menos exaltado, Márcio Aranha se explicou: "Agimos assim porque tínhamos de reagir a tantas ameaças. Estamos fechados com o Telê, com o São Paulo e com o destino do futebol brasileiro. Lutamos contra a imoralidade". O técnico também se expressou: "Sou contra a forma de disputa do Campeonato. Quero o melhor para o futebol. Nada de torneio longo. Primeiro, o Brasileiro, não o regional. Os jogadores nunca foram ouvidos e é preciso dar um basta nisso... O que eles fazem vai estourar em cima deles, mas não posso ser conivente com a bagunça".[26]

De modo geral, como se vê, as Federações que deveriam colaborar com um filiado em um momento extremamente importante da história dele, nada fizeram para ajudar e, eam verdade, só conturbaram o clima, instalaram uma crise e aumentaram o risco de um infortúnio.

A ANSIEDADE TOMA CONTA

Pouco foi noticiado nos jornais brasileiros sobre a programação na véspera da grande decisão. Tal assunto só estamparia o impresso na manhã do dia 12, quando o resultado da partida já seria mais do que conhecido por todos, graças ao rádio e à televisão. Dessa maneira, no lugar da "notícia velha", a imprensa escrita preferiu destacar matérias genéricas sobre o futuro do São Paulo, conjecturando entradas e saídas de jogadores e as decisões de Telê Santana para 1994.

As únicas atividades oficiais da delegação para aquele dia foram o treinamento marcado para o "reconhecimento" do gramado do Estádio Nacional de Tóquio e a videoconferência no Tokyo Prince Hotel, onde os são-paulinos assistiram a mais uma atuação do Milan (também houve sessão de teipes na quinta e sexta-feira anteriores, à noite). Algo não planejado, no entanto, ocorreu antes da saída do elenco: um telefonema. Era Raí, que queria manifestar o seu apoio e o desejo de que tudo desse certo para os antigos companheiros.

O palco da decisão do título Mundial recebeu primeiramente a comitiva ita-

> A programação na véspera da grande decisão foi o treinamento marcado para o "reconhecimento" do gramado do Estádio Nacional de Tóquio e a videoconferência no Tokyo Prince Hotel, onde os são-paulinos assistiram a mais uma atuação do Milan. Algo não planejado, no entanto, ocorreu antes da saída do elenco: um telefonema. Era Raí, que queria manifestar o seu apoio e o desejo de que tudo desse certo para os antigos companheiros.

[25 e 26] DP, 11/12.

liana, às 10h. A visita são-paulina se deu no início da tarde. O que poucos que ali estiveram poderiam imaginar é que, quase 22 anos depois, aquele estádio viria abaixo. Entre abril e maio de 2015, o Estádio Nacional de Tóquio foi demolido para futuras obras visando aos Jogos Olímpicos de 2020.

Enquanto os tricolores treinavam em Sasazuka – um distrito de Shibuya –, em Tóquio acontecia um "Festival dos Torcedores do São Paulo FC". O evento, promovido pela Sociedade de Estudos do Intercâmbio Cultural Nipo-Brasileiro, fez parte de uma programação oficial dos governos Metropolitano de Tóquio e do Estado de São Paulo e contou com comidas típicas dos dois países e apresentação de fotos e vídeos relacionados ao Tricolor. Cabe dizer que o lucro arrecadado na confraternização foi revertido em doação de Natal às crianças do projeto Monte Azul, na capital paulista, por meio do Children's Resource International.

Às 17h, já de volta ao Tokyo Prince Hotel, Telê Santana, ao lado do auxiliar Moraci Sant'Anna, de Márcio Aranha e Newton Freire, tomou parte da reunião que acertaria os detalhes finais para a realização do jogo. Esse encontro, realizado no terceiro andar do hotel, na sala Kobai, contou também com representantes do Milan: Fábio Capello, Gianni Monti, Silvano Ramaccioni e Umberto Gandini, além dos dirigentes das Confederações envolvidas: os senhores Gerhard Aigner e Senes Erzik, secretário-geral e chefe do comitê de competições de clubes da UEFA; Nicolás Leóz, Eugenio Figueiredo e Abílio d'Almeida, presidente, vice-presidente e chefe do comitê de arbitragem da Conmebol.

A arbitragem, aliás, também esteve representada pelo argentino Juan Carlos Lostau, pelo coreano Hae-Yong Park e pelos japoneses Obata Shinichiro e Kikuchi Hideo. O coreano foi o único a tomar parte no jogo, no dia seguinte. Outros representantes do país-sede foram os senhores Tadao Murata, Junji Ogura, Kazuharu Shindo e Toshio Asami; vice-presidente, secretário-geral, secretário e chefe do comitê de arbitragem da JFA. Por fim, Keith Cooper, da ISL.

Esses 22 nomes deliberaram o seguinte: 1) seria permitida a entrada de somente 20 pessoas nos bancos de reservas; 2) cada time registraria apenas 16 jogadores (11 titulares e cinco reservas) e a numeração destes seria de 1 a 16, salvo, por motivos supersticiosos, quisessem excluir o número 13 – aí poderia ser usado o 17; 3) a lista com os nomes de cada time deveria ser apresentada à JFA às 9h do dia do jogo (ou seja, três horas antes do início). Uma hora depois, ela seria liberada ao adversário e, na hora seguinte, à imprensa. Também ficaram acertados os uniformes de cada time – sem surpresas. A bola escolhida para os 90 minutos foi a mesma que ambas as equipes utilizaram dias antes nos treinamentos no Japão: a Adidas Etrusco (ADHSF5ETUN), aprovada pela UEFA e Conmebol.

Foi repassado o regulamento da competição e o cerimonial pós-jogo, com instruções sobre troca de uniformes, sessões de fotografia e entrevistas à imprensa obrigatórias. Atenção especial também para o "melhor em campo", que receberia da Toyota Motor Corporation um montante em dinheiro equivalente a um Toyota Celica – em exibição no estádio. A chave simbólica do veículo entregue ao vencedor, para o evento de relação pública da companhia, seria devolvida à empresa logo em seguida.

Instruiu-se o uso restrito de bebidas da marca Coca-Cola, patrocinadora do torneio. Caso quisessem utilizar outro fornecedor, haveria a necessidade de cobrir a marca com fita adesiva. Todos os demais alimentos seriam fornecidos pela equipe do hotel, desde que previamente solicitados. O São Paulo, assim, pediu chocolate quente, café, laranjas cortadas e descascadas, suco de laranja e água mineral sem gás, além de tolhas de banho, de rosto e sabonetes.

A programação oficial do dia 12 de dezembro ficou assim definida: 9h: abertura dos portões e instruções via placar eletrônico e locutor sobre o evento; 10h: apresentação de conteúdo histórico da competição no telão, com retrospectiva de cada edição e apresentação dos times atuais; 10h45: hora limite para a chegada das delegações ao estádio e registro dos jogadores; 11h10: aquecimento no gramado – apenas dez minutos para cada agremiação e primeiramente apenas com atletas do Milan. Os são-paulinos deveriam aguardar o retorno dos italianos ao vestiário; 11h30: fim do aquecimento; 11h45: reunião dos jogadores para a entrada oficial em campo e checagem de chuteiras, uniformes e campo pelo trio de arbitragem.

> Esses 22 nomes deliberaram o seguinte: 1) seria permitida a entrada de somente 20 pessoas nos bancos de reservas; 2) cada time registraria apenas 16 jogadores (11 titulares e cinco reservas) e a numeração destes seria de 1 a 16, salvo, por motivos supersticiosos, quisessem excluir o número 13 – aí poderia ser usado o 17; [...]. Também ficaram acertados os uniformes de cada time – sem surpresas.

Tudo estava aparentemente pronto para o jogo por parte dos são-paulinos. Mas, às vezes, era só aparência mesmo. Um ponto era incerto na mente de Telê, ainda que poucos o soubessem: o ataque do time. Nos treinamentos não parecia restar dúvida: a linha ofensiva certamente seria Müller e Palhinha, com Leonardo no apoio. Mas a realidade é que Telê Santana não queria entrar em campo com o tradicional camisa 7 no ataque. Müller poderia não ser o titular. Seria pelo longo histórico de controvérsias entre o jogador e o comandante? Pouco há para esclarecer sobre esse ponto.

Logo a preocupação do técnico alcançou o resto da comissão técnica, e, num pulo, também os diretores e o presidente. Foi necessário um certo tipo de concílio, a portas fechadas, entre Telê, Pimenta e os principais diretores para que, pelo consenso, Müller fosse efetivamente escalado. Aquele sábado, 11, pode ter sido um dia de muita ansiedade e expectativa para os tricolores em solo nipônico, mas era apenas isso, apenas a véspera. No Brasil, devido ao fuso horário, o nervosismo era ainda mais justificável. Aqui, o sábado era (praticamente) o dia da decisão! Ou melhor, a noite dela. Afinal, quem iria dormir antes de a bola rolar?

O jogo tinha o pontapé inicial marcado à 1h, horário de Brasília (12h, na Terra do Sol Nascente) e teria transmissão de duas redes de televisão: a TV Bandeirantes e a TV Globo. Ao todo, a partida seria exibida em mais de 60 países. A torcida são-paulina se organizou em vários pontos da capital paulista (e do Brasil) para assistir ao jogo com a esperança de comemorar com grandes festejos em seguida.

Manchete de jornal sobre a véspera ou o dia da decisão aqui no Brasil.

O jogo tinha o pontapé inicial marcado à 1h, horário de Brasília (12h, na Terra do Sol Nascente) e teria transmissão de duas redes de televisão: a TV Bandeirantes e a TV Globo. Ao todo, a partida seria exibida em mais de 60 países. A torcida são-paulina se organizou em vários pontos da capital paulista (e do Brasil) para assistir ao jogo com a esperança de comemorar com grandes festejos em seguida.

Na Avenida Paulista, então tradicional ponto de celebrações de títulos, a aglomeração estava programada para começar às 23h, em frente ao prédio da Fundação Cásper Líbero. O local contaria com um telão de 6x5 metros (despendido pelo Clube), "show de raio laser", videoteipes de vitórias do time e uma grande e esperada queima de fogos, ao final.

As duas principais torcidas organizadas promoveriam encontros em quadras de escolas de samba. A Independente com a Rosas de Ouro, na Av. Coronel Euclides Machado, na Freguesia do Ó, com alardeados cinco mil litros de cerveja a partir das 21h; e a Dragões da Real com a Unidos do Peruche, na Av. Ordem e Progresso, no Limão.

Outros lugares, como restaurantes e casas de *shows* também agendaram espaço para o evento, como o Banana Café, na Rua Amauri; o Kremlin, na Rua Franz Schubert; o Royal, na Rua Antônio Bicudo; e o Dinho's Place, com a presença de ex-jogadores, na Av. Morumbi. A Decathlon, na Rua dos Pinheiros, além de telão, teria também apresentação musical do grupo Extrasamba. Por fim, um ponto especial a ser destacado pela relação óbvia do momento: o Café Japanesque, no Nandemoyá, shopping de cultura oriental, no bairro da Liberdade, em São Paulo.

Com os preparativos todos prontos, só faltavam os times entrarem em campo e o juiz apitar o início da decisão!

"O dia, ou a noite, em que eu, como são-paulino, percebi que não havia nada no mundo como o São Paulo Futebol Clube."

Michael Serra, historiador

Foto: Placar

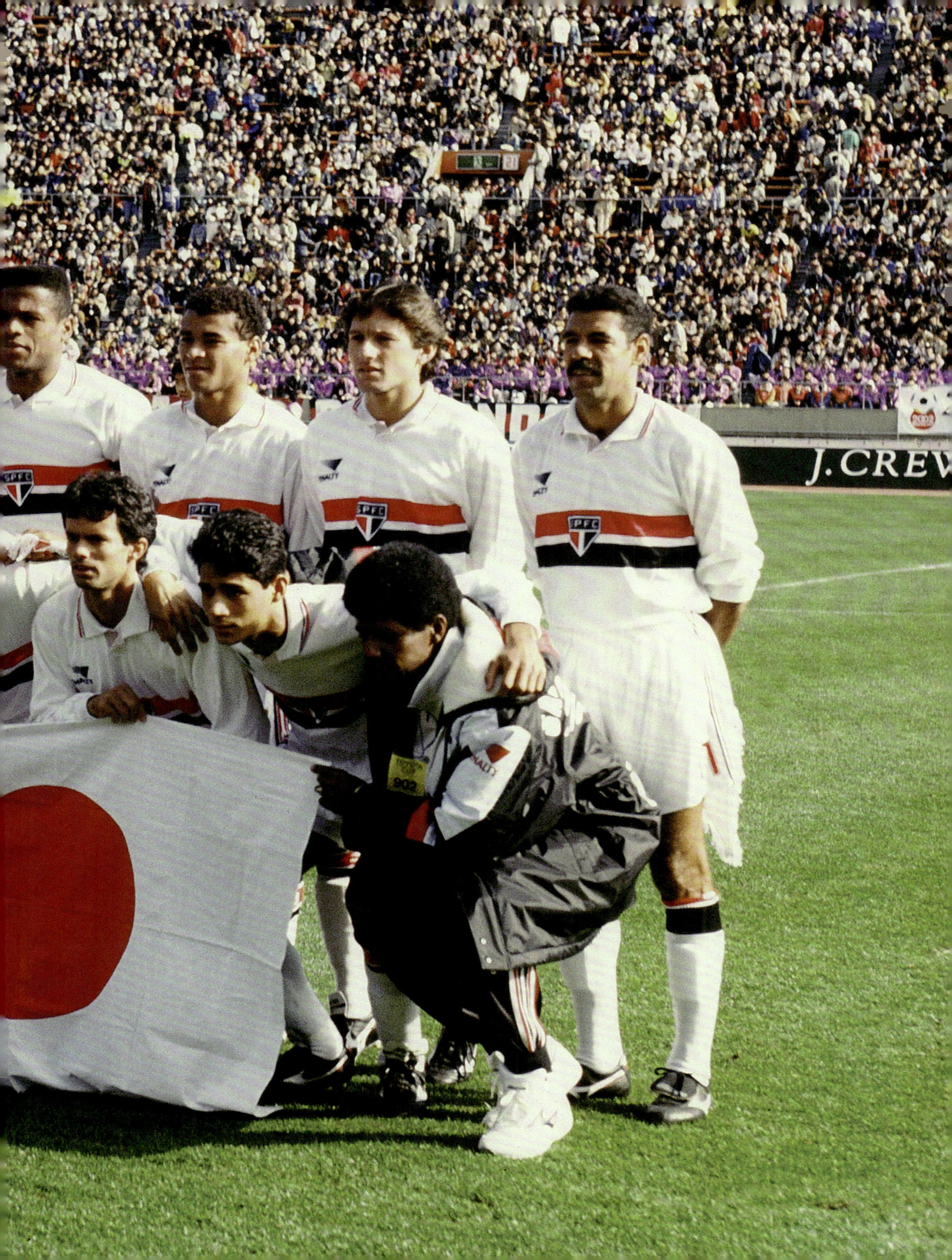
SPFC
902

Fotos: Arquivo Histórico do São Paulo F.C.

90 MINUTOS DE CONSAGRAÇÃO PARA A HISTÓRIA

> **Às 12h no horário local (1h, em Brasília), a bola rolou. A pressão inicial foi implacável, os "rossoneri" começaram melhor no jogo. Aos 13 minutos, acertaram o travessão de Zetti.**

Às 12h no horário local (1h, em Brasília), a bola rolou. A pressão inicial foi implacável, os "*rossoneri*" começaram melhor no jogo. Aos 13 minutos, acertaram o travessão de Zetti, que repetira a pintura sob os olhos, tal como utilizara em 1992 e, dessa vez, mais por superstição, defendeu o rebote quase por sorte ou instinto.

Sem nervosismo, o Tricolor tocou bem a bola. Não com o intuito de desperdiçar tempo: cada toque visava encontrar o companheiro mais bem posicionado – e este nunca estava parado! Todos os jogadores buscavam o lance fornecendo opção de jogo a quem detinha brevemente a bola, pois, caso não quisessem ouvir um berro do Telê, teriam que passá-la em, no máximo, dois toques.

Aos 19 minutos, o São Paulo teve a primeira chance em contra-ataque. Bastou. Assim nasceu o primeiro gol são-paulino, marcado por Palhinha: sem que nenhum adversário sequer tocasse na bola. André Luiz, marcado por dois, acertou um lançamento para Cafu no outro lado do campo. A bola quicou, amaciou-se na medida certa e, então, o lateral a cruzou, "de prima", para a área, onde lá encontrou os pés do camisa 10, Palhinha, que a chutou para o fundo do gol. São Paulo 1 a 0!

O resultado seguiu até o fim da etapa inicial. Os números, àquela altura, apontavam para uma partida equilibrada, com ligeira vantagem do time de Milão em termos de posse de bola (55% a 45%), o que, contudo, nada significou na prática. O Tricolor, por outro lado, foi mais faltoso, com mais que o dobro de faltas cometidas (20 a 9).

Foto: Nico Esteves / Placar

Foto: Placar

1993 - Parte 3: Mundial Interclubes

Foto: Arquivo Histórico do São Paulo F.C.

No segundo tempo, a equipe italiana viu que era necessário partir para cima logo de cara, a fim de não perder o controle do jogo e, aos três minutos, empatou com Massaro, depois de uma jogada que começou em uma cobrança de lateral e de um balão lançado para o atacante do Milan.

Ao Tricolor coube manter o esquema ofensivo e dinâmico que desestabilizava

O São Paulo voltou a ficar à frente no placar, aos 14 minutos, e os rubro-negros não conseguiram interferir na jogada. Palhinha encontrou Leonardo livre pela esquerda, que driblou e tocou para Cerezo, dentro da pequena área, concluir. Tricolor 2 a 1!

o time de Milão – que não via a cor da bola. Dessa maneira, o São Paulo voltou a ficar à frente no placar, aos 14 minutos, e os rubro-negros não conseguiram interferir na jogada. Palhinha encontrou Leonardo livre pela esquerda, que driblou e tocou para Cerezo, dentro da pequena área, concluir. Tricolor 2 a 1!

Todavia, a esquadra adversária, além de possuir ótima técnica, era persis-

Fotos: Abril Imagens

> "Passei da bola e tentei tocar nela de qualquer maneira, nem vi para onde foi. Quando me virei, já estava dentro do gol. Querendo ou não, o gol valeu o título Mundial", resumiria Müller, com um sorriso maroto no rosto, após a partida. Logo após a bola parar no fundo do gol milanista, porém, o atacante vociferou, em desabafo, para o zagueiro Costacurta: "Questo gol é per ti, buffone", ou em bom português: "Este gol é para você, palhaço."

tente. O desgaste dos tricolores, que correram a 100% praticamente durante toda a partida, começou a pesar nos minutos finais. Aos 35 minutos, o Milan empatou novamente, dessa vez com Papin, em jogada aérea ensaiada. Tudo levava a crer que a decisão ocorreria, então, na prorrogação.

Quando tudo parecia indicar tempos extras na decisão, com mais de trinta minutos de um jogo em que os são-paulinos já tinham empenhado todas as forças, e em uma temporada na qual o clube disputara quase 100 partidas, o destino se fez presente no lance crucial do confronto, selando a história para sempre: Müller, de calcanhar, magistralmente – para o azar do goleiro Pagliuca – definiu a vitória são-paulina, aos 41 minutos. "Na raça pura, do jeito que deu. Meio de costas, meio de joelho, mas muito com o coração, com a vontade, com a garra e com a raça do São Paulo e do futebol brasileiro", comemorou o locutor Galvão Bueno na transmissão da TV Globo.

"Passei da bola e tentei tocar nela de qualquer maneira, nem vi para onde foi. Quando me virei, já estava dentro do gol. Querendo ou não querendo, o gol valeu o título Mundial", resumiria Müller, com um sorriso maroto no rosto, após a partida. Logo após a bola parar no fundo do gol milanista, porém, o atacante vociferou, em desabafo, para o zagueiro Costacurta: "Questo gol é per ti, buffone", ou em bom português: "Este gol é para você, palhaço".[27]

[27] OESP, 13/12.

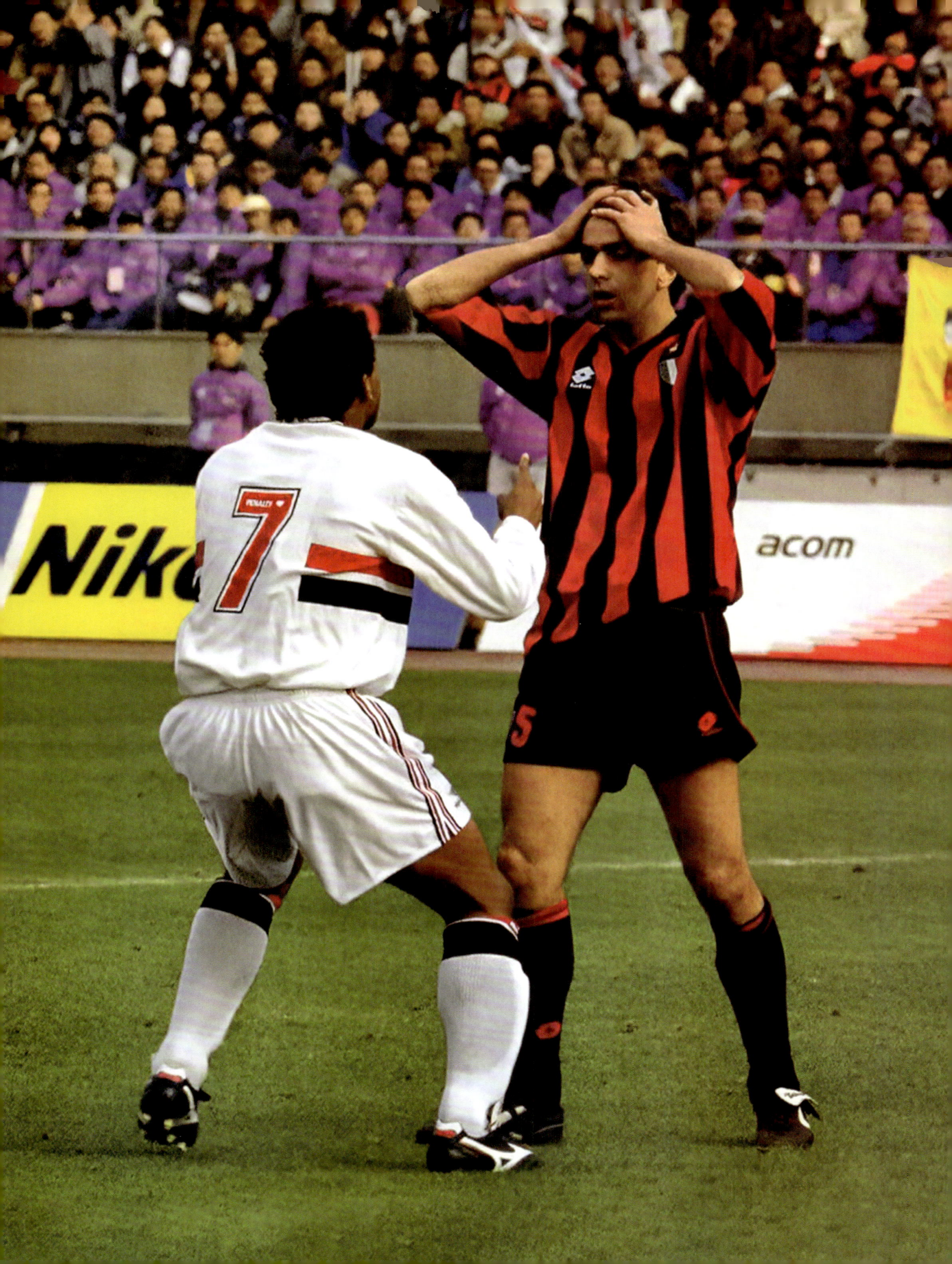

Nik
acom
7

Foto: Arquivo Histórico do São Paulo FC

Sem haver tempo para mais nada, todos os presentes no Estádio Nacional de Tóquio sabiam que o Campeão não perderia ali a coroa. O São Paulo Futebol Clube sagrou-se Bicampeão Mundial de Clubes! A décima conquista do ano de ouro, 1993!

Foto: Ricardo Correa / Placar

Foto: Nico Esteves / Placar

Sem haver tempo para mais nada, todos os presentes no Estádio Nacional de Tóquio sabiam que o Campeão não perderia ali a coroa. O São Paulo Futebol Clube sagrou-se Bicampeão Mundial de Clubes! A décima conquista do ano de ouro, 1993!

O zagueiro Ronaldão, logo após o apito final, exprimiu o sentimento dos tricolores em campo: "No ano passado, o supertime era o Barcelona. Neste ano, o supertime era o Milan. Agora eu pergunto, se eles eram supertimes, o que é o São Paulo, afinal?". Müller fora na mesma linha: "Eles pensam que são os bons, mas não são. O melhor do mundo é o São Paulo! E provamos isso duas vezes!", concluiu.[28]

Zetti foi além: "Vencer o Milan foi mais complicado que o Barcelona, pois tínhamos a responsabilidade de defender o título do ano anterior. Em 1992, o nosso time entrou como coadjuvante. O São Paulo era mais um time sul-americano e teve um menosprezo aí. Isso nos motivou demais", ressaltou o goleiro.

Eleito o melhor jogador em campo, Cerezo foi condecorado com o Toyota Célica simbólico, cujo valor, 17 mil dólares, repartiria com o grupo. "Cadê o velho, italianos? O velhinho é Bicampeão do Mundo! Calei a boca dos que me chamavam de velho e queriam me tirar do time. Quiseram fazer minha caveira, mas futebol se resolve ali dentro, no campo", desafogou as palavras presas na garganta do meio-campista.[29]

> "Cadê o velho, italianos? O velhinho é Bicampeão do Mundo! Calei a boca dos que me chamavam de velho e queriam me tirar do time. Quiseram fazer minha caveira, mas futebol se resolve ali dentro, no campo."
>
> Toninho Cerezo

[28] Placar, 12/1993;
[29] OESP, 13/12 e 14/12; Placar, 12/1993.

1993 - Parte 3: Mundial Interclubes

Foto: Placar

Leonardo destacara a dificuldade da partida, haja vista parecer que o adversário conhecia muito bem como o São Paulo atuava: "Eles conheciam todas as nossas jogadas. Mas no final do jogo não resistiram". Pelo outro lado, o técnico Fábio Capello culpara o acaso e o goleiro Rossi, pelo gol decisivo. "A bola tocou no atacante brasileiro e poderia ter ido para qualquer canto, mas entrou no nosso gol. Mas também foi um descuido da nossa parte", pontuou. Restou bronca, também, pela dificuldade da defesa italiana em impor a linha de impedimento. "E não foi por falta de treino."[30]

Com muita festa, piadas e batucadas, a delegação enfrentou mais de 24 horas de voos no retorno para o Brasil. A delegação desembarcou em Cumbica por volta das 10h30 do dia 14 de dezembro, com uma hora de atraso em relação ao que estava previsto.

[30] OESP, 13/12.

O zagueiro Ronaldão, logo após o apito final, exprimiu o sentimento dos tricolores em campo: "No ano passado, o supertime era o Barcelona. Neste ano, o supertime era o Milan. Agora eu pergunto, se eles eram supertimes, o que é o São Paulo, afinal?".

Foto: Nico Esteves / Placar

"E, ainda hoje, graças àquele ano magnífico de 1993, sinto o mesmo: o Tricolor era, de longe, o maior e melhor de todos!"

Michael Serra, historiador

1993 - Parte 3: Mundial Interclubes

O SÃO PAULO NOVAMENTE EM DESTAQUE

A conquista do Bicampeonato Mundial dominou o cenário esportivo não só do Brasil: na Terra do Sol Nascente também só deu Tricolor nas capas dos jornais e revistas.

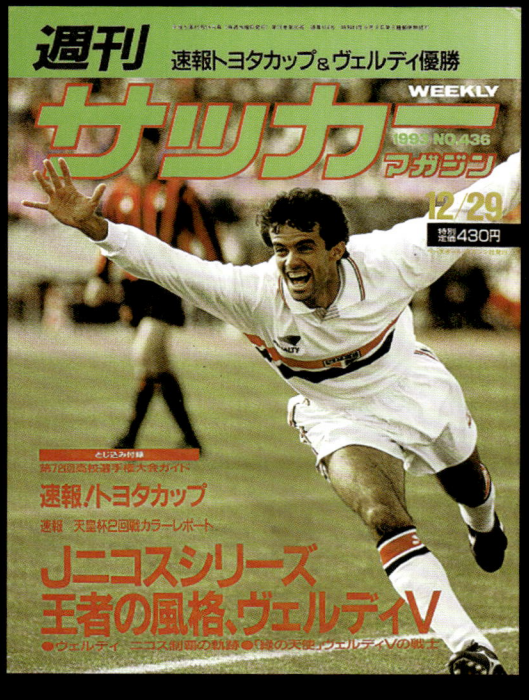

São Paulo Futebol Clube 1993 - O Ano de Ouro

O dono do mundo

Como o Barça, também o Milan não resistiu ao talento tricolor, que provou pela segunda vez consecutiva em Tóquio que a Terra é dele e de mais ninguém

O TROFÉU QUE FALTA A TELÊ

O impiedoso herói das decisões

Mais uma vez, Müller decidiu o título, marcando contra o Milan, e manteve a escrita que começou em 1985: jamais perdeu uma decisão vestindo a camisa tricolor

Juninho, de Itu, cidadão do mundo

O doce dia da desforra

Taxado de superado pelos italianos, Cerezo respondeu em grande estilo: fez um gol, deu o passe para outro e foi eleito o melhor em campo

---

EDIÇÃO HISTÓRICA

PLACAR

Nº 1089-B — CR$ 600,00

- POSTER GIGANTE DO SUPER TRICOLOR
- FOTOS INÉDITAS DO JOGO DE TÓQUIO
- FICHAS COMPLETAS DE TODOS OS HERÓIS

BICAMPEÃO DO MUNDO

Foto: Maurilo Clareto/AE

> Apenas um terço do time titular esteve na carreata. Zetti, Cafu, Ronaldão, Válber, Dinho, Leonardo, Palhinha e Müller deixaram a viagem de retorno ao Brasil e partiram para o México, convocados pelo técnico Parreira.

31 OESP, 15/12.

Mas a turma não foi recepcionada em Guarulhos: a comitiva embarcou, brevemente, em dois Fokker 100 da TAM, patrocinadora do clube, e seguiu até o aeroporto de Congonhas, onde lá, sim, 11h35, foi recebida com pompas e honras, imprensa e torcida – esta, aos gritos de "Campeão do Mundo" e "Fica Telê, precisamos de você". Logo, os integrantes, porém, subiram no carro do Corpo de Bombeiros, de onde partiram para repetir 1992 e paralisar a cidade com festejos!

Apenas um terço do time titular, porém, esteve na carreata. Antes, na escala em Los Angeles, oito tricolores – Zetti, Cafu, Ronaldão, Válber, Dinho, Leonardo, Palhinha e Müller – deixaram a viagem de retorno ao Brasil e partiram para o México, onde, convocados pelo técnico Parreira, enfrentariam a seleção local em amistoso, no dia 16 de dezembro, e sairiam vitoriosos (1 a 0). Por sinal, o jogo que contou com o maior número de tricolores convocados (8), ou em campo (6), em toda a história – igualando feitos de 1981 e 1986, 1991 e 1992, respectivamente.

Acompanhados por um trio elétrico, Cerezo, Doriva, André e Juninho, além de Telê Santana, dos reservas do time, e da comissão técnica e diretoria, desfilaram pelas ruas da capital paulista. Juninho era o mais emocionado: "No ano passado, assisti ao jogo com o Barcelona na casa de um amigo e nunca poderia imaginar que este ano seria Campeão do Mundo", comentara.[31]

Fotos: Nelson Coelho / Placar

O cortejo, acompanhado por centenas de torcedores de carro, moto, bicicletas e até patins, seguiu pelas Avenidas Rubem Berta, 23 de Maio, Pedro Álvares Cabral, Brasil, 9 de Julho, Cidade de Jardim, Faria Lima, Eusébio Matoso, Francisco Morato e João Saad, quando, às 11h, alcançou o ponto final, a casa do Tricolor, o Morumbi, onde os tricolores viram os Campeões darem a tradicional volta olímpica com os troféus conquistados em Tóquio.[32]

Ao fim da tarde, após o coquetel oferecido aos Campeões, os atletas estavam, enfim, após 97 partidas disputadas no ano – recorde na história do clube –, em justas e merecidas férias. E todos ali tinham em mente que, em 1993, tal como em 1992, o São Paulo era o melhor time de todo o planeta, indiscutivelmente.

[32] OESP, 14/12 e 15/12.

▬ Comissão técnica, diretoria e jogadores

COMISSÃO TÉCNICA

Técnico Telê Santana
Técnico do "Expressinho" Márcio Araújo
Técnico do "Expressinho" Muricy Ramalho
Auxiliar técnico e preparador de goleiros Valdir Joaquim de Moraes
Preparador de goleiros Jair Santos
Preparador de goleiros Erineu Caom Júnior
Preparador físico Moraci Vasconcelos Sant'Anna
Preparador físico Altair Ramos
Fisiologista Turíbio Leite de Barros
Fisioterapeuta Sidnei Scapucin Negrão
Fisioterapeuta Marcos Kimura
Médico Gilberto Carazatto
Médico Marco Antônio Paes Bezerra
Médico Héldio Fortunato de Freitas
Médico José Sanchez de Aquino
Nutricionista Patrícia Bertolucci
Massagista Hélio Santos
Roupeiro José Araújo
Roupeiro Luciano
Gerente de futebol Evandro Pereira

DIRETORIA

Presidente José Eduardo Mesquita Pimenta
Vice-Presidente Constantino Cury
Diretor de Futebol Fernando José P. Casal de Rey
Diretor de Futebol Kalef João Francisco Neto
Diretor de Futebol José Sorrentino Dias da Silva
Diretor de Futebol Hermann Luis Koester
Diretor de Futebol Luiz Márcio Domingues Aranha
Diretor de Futebol Ademir José Scarpin
Diretor de Futebol Jorge Magalhães
Diretor Secretário-Geral João Roberto Seabra Malta
Diretor Jurídico José Paulo Leal Ferreira Pires
Diretor de Planejamento e Controle Carlos Alberto Salvatore Filho
Diretor Administrativo Maurício de Oliveira
Diretor Financeiro Antônio Galvão Trama
Diretor Social Basílio Rodrigues de Oliveira
Diretor de Esportes Amadores Ayrton F. Alves
Diretor de Manutenção Ubirajara Jarbas de Souza
Diretor de Obras Giácomo Albanese
Diretor Comercial e Marketing Marcelo Martines
Assessor da Presidência Ademar de Barros
Assessor da Presidência Paulo Quadri Prestes
Assessor da Presidência Newton Freire

JOGADORES

Adílson - Adílson José Pinto
André Luiz - André Luiz Moreira
Anílton - Anílton da Conceição
Cafu - Marcos Evangelista de Moraes
Carlos Alberto - Carlos Alberto Batista da Silva
Catê - Marcos Antônio Lemos Tozzi
Cláudio Moura - Cláudio Lúcio Camargo Moura
Dinho - Edi Wilson José dos Santos
Doriva - Dorival Guidoni Junior
Douglas - Douglas Mizuno Cálice
Elivélton - Elivélton Alves Rufino
Gilberto - Gilberto Felix de Melo
Gilmar - Gilmar Jorge dos Santos
Guilherme - Guilherme de Cássio Alves
Jamelli - Paulo Roberto Jamelli Junior
Juninho - Oswaldo Giroldo Junior
Jura - Jurandir Fatori
Leonardo - Leonardo Nascimento de Araújo
Luís Carlos Goiano - Luís Carlos Vaz da Silva
Lula - Luiz Bonfim Marcos
Macedo - Natanael dos Santos Macedo
Marcos Adriano - Marcos Adriano Goncalves de Barros
Matosas - Gustavo Cristian Matosas Paidón
Mona - Marcelo Alexandre Pires Correia
Müller - Luiz Antônio Corrêa da Costa
Murilo - Murilo Veloso Rodrigues
Nelson - Nelson Simões Junior
Palhinha - Jorge Ferreira da Silva
Pavão - Marcelo Pereira Moreira
Pereira - Emerson Pereira da Silva
Pintado - Luís Carlos de Oliveira Preto
Raí - Raí Souza Vieira de Oliveira
Robertinho - Roberto Cesário da Silva
Rogério Ceni - Rogério Ceni
Ronaldão - Ronaldo Rodrigues de Jesus
Ronaldo Luís - Ronaldo Luiz Gonçalves
Sérgio Baresi - Sérgio Felipe Soares
Suélio - José Suélio da Silva Lacerda
Toninho Cerezo - Antônio Carlos Cerezo
Vaguinho - Vágner dos Santos
Válber - Válber Roel de Oliveira
Valdeir - Valdeir Celso Moreira
Vítor - Claudemir Vítor
Wellington - Wellington Berto de Oliveira
Zetti - Armelino Donizete Quagliato

LIBERTADORES DE 1993
COPA LIBERTADORES DE AMÉRICA

METAL
MADEIRA

98 cm
30 cm
30 cm

9,5 Kg

COPA LIBERTADORES DE AMÉRICA 1993
CONMEBOL
26.05.1993 - UNIVERSIDAD CATÓLICA 2 x 0 SÃO PAULO - SANTIAGO (CHILE)

RECOPA DE 1993
RECOPA JAL SUDAMERICANA

JAL RECOPA FINAL '93

METAL
MADEIRA

61 cm
26 cm
26 cm

8,8 Kg

RECOPA SUDAMERICANA 1993
CONMEBOL
29.09.1993 - CRUZEIRO 0 (2) x (4) 0 SÃO PAULO - BELO HORIZONTE (MG)

MUNDIAL DE 1993
EUROPEAN/SOUTH-AMERICAN CUP

METAL
PEDRA

58 cm
20 cm
23 cm

9,6 Kg

COUPE EUROPÉENNE-SUDAMERICAINE 1993
UEFA / CONMEBOL
12.12.1993 - MILAN 2 x 3 SÃO PAULO - TÓQUIO (JAPÃO)

MUNDIAL DE 1993
EUROPEAN/SOUTH-AMERICAN CUP

METAL
MADEIRA

66 cm
24 cm
24 cm

7 Kg

TOYOTA CUP 1993
UEFA / CONMEBOL - TOYOTA
12.12.1993 - MILAN 2 x 3 SÃO PAULO - TÓQUIO (JAPÃO)

Dados Internacionais de Catalogação na Publicação (CIP)
(Câmara Brasileira do Livro, SP, Brasil)

Serra, Michael
 1993 : o ano de ouro do São Paulo Futebol Clube / Michael Serra. -- 1. ed. -- São Paulo : Onze Cultural, 2023.

 ISBN 978-65-86818-23-9

 1. Copa Libertadores da América 2. São Paulo Futebol Clube - História I. Título.

23-176749   CDD-796.3340608142

Índices para catálogo sistemático:

1. São Paulo Futebol Clube : História 796.3340608142

Aline Graziele Benitez - Bibliotecária - CRB-1/3129